JN388855

새 시대의 새 지도자
몽양 여운형

도올 김용옥

통나무

【목차】

제1장: 인트로

인연들 15

도올이 본 한국독립운동사 10부작 16

여운형과 더불어 숨쉬다 18

생평生平의 참 의미 20

해방정국에서 민족의 지도자 제1순위로 꼽힌 사람 22

혁명가는 침상에서 죽는 법이 없다 24

그레고리 헨더슨이 말하는 보르텍스 26

사구하이츠의 아주머니 27

짜릿해요! 뻥 뚫리는 것 같아요 28

정상인은 나쁜놈이다 30

렉싱턴의 화이트하우스 32

윤내현과 나와 헨더슨 33

기억되어야 할 한국학의 거성, 죠지 매큔 34

헨더슨의 몽양관 37

여운홍이 헨더슨에게 전한 책 38

내가 여운형 평전에 남긴 한시 39

제2장: 체육과 몽양

창주 이제황 47

도의상마는 창주선생의 독창적인 문장구성 48

도道는 형이하학形而下學적인 연마 49

의義는 사회정의 50

욕이위인의 본 뜻 52

무엇 때문에 무술을 연마하는가? 52

몽양과 창주 55

몽양, 이제황, 손기정 57

카노오 지고로오 59

유도는 한국 고유의 몸짓이다! 이제황의 주장 60

여운형의 금릉대학 영문과 입학, 그리고 15년 만의 귀국 61

국내에서 건국을 준비하다 62

우가키 카즈시게의 권유 62

강점기 3대신문 중 하나, 중앙일보 사장에 취임 64

『중앙일보』의 역사 65

『조선중앙일보』가 탄생시킨 문학작품들 66

체력이 국력이다. 권투정신은 독립정신 66

조선의 청년에게 고함: 억센 나라를 건설하자! 67

몽양의 철봉운동 보급 69

몽양과 살므송 투 71

손기정의 가슴의 일장기말소 72

너는 조선인으로서 달리고 있다 73

몽양의 체육철학, 교육의 근본은 체육이다! 74

몽양의 힘에로의 의지 75

심훈의 마지막 시 76

최초의 망연한 경악에서 벗어나 승리의 깃발을 휘두르다 77

배틀린 동일리 마리뉴 제3진 단체행동 철자동에게 기억하는지 ……… 79
독수리 깃발 이동의 출로의 약속 ……… 79
일정기 필승 페지 ……… 80
조선총독부의 패망, 인민재건조작의 매립이의 단조 ……… 81
쾅이의 양팽, "복근한 그래" ……… 83
독립운동 = 독수리 제국의 생명의 분발 ……… 87

제3장: 독학과 독서

동학의 해신은 독하전지 ……… 91
카디리에 의식이 달콤해지지 않은 운동의 장점 ……… 92
동학이 중시한 추로 장기로 아니 정신적 독학과 독해지역 ……… 93
앙고 쾅장시 믿대기 ……… 94
쾅장에 담하지 자사이, 이필지 ……… 95
프로사상이라고 답변에 만복의 해대이 제자들 ……… 95
해돌의 이별제이 담근 ……… 96
해돌의 추로지 원이, 진정할 순간리의 시작 ……… 98
이별제이 재상가 ……… 98
해돌의 감수 ……… 99
동하의 차든 풀어버지기 아크리고 해돌의 해후 ……… 99
동하에서 사기제 ……… 101
총로부 아지정 이탈 4년 대거론 ……… 102
해돌이 수문당이 대접 약속이탈 ……… 104
수운의 신동학장이 의미 ……… 103
인지 진동이 스러지 수운상상 정로 간행, 1880년 유발자료 ……… 103
최운과 유운의 극대보다 ……… 105
『용담유사』로 정장이 월정물 ……… 105
동학의 차든 풀어버지, 해해정에게 『용담유사』이 강해들 재이 ……… 106

『천도교회사초고』의 기록 107

야뢰 이돈화의 왜곡 107

왜곡의 무책임한 전승 108

『해월선생문집』(1906)이 가장 소박한 원래자료 109

몽양 종조부 여규덕 집은 동학의 대표적 집회장소 111

여운형집안이 대중적 동학포덕의 원점 111

여규덕에서 김은경으로, 목천의 경전간행이 동학포덕의 주간主幹 113

충청도의 열린 뜰에서 전라도로 확산 113

친할아버지 여규신도 초기동학의 효시라고

동학역사가 규정한 인물 114

몽양의 할아버지 회상 114

여규신, 여규덕, 여승현, 여준 115

여규신의 중국정토의 독특한 뉴앙스 116

몽양의 이상주의는 조부 여규신의 대국경시사상으로부터 출발 116

증조부 여장섭의 동학귀의 118

여운형은 동학의 성지 단양 샘골에서 회잉懷孕되었다:

태양을 꿈꾸다 118

몽양의 아버지 여정현은 동학과 관계없는 지독한 양반 차별주의자 ... 119

진짜 몽양의 교육은 가족의 군상으로부터 102

천하의 여걸, 호랑마님 엄마 120

자손의 발전을 생각치 않고 산향에 칩거, 가문의 불행 121

모든 종교는 꾀질꾀질, 호랑엄마 소견 122

엄마의 반역 122

제4장: 3·1독립만세혁명의 세계사적 맥락

사건은 수없이 많은 사건들의 집합 127

사람들이 흔히 말하는 3·1운동은

운동이 아니라 세계사적 "혁명"이다 128

20세기, 육지면적의 80%가 식민지 128

암리차르 대학살, 모한다스 간디 129

사티야그라하: 3·1혁명을 본받다 129

3·1독립만세혁명과 5·4운동 130

북경대 학생구국회 월간지『국민』, 기미독립선언서 전문을 싣다 131

정주의 처참한 광경, 오산학교 정신 132

러시아 10월혁명은 관념적, 3·1혁명은 가슴의 공감共感 132

북경학생연합회 선언문 속에 나타나는 3·1혁명 133

중화혁명당-국민당 기관보『민국일보』

　　　　　　　　　　　3·1혁명 보도와 논평, 20회 이상 134

진독수·이대조의『매주평론』, 중국 젊은이들 궐기를 호소 134

중국의 이완용은 누구? 135

부사년의 논문, "조선독립운동이 가르쳐주는 새로운 교훈" 135

3·1운동은 혁명이다! 혁명인 이유 136

혁명은 단순히 엎는 것이 아니다. 새로움의 요소 137

일본에는 혁명이 없다 138

조선의 역사는 혁명에서 시작, 혁명으로 끝났다. 지금도 계속중 138

3·1혁명에서 빛의 혁명까지 139

날카로운 첫 키스의 추억 = 3·1독립만세혁명 140

몽양의 숙부, 여병현 141

배재학당과 협성회 141

종갓집 여남식 142

화불단행 143

노비해방 단행 145

제5장: 몽양의 신한청년당이 3·1독립만세혁명을 주도

몽양과 조동호, 남경 금릉대학에 입학 149

신학지망생이 영문학도가 되다 150

유정 조동호는 몽양의 도반, 한겨레신문의 정신적 뿌리 151

남경에서 상해로! 역사에서 현세로! 152

협화서국 죠지 피치 153

예관 신규식, 한국독립운동사의 갈파더 153

돈과 이상과 도덕성을 구비한 희대의 거물 154

신규식의 교제범위: 미래 대한민국 임시정부의 기반 155

진기미 · 진독수와 이웃하며 156

신규식의 비밀결사 조직활동 156

위대한 사람을 위대하게 대접해야 위대한 역사가 생겨난다 157

3·1독립만세혁명의 진원이자 주도자는 몽양이다! 158

신한청년당은 한국 최초의 근대정당, 몽양이 창당 158

3·1독립혁명의 논리적 필연, 대한민국 임시정부의 수립 159

신한청년당의 창당: 6명의 발기 160

해산 이유 161

신규식이 조직한 신아동제사 162

한인들의 결사조직, 동제사 162

우드로 윌슨의 특사, 찰스 리처드 크레인 164

중국체육인 왕정연과의 우정의 도움을 입다 166

그날 밤으로 면담성사 166

크레인이라는 휴머니스트 167

크레인과 여운형의 만남: 조선역사의 분수령 168

조선민중과 윌슨의 민족자결주의는 아무런 직접적 관계가 없다 169

사가들이 혁명의 전반부를 빼먹는다 170

크레인의 레코멘데이션: 조선 민중을 봉기시켜라! 170

김규식을 불러 와라! 171

김규식의 영어실력 171

조선독립청원서 완성의 기한, 눈물겨운 노력 172

상해에서 프랑스로 가는 배편,

아름다운 마음을 지닌 정육수의 도움 173

운명의 2월 1일, 3월 1일까지 운명의 한 달 174

제6장: 동경제국호텔 연설과 타이쇼오 데모크라시

미씽링크 179

신한청년당의 촉발에 대한 조선민중의 반응 179

플레타르키아의 갈망, 홍익인간의 염원은 내재적 180

일본의 충격, 사전에 눈치채지 못했다 181

여운형을 데려와라! 182

이이제이: 혁명가 집단 자체내의 분열 182

타이쇼오 데모크라시 183

타이쇼오 로맨스 184

쿠미아이 기독교회와 척식국 185

찬반 양론이 팽팽 185

여운형이 내건 4개의 조건과 장덕수 186

13일 동안 동경에서 만날 인물들 187

여운형과 코가 189

조선병탄과 회사합병의 비유는 가당치 않다 191

국가에게는 이익 이상의 것이 필요 191

몽양의 일대 반격 196

추상과 구상의 비빔밥 197

한풍냉설, 십사일생, 강권의 시대는 이미 지났다 198

국제관계는 무력으로만 승패가 결정나는 것이 아니다 199

코가의 달콤한 제안 199

코가의 저택연회 201

타나카 기이찌 육군대신 201

열석한 사람들 202

타아타닉호는 무엇 때문에 침몰하였나? 204

초가삼칸 다 타도 빈대만 탈 수 있다면 205

정의의 싸움의 강력함 206

미즈노와의 인삿말 206

체신대신 노다 우타로오 208

동경제국호텔 연설의 성대한 분위기 209

3·1독립만세혁명의 피날레: 크레인 면담에서 제국호텔까지 209

연설요지 210

독립: 자기 생존을 위한 자연의 원리인 동시에 인간의 원리 211

"때"의 철학: 독립은 때의 요구: 천국이 임하는 것과 같다 213

우리의 독립혁명은 미대통령의 민족자결주의와 상관없다. 213

민족자내의 요구일 뿐 213

조선민중의 국가비젼, 일본과 다르다! 215

요시노 사쿠조오 교수와의 해후 216

시모노세키의 복어횟집 217

부록: **몽양 여운형 연표**

몽양시대의 사건과 인물들 .... 220~301

이 책을 집필하는 과정에서 좋은 자료와 사진을 제공해주신
몽양기념관의 제현께 감사드립니다.

제1장

인트로

제1장
인트로

인연들

이 글은 양평군 몽양기념관의 광복80주년 기념특강 요청을 계기로 붓을 들게 된 것은 사실이지만, 기념관의 요청 때문에 집필하게 된 것은 아니다. 나는 태어나서 역사의식이 들고부터 몽양 여운형이라는 인물이 훌륭한 민족지도자라는 소리를 들었다. 나의 아버지는 정치적인 관심을 앞세우며 사신 분은 아니었지만 "몽양은 훌륭한 사람이다"라는 소리를 나에게 가끔 전해주셨다.

아버지는 간송 전형필, 서양화가 이마동 화백, 소설가 이태준 등과 함께 휘문고보를 다니신 분이지만 의학공부를 하신 분이기에 별로 사회적 가치에 대하여 뚜렷한 주장을 하시는 분은 아니었다. 그럼에도 불구하고 가끔 평상적인 분위기에서 몽양은 훌륭한 사람이라고 말씀하시곤 했다. 아깝게 흉탄에 쓰러지셨다고 말씀하시었다. 울 아버지의 그러한 허심한 멘트야말로 해방정국에서 아주 평범한 한국인이 느꼈던 소회의 한 표현이었을 것이다. 이러한 한마디의 메아리가 소년 도올의 의식 속에서는 계속 울려퍼지게 마련이다.

도올이 본 한국독립운동사 10부작

나는 현대사를 전공하는 사람은 아니지만 우연한 계기에 EBS방송국에서 『도올이 본 한국독립운동사 – 10부작』이라는 방대한 다큐멘터리를 제작하게 되었다. 내가 출연하고, 내가 연출하고, 내가 세부적인 촬영 콘티에까지 참여하고, 내레이션까지 성우의 도움을 빌리지 않고 내가 직접 녹음했다. 어떤 사람들은 도올이 괴팍해서 또 이상한 짓을 벌였다고 비판 아닌 비난을 하기도 했지만, 실상 이러한 작위作爲는 촉박한 기일의 제약 속에서 어쩔 수 없이 벌어진 일이었다. 그렇게 하지 않았으면 이 파격적인 다큐멘터리는 탄생되지 않았을 것이다. 역사에 그 족적을 드리울 길이 없었을 것이다.

나는 의기투합하는 유능한 촬영감독과 함께 자유롭게 최소한의 예산으로 한국독립운동의 배경이 된 광대한 코스모스를 누볐다. 두발로 걸어다니면서 역사의 현장을 고고하게 답사했다. 북한땅을 빼놓은 남한 전 지역, 항일의 섬 소안도, 대만(대북, 대중, 대남, 녹도), 러시아 연해주 지역(핫산, 포시에트, 블라디보스톡, 우수리스크, 하바로프스크, 스바보드니 등), 그리고 방천에서 백두산을 거쳐 단동에 이르는 두만강·압록강 전 지역, 북간도, 서간도, 하얼삔, 길림, 연길, 대련 지역, 북경과 화북 지역(석가장, 한단, 섭현, 마전, 십자령), 태항산 일대, 섬서성의 혁명성지 연안과 광복군OSS훈련지, 서안, 상해·가흥·남경·항주·중경에 이르는 대한민국임시정부루트 등 그 발길의 장정은 이루 다 헤아릴 수 없다.

학자로서 서면書面의 우주를 탐색하는 것과는 달리, 실제로 독립운동가의 숨결을 가삐 내쉬면서 그 장정의 루트를 의식의 현장으로 색칠해 나갔다. 학자로서 도저히 체험할 수 없는 역사의 현장을 나의 실존의 체험 속에 담아나갔다.

나의 다큐10부작은 기적적으로 예정대로 착수한 지 7개월 만에 EBS에서 방영되었다. 2005년 8월 8일부터 19일까지 2주간 방영되었다. 당시 최고 인기드라마가 배용준을 일본 전역의 "욘사마"로 만든 『겨울연가』였는데, 그 『연가』의 연출팀이 나의 촬영수법과 편집태도가 매우 파격적이고, 참신한 충격을 던져주는 그 무엇이 있다고 극찬의 말을 아끼지 않았다(※ 독자들은 유튜브에서 이 다큐를 찾아볼 수 있을 것이다).

나에게 가장 소중한 사실은 다큐연출가로서의 나에 대한 평가라기보다는, EBS 다큐10부작이야말로 나를 현대사가로서 다시 태어나게 만드는 위업을 달성했다는 것이다.

크로체가 "모든 역사는 현대사이다"라는 중요한 말을 했지만, 나는 EBS다큐제작 이후 "모든 철학은 현대사이다"라는 말을 무의식 중에 계속 뇌까렸다. 현대사라는 것은 나의 현대적 실존을 구성하는 "틀"이다. 이 틀이 없이 나의 실존은 구성되지 않는다. 현대사가 없이는 나의 존재가 그 모습을 드러내지 않는다.

나에게 현대사가 있다면, 몽양 여운형에게도 현대사가 있다. 몽양에게 현대사가 있다면 우남雩南 이승만李承晚, 1875~1965에게도

제1장: 인트로　17

현대사가 있다. 문제는 그 모든 개체들이 자신이 처한 현대사를 어떻게 이해하고 있는가라는 것이 문제의 핵심이다. 그런데 이 현대사는 여러 가지 개념들로 구성되어 있다. 빨갱이니, 좌파니 우파니, 민주주의니, 공산주의니, 계급이니, 혁명이니 하는 말들이 수없이 쏟아져 나온다. 그리고 이 개념들은 궁극적으로 나의 관념의 토대를 이룬다. 이 관념이 조합되어 나의 실존의 언어와 행동을 구성한다. 이 실존의 집이 없이는 나의 존재가 존재하지 않는다. 그러니까 현대사의 이해가 없이는 고조선도 이해될 수가 없다. 고조선이 나의 언어로 구성되는 것이기 때문이다. 현대사가 없이는 희랍철학도 이해될 수 없다.

여운형과 더불어 숨쉬다

여운형 한 사람을 바르게 이해하는 것은 현대사를 바르게 아는 것이다. 그 현대사는 수없는 개념으로 구성되어 있는데, 여운형과 더불어 숨을 쉴 수 있을 때 그 개념들은 나의 삶 속으로 융해되어 들어온다. 우리의 현대사를 이해하는 데 몽양만큼 손쉬운 방편이 없을 것이다. 몽양은 "열린 지평open horizon" 위에 실존하기 때문이다. 몽양의 삶은 닫혀있질 않다. 모든 이념의 의미를 공평하게 구현한다. 몽양은 우리가 현대적 삶을 통하여 만날 수 있는 모든 각覺, 깨달음(Enlightenment)의 총화이다. 불과 열아홉 살 먹은 아이의 총질에 너무도 허망하게 세상을 떴다고 얘기되고 있지만, 그의 삶의 행위와 언어는 오늘 현대사를 만들어가는 모든 사람들에게 버거운 과제를 던져주고 있다.

지금 대한민국에는, 이 조선땅에는 봄이 오고 있다. 잔인하리만큼 버거운 생명의 약동이 우리의 심장의 맥박을 뛰게 하고 있다. 준괘屯卦의 여린 싹이 육중한 석판을 밀쳐내듯이 생명을 향한 조화의 의지는 모든 불의不義를 분쇄시켜 나아가고 있다. 이정식 교수가 몽양을 가리켜 "시대와 사상을 초월한 융화주의자"라고 말했는데, 그 융화주의는 바로 이 땅에 필요한 역사의 거름이다.

나는 몽양을 논함에 있어, 그에 관한 평전 하나를 보태는 작업을 하지는 않을 것이다. 몽양에 관한 평전評傳의 집필은 이미 10여 종에 이른다. 평전을 몽양 생애의 사건의 나열이라고 규정한다면, 나는 더 이상 생애의 사건을 발굴하여 보탤 필요성을 느끼지 않는다. 이미 그의 전기를 쓴 사람들이 충분한 자료를 일반인들이 검토할 수 있도록 드러내어 놓았다.

그렇다고 여운형의 생애연구가 일찍부터 활발하게 이루어진 것도 아니다. 독립기념관 한국독립운동사 연구소에서 내는 독립운동가열전 속에 여운형은 끼어있지 않았다. 2018년에 이르러서야 변은진(고대사학과 박사)에 의하여 독립기념관이 기획한 여운형평전이 나왔다. 한국의 현대사회에도, 조선왕조에서 사후에 신원하고 명예를 회복시켜야(※ "복훈증시復勳贈諡"라고 한다) 무덤이라도 제대로 쓸 수 있듯이, 형식적인 명예회복이 필요하다.

여운형에 대한 복훈은 노무현 대통령 때나 이루어졌다(2005년 3월 1일). 2008년 2월 21일에는 독립운동가에게 주어지는 최고등급의

제1장: 인트로 | 19

훈장인 건국훈장 대한민국장大韓民國章을 받았다. 그 전에는 독립기념관에조차 제대로 명함을 내밀 수 없었던 것이다. 그러나 몽양은 많은 사람들로부터 충심의 사랑을 받았기 때문에 그 생애와 사상이 활발히 조명되고 토의의 대상이 되었던 것이다.

생평生平의 참 의미

뭐니뭐니 해도 여운형은 20세기 조선땅에서 가장 빛나는 정치가요, 큰 인물이다. 그러기 때문에도 그에 대한 기술은 그의 내면의 고뇌를 대상으로 하기보다는 모두 정치적 사건과 결부되어 있다. 정치적 사건이란 필연적으로 이념적 편향성을 갖기 때문에 항상 논의의 대상이 된다. 그러나 폐쇄된 담론의 지평 위에서 "좌 아니면 우, 우 아니면 좌," "독립 아니면 친일, 친일 아니면 독립"이라는 식의 "아이더 오아"의 판결을 강요받기 때문에 생명력이 긴 담론은 구성되지 않는다.

이념의 얽힘 속에서 인간은 사라지고 마는 것이다. 기존의 평전에서 세부적인 정보와 관련하여 몇 군데 오류를 발견할 수는 있으나, 내가 새로운 정보를 발굴하여 덧칠을 해본들 결국 폐쇄된 이념의 개칠이 되고 만다. 정치적 논설은 별로 재미가 없다. 의관을 정제하고 진지하게 달려들어 읽어보아도 결국 그 얘기가 그 얘기, 그래서 나는 피상적 정치적 담론으로부터는 별로 배움을 얻지 못한다.

사실 우리나라 역사에서 "정치가politician"라고 할 만한 캐릭터를 만나기는 심히 어렵다. 조선왕조를 통해서 만나는 인물들은 대

부분 "조정의 신하"들이지 "정치가"라고 말하기 어렵다. 정치가라고 말하려면, 역사의 흐름에 직접 참여하여 그 흐름을 바꾸어가는 작위가 있어야 하고, 그 작위作爲는 반드시 누구의 명령을 수행하는 수동적 과정이 아니라, 국민들과 더불어 교감하면서 새로운 역사의 흐름을 창조하는 "창신의 과정Creative Process"이 포함되어야 한다.

정약용도 관념적인 "안案"은 많이 내었으나 실제로 "작作"을 한 것은 별로 없다. 차라리 다산보다는 대동법·화폐와 같은 제도적 작위를 제창하고 그것을 실행에 옮긴 김육金堉, 1580~1658과 같은 인물이 내 머릿속에는 정치가의 타입으로 부상한다.

조선조 초기에 삼봉 정도전의 신권정치적인 구상이 제도화되었더라면 조선왕조는 많은 정치가들을 배출하였을지도 모른다.

한학의 세계에서는 한 사람의 생애를 기술하는 바이오그라피biography를 보통 "생평生平"이라고 말한다. 젊었을 때는 사전적 의미만 알고 넘어가곤 했으나 요즈음 그 뜻을 생각해보니, 사전에 쓰여있는 어원설명은 아니지만, 아무래도 "평平"은 저울을 잰다, 무게를 잰다는 뜻을 지니는 것 같다. 보통 추를 움직이는 저울도 그렇고 천칭天秤도 그렇고 모두가 수평을 잡음으로써 무게를 잰다.

그러니까 "생평生平"이란 "삶의 무게를 잰다," "삶의 가치를 드러낸다"는 뜻이 되는 것이다. 여운형의 생평이란 여운형의 삶의 사건들을 나열하는 것만으로는 이루어지지 않는다. 몽양의 모든 삶의 순간에서 느끼는 가치의 무게가 독자들의 삶의 가치의 무게

와 상응하는 어떤 카이로스의 교응交應이 이루어지는 무한한 신적
경지가 뒷받침되어야 한다.

「계사」하편 5장에는 이런 말이 있다: "지기知幾, 기신호其神
乎!"(그 기幾를 아는 것은 오직 하느님뿐일 것이다).

1947년 7월 19일 낮 1시 15분, 혜화동로타리를 돌던 미제 스
튜드베이커Studebaker 7인승 38년형 네모난 자동차 뒤로 한 청년
이 올라탔다. 그리고 "탕탕탕" 세 발의 총성이 들렸다. 첫 총성
에 몽양은 "허억" 하는 비명을 지르며 일어서려 했다. 그런데 그
의 등에서는 피가 분수처럼 솟구쳤다. 직격이었다. 그는 순간, "조
선…… 조국……" 이 두 마디를 남기고 유명을 달리했다. 서울의
대부속 제1병원에서 마주친 의사는 수술실로 들어가려던 조교수
한격부韓格富(33세)였다. 그러나 이미 의사의 손길이 닿기도 전에
몽양은 숨이 끊어진 상태였다.

"조선…… 조국……" 이 두 마디를 연결하려던 그의 사유는 과
연 어떤 하늘을 달리고 있었을까? 내가 말하고 싶은 몽양의 생평生
平은 바로 이 "지기知幾"의 공백이다.

해방정국에서 민족의 지도자 제1순위로 꼽힌 사람
내가 많은 문학가, 현대사가, 정치평론가들이 스치고 지나간 몽
양의 생生을 평平한다는 것, 그 자체가 과도한 용기일지도 모르
겠다. 그러나 지금 우리는 몽양의 생을 평하지 않으면 아니 되는,
2025년 내란정국과 내란의 파국을 극복하고 일어선 국민주권정

부(=이재명정부)의 소용돌이 속에서 하루하루 아슬아슬하게 숨을 몰아쉬고 있다. 우리는 지금 몽양의 생을 평하지 않으면 아니 된다. 그것은 역사의 당위다.

1945년 11월경 선구회先驅會라는 단체에서 10월 10일부터 11월 9일까지 여론조사를 했는데 "조선을 이끌어갈 지도자"와 "일제시기 최고 혁명가"를 묻는 설문에서 여운형은 각각 33%, 19.9%로써 최고득표를 기록했다(※ 이 여론조사가 『매일신보』에 보도되었다. 『신보』는 조선총독부 기관지로서 1945년 11월 10일 미군정에 의하여 정간되었다). 대체로 국민들의 심상에서 정치지도자로서 자격을 갖춘 인물로서는 여운형, 이승만 , 김구 순이었다.

1947년 9월에 문예지 『백민白民』에 쓰여진 이현구의 글에도 이런 문구가 있다(『몽양여운형전집』Ⅱ. p.203).

"여씨는 김구, 이승만, 김규식 제씨와 함께 항일독립운동가였든 것은 사실이나, 여씨는 이상의 어느 분보다도 국내에 있었든 까닭에 인민에게 널리 알려진 민족주의자였다. 널리 알려짐과 동시에 국내민중의 기대를 받아왔다는 것은 여씨로 하여금 행복이었고 해방후의 활동을 민첩히 할 수 있게 했다."

하여튼 해방정국에서 그 혼란을 정리하고 민족을 이끌어간 지도자로서 국민의 마음을 사로잡은 자는 여운형이었다.

제1장: 인트로

평심平心하게 생각해보라! 비상사태라고 말할 것이 아무것도 없는 평온한 나라에 갑자기 이 나라의 최고실권자인 대통령이라는 사람이 "비상계엄"을 선포하며 전쟁을 유발시키고, 소수의 이익을 위한 절대독재의 정국을 만들어나가겠다는 야망의 광상이 아직도 되풀이될 수 있는 이 나라! 그 광상을 지지하는 광란의 인간들이 아직도 준동하고 있는 이 나라!

너무도 위태롭고 너무도 가슴 졸이는 내란정국을 수습해가고 국민의 상식적인 일상을 회복할 수 있는 행정능력을 소유한 구심점은 이재명밖에 없었다. 그런데 그가 대통령 되는 것을 막아야 한다고 생각한 우매한 인간들은 그에게 테러를 감행하려 했다.

계엄정국 이전에 이미 부산 가덕도 신공항 건설부지 민정시찰 때에 대항전망대에서 이재명에게 싸인을 받는다는 명목으로 다가온 김진성은 양날형 검으로 이재명의 왼쪽 목동맥을 찔렀다. 명백한 살해의도를 지닌 행위였다.

혁명가는 침상에서 죽는 법이 없다

내란정국이 수습되어 가고 대선으로 장場이 바뀐 후에도 모든 유세장의 열린공간은 테러의 공포가 지배적이었다. 먼 거리에서 쏠 수 있는 스나이퍼들의 소총이 기다리고 있다는 제보가 난무했다. 대선유세장에 방탄유리가 등장한 것도 대한민국선거역사상 처음 있는 일이다. 대선후보인 이재명은 유세장을 가득 메운 청중에게 가림막 없이 다가가고 싶어 방탄유리 앞으로 나오면 청중들이 "들어가! 들어가!"를 외치는, 인정에 사무치는 아름다운 장면들이 연출되었다.

여운형이 비명에 간 테러만 해도 그것은 12번째의 테러였다.

1) 1945년 8월 18일 오전 1시경: 계동 자택 앞에서 곤봉으로 피습.
2) 1945년 9월 7일 저녁: 원서동에서 계동으로 넘어오다가 괴한들에게 밧줄로 묶임. 행인이 구제.
3) 1945년 12월 상순: 배천온천 여관을 습격. 사전에 여관을 옮겨 무사.
4) 1946년 1월: 창신동 친구집을 괴한 5명이 습격. 출타중으로 위기 모면.
5) 1946년 4월 18일 오전 9시: 관수교에서 괴한들이 포위. 행인이 구출.
6) 1946년 5월 8일: 서울운동장에서 수류탄 테러 사전 발각.
7) 1946년 5월 하순 10시경: 종로에서 괴한들에 포위 격투 끝에 행인이 구출.
8) 1946년 7월 17일: 신당동 산에서 교살 직전 벼랑에서 낙하 도피.
9) 1946년 10월 7일 저녁: 자택 문전에서 납치.
10) 1947년 3월 17일 밤: 계동 침실 폭파. 출타로 구명.
11) 1947년 5월 12일 하오 7시 30분: 혜화동로터리에서 권총으로 승용차 피습.
12) 1947년 7월 19일 오후 1시 15분: 혜화동로터리에서 저격당함, 서거.

몽양은 친자식들에게 자신이 테러로 죽을 수 있다는 운명을 절감하면서 다음과 같이 말하곤 했다:

제1장: 인트로 | 25

"혁명가는 침상에서 돌아가는 법이 없다. 나도 서울 한복판에서 죽을 것이다. 아버지가 길바닥에서 쓰러질지라도 얘들아 너희들은 울지마라 울지마라, 일어나 싸워라 싸워라!"

테러에 대한 몽양의 대처도 너무 대범했다. 그러나 그에 대한 테러는 매우 집요한 것이었다. 몽양은 테러로 죽었다. 이재명은 테러의 위협을 뚫고 살았다. 개인의 명리命理의 탓일까? 시대의 변화의 탓일까? 우리는 이 양자간의 차이를 명료하게 인식해야 한다.

그레고리 헨더슨이 말하는 보르텍스

해방 후 정국에서 박정희 군사독재시절에 이르기까지 매우 중요한 포스트에 있으면서(부영사, 국회연락관, 문정관, 대사 특별정치보좌관) 한국의 역사를 몸소 체험하고 연구한 학자외교관인 그레고리 헨더슨Gregory Henderson, 1922~1988은 그가 체험한 한국의 정치현상을 "보르텍스의 한국정치"라는 말로 표현했다(*Korea: the Politics of the Vortex*).

"보르텍스"라는 것은 그냥 휘몰아치는 태풍이 아니라, 주변의 공기를 빨아 휘감아 올라가는 "소용돌이," "회오리바람," "토네이도"를 의미한다.

헨더슨은 한국사회를 이해하는 핵심적 열쇠는 동질성(homogeneity)과 중앙집중(centralization)에 있다고 보았다. 엘리트와 대중간에 매개그룹이 없는 사회관계의 특징으로 인해, 정치역학이 사회의 모든 활동적인 요소들을 중앙권력을 향해 치닫게 하는 거센 소용돌이를 닮았다는 것이다. 이러한 중앙집중의 환경과 구조 속에서 한국의 정치는 당파성, 개인중심, 기회주의성을 보이면서 합리적 타협의 기초를 결하게 되었다는 것이다.

한국의 근대정당들은 통치에 목적이 있는 것이 아니라, 통치권력에의 접근수단이라는 차원에서 만들어졌고, 나아가 기회주의적 인간들의 유동적이고 뿌리 없는 모임이 되었다고 분석하고 있다 (『소용돌이의 한국정치』, 한울아카데미. p.8).

이승만은 그 소용돌이를 선회하는 모든 요소들을 빨아들이며 꼭대기까지 올라가는 데 성공했다. 몽양은 그 과정에서 빨려들어갈 수 없는 바윗덩어리가 되고 말았다. 그러나 결국 소용돌이는 그 오리지날 동력을 상실하면 해체되고 만다. 우리는 이제 근 80년 동안 휘감아 친 토네이도의 유기체적 실상을 총체적으로 파악할 수 있는 여유를 획득하였다. 우리는 이제야 "작作"을 논할 수 있게 된 것이다. 국민주권정부의 성공을 위하여서라도, 국민이 편안히 발 뻗고 자는 그날을 위하여서라도, 우리는 몽양의 삶과 사상을 이해해야 할 것이다.

사구하이츠의 아주머니

이 글을 쓰고 있는 나는 을사년 소서小暑의 복더위가 너무도 심히 찌는지라 붓을 원고 위에 놓아두고 동네 바람 부는 큰 마당으로 나아갔다. 안면은 없었지만 동네에 사는 할머니가 건장한 목소리로 말을 건넨다.

> "도올 선생이시죠. 말씀하시는 것이 어찌나 속시원한지 잘
> 듣고 있습니다."

사실 할머니라고 내가 표현은 했지만, 할머니라는 표현이 어울
릴 수가 없도록 말씨가 힘 있고 경쾌했다. 결례를 무릅쓰고 정중하
게 여쭈어보니 자기도 나이가 80을 넘었다고 했다. 그 할머니는
(※ 할머니라는 말이 도저히 어울리지 않는다. "아주머니"가 더 적합하겠다) 이
동네 "사구하이츠"에 산다고 했다. 나는 산보하면서 "사구하이
츠"라는 말에 특별히 관심을 쏟질 못했다. "사구"라고 하니 모래
언덕만 연상되어 오묘한 생각이 들었다. 그런데 그것은 서울에 있
는 모 학교의 49회 졸업생이라는 뜻이라 한다. 여러 명의 동창생
들이 예산을 합쳐 지은, 당시로서는 꽤 호화스러운 빌라였다고 한
다. 지하실에는 당구대를 비롯하여 여러가지 오락시설도 있었고,
같이 국내·외 여행을 다니면서 즐거운 추억을 만들기도 했다는 것
이다. 빌라의 멤버들이 사회적 지위도 높았고 다 잘살았던 모양인
데 지금은 모두 고인이 되었고, 오리지날 멤버가 아직도 두 명이
남아있는데 와병중으로 오늘내일한다는 것이다.

짜릿해요! 뻥 뚫리는 것 같아요
그 아주머니 말씀이 자기는 서방님을 벌써 여의었고, 혼자서 산
보하면서 잘살고 있다고 했다. 우리 때도 시골서 올라온 대학생들

이 같이 자취만 해도 반드시 의가 틀어진다고 했는데, 사회적 지위
를 가진 사람들이 고교동창이라는 이유로 한 공간에서 같이 산다
는 것은 참으로 희한한 사례라 할 것이다. 상당히 자기 디시플린이
있는 사람이 아니면 이루어내기 힘든 과업을 수행하고 있다는 생
각이 들었다. 게다가 내 강의를 들으면서 "속이 시원하다"고 힘차
게 목소리를 내는 사람이라면 아무리 그가 살고 있는 세계로부터
혜택을 많이 입은 사람이라 할지라도 상식적 판단력이 있는 진보
적인 성향의 사람이라고 생각할 수밖에 없었다.

 "선생님 말씀은 짜릿해요! 뻥 뚫리는 것 같아요."

 분명 내 말을 들었을 때 그 아주머니는 감동을 받은 것이다. 시
국에 관하여 비판적 시각을 가진 것이다. 윤석열 내란도당의 행태
가 도덕적으로 용인할 수 있는 것이 아니라는 상식적 판단이 있는
것이다. 그런데 갑자기 이 아주머니는 나에게 이런 말을 했다.

 "불안해요. 이재명이가 정치를 못하는 사람 같아요. 사람도
 이상한 사람들만 뽑고, 외교도 국제관계를 망가뜨리고만
 있는 것 같아요. 남북문제도 점점 이상해지는 것 같아요."

나는 갑자기 혈압이 솟구쳤다.

 "아니, 윤석열이가 3년 동안 한 것보다 이재명이 3주 동안

제1장: 인트로 | 29

한 것이 이 나라에, 민생에 3천 배는 더 좋다고 사람들이 말하고 있는데 그게 무슨 말씀이세요? 사람도 좋은 사람들만 뽑고 있고, 아니, 좋고 나쁜 것은 얘기하지 않더라도 최소한 정상적으로 대화 가능한 사람들이 들어서고 있고, 나토 안 간 것은 일본총리대신부터 칭찬한 일이고, 남북문제는 아무 변화도 없고 서로 비난방송만 꺼버리자고 한 것뿐인데, 휴전선 근방에 사는 주민들이 다 환영하고 있는데, 어떻게 그런 말씀을 하십니까? 나라가 잘될 것이라고 편하게 생각하실 수가 없나요?"

내 강의가 시원하다는 것과 한국정치현상에 대한 가치판단은 전혀 논리적인 커넥션이 없었다.

순간 나는 이 나라의 미래가 아직도 위태롭다고 느꼈다. 옛 고급빌라의 주민이라면 최소한 반세기 이상 이 나라의 영화를 엔죠이한 사람일 텐데 조금도 책임 있는 자기판단이 없는 것이다. 대통령이 정상적인 인간이라는 그 이유 하나만으로 그냥 부정되어야 할 대상이 되고 마는 것이다.

정상인은 나쁜놈이다

바른 소리를 하고 바른 행동을 하면 공연히 불안해지는 것이다. 구체적인 자기탐색이 없이 막연한 불안에 자신을 내맡기며 비난만 일삼는 사람들이 항상 이 민족의 30%는 차지한다. 진보도 아니고 보수도 아닌 완고한 무지의 베일은 장막 밖의 타자의 분열만을 기다린다. 터무니없는 계기로 타자의 분열이 이루어지면 30%는 항상 50%를 넘을 수 있다는 신념을 갖는다.

이재명의 정치가 노려야 할 것은 진보의 이상의 구현이라기보다는 완고한 무지의 30%를 어떻게 깨어버리느냐 하는 데 있다고 나는 믿고 싶다. 사실 이재명이 요번 선거유세에서 노력한 것은 바로 그 완고한 밑바닥을 치려는 것이었는데 결과는 소기한 뜻대로 되질 않았다. 그러나 어떠한 방법으로든지 이재명은 계속 두드릴 것이다. 그 무지의 근거를 해체시키려 할 것이다.

공관복음서에는 문을 두드리면 곧 열린다는 희망찬 메시지를 전한다(마태 7:7~8, 누가 11:9~10). 그러나 예수의 오리지날 육성을 전하는 도마복음에는 두드려도 쉽게 열리지 않고, 구한다고 쉽게 찾아지지 않는다고 경계하고 있다. 끊임없이 두드릴 수밖에 없다고 말한다. 두드리고 또 두드려서 얻은 진리는 고통스러울 뿐이라고, 비극적인 언사를 발한다.

진리는 고통스러울 때만이 경이로운 것으로 나타난다. 두드림은 행복한 결실을 목표로 하는 것이 아니라 존재함의 경이로움을 발견하는 것이다. "구하는 자여! 구함을 그치지 말지어다. 찾았을 때 그는 고통스러우리라. 고통스러울 때 그는 경이로우리라. 그리하면 그는 모든 것을 다스리게 되리라."(『예수님의 육성 도마복음』 p.93).

2008년 2월 21일에 여운형에게 수여된 건국훈장 대한민국장을 보면 노무현 대통령 이름 밑으로 국무총리 한덕수의 이름이 병기

되어 있다. 그런데 그 한덕수는 지금 내란공범의 한 사람으로 특검 조사를 받고 있다. 한덕수가 대통령출마를 하겠다고 서둘러 한 짓을 살펴보면 소인 모리배의 장난에도 못 미치는 짓거리이다. 대한민국장 한 페이지에 여운형, 노무현, 한덕수가 같이 있다는 것 자체가 우리 현대사의 한 단면을 잘 드러내고 있다. 우리 현대사에는 이러한 코메디와 트래지디가 마구 엉켜있다. 카랑카랑한 목소리를 그 엉켜붙은 소음 사이로 남겨놓고 떠나가는 사구여인의 여운은 코메디일까, 트래지디일까?

렉싱턴의 화이트하우스

나는 하버드대학에서 수학하는 동안 그레고리 헨더슨과 깊은 교분을 쌓았다. 그는 나의 고전에 대한 지식과 한문실력, 그리고 고전문화적 교양과 사상적 래디칼리즘을 매우 사랑하였다. 그래서 수도 없이 여러 차례 그의 집에 초대되었다. 그는 하버드대학이 있는 캠브릿지로부터 미국독립의 산실인 콩코드유적지로 가는 길목에 있는 렉싱턴Lexington이라는 교외 주택지역에 살고 있었는데 그의 집은 좀 거대하게 보이는 흰 목조건물이었다. 그 전면이 화이트하우스의 기둥들을 연상시켰기에 우리는 그의 집을 "렉싱턴의 화이트하우스"라고 불렀다. 헨더슨가문은 유명한 생화학자를 포함하여 다수의 지식인을 배출한 명가문이었는데, 보스턴 지역에서는 "귀족"으로 분류되는 집안이었다.

"귀족이라구? 귀족이란 메이드maid(하녀)를 두고 살 때만이

귀족이야. 충직한 메이드가 없어진 요즈음 세상에서는 돈이
있어도 귀족행세는 못해.”

헨더슨은 베를린 태생의 독일인 부인 마이어Maia와 단 둘이서
그 큰 집을 지키고 있었다. 우리가 초대된 식탁도 걸걸하고 건장한
독일부인이 손수 다 장만한 것이었다. 그 집을 들어서면 널찍한 대
청거실을 마주보게 되는 벽면에 한국에서 흔히 보는 절간의 석회
벽 벽화가 통째로 설치되어 있었다. 삼존불의 위용이 원래의 벽화
그 모습대로 그 섬세한 자태를 뽐내고 있었다.

헨더슨의 설명에 의하면 퇴락한 절간을 다시 지을 때 없애버리
려고 하는 것을 헐값에 구입했다고 했다. 그 말은 거짓이 없는 말일
것이다. 그가 산 시대, 전쟁통의 한국에서 그런 벽화가 보존될 까
닭이 없다. 그가 1940년대로부터 60년대 이르기까지 주한미국대
사관의 주요 포스트를 점한 사람으로서 한국의 고미술에 눈을 뜨
고 있었다면 그야말로 한국땅에는 널부러진 것이 다 보물이었을
것이다.

윤내현과 나와 헨더슨

나는 어느날 하버드 – 엔칭 라이브러리를 활용해서 한국고대
사의 원사료를 수집하고 있었던 친구 윤내현을 헨더슨집으로 데
리고 갔다. 윤내현은 내가 그 집에서 대접받는 것을 보고 하는 첫
말이 이와 같았다.

제1장: 인트로 | 33

"당신이 일찌기 헨더슨을 한국에서 이렇게 친근하게 만났다 고 하면 당신은 크게 벼슬했을 텐데 ……"

"미국에 빌붙어서 출세할 생각은 꿈에도 없소. 말 함부로 하지마소 ……"

헨더슨 집에는 한국의 고미술, 도자기, 서책, 공예품, …… 하여튼 조선의 향기가 가득했다. 그의 부인은 나에게 백자, 청자의 자기그 릇에 직접 차를 담아 대접했다. 깨지면 어떡하나 …… 가슴이 철렁 거렸다. 그러나 헨더슨은 어차피 차완은 차를 마시라고 있는 것이 니 그것을 모셔만 두는 것은 도리가 아니라는 얘기를 했다. 수장가 로서 매우 특별한 인식론을 가지고 있었다. 물론 지극히 제약된 몇 개의 그릇을 썼다.

나는 조심스럽게 차를 마시면서 쿠마라지바의 제자 승조의 "물 불천物不遷"을 뇌까리고 있을 수밖에 없었다. 헨더슨의 컬렉션은 매우 소박한 서민적인 삶을 구가했다. 그는 대사관의 미국사람들 이 끼리끼리만 모이는 격리된 갇힌 삶을 몹시 싫어했다. 그는 칵테 일파티보다는 막걸리에 김치를 얹어 먹는 농부들과 논두렁에 앉아 쇠똥내음새 나는 바람쐬기를 더 좋아했다.

기억되어야 할 한국학의 거성, 죠지 매큔
헨더슨은 하버드대학교에서 고전학(Classical Studies)을 전공하고,

마그나 컴 로디magna cum laude로 졸업했다. 그리고 외무부에 외교직으로 취업한 후 캘리포니아 대학교에서 위탁교육을 받았다. 당대 한국학의 세계적 권위였던 매우 성실하고도 진보적인 사상을 지녔던 학자 죠지 매큔George McCune, 1908~1948(매큔·라이샤워 한국어표기법을 개발한 언어학자이다. 평양에서 태어나 한국말을 모국어처럼 했다. 한국문화와 역사에 대한 깊은 사랑이 있다. 버클리대학에서 한국의 역사와 언어를 가르쳤으나, 불행하게도 심장병으로 단명)의 지도하에서 한국의 역사와 언어를 배웠다.

그러나 헨더슨은 미국무성이 한국에 파견한 최초의 정통외교관이었다. 헨더슨은 한국에 오기 전에 이미 한국을 알고 있었다. 미군정사령관 하지의 한국에 대한 무지에 비하면 그는 한국의 역사와 언어를 꿰뚫는 형안을 소유하고 있었다. 박정희가 등장했을 때도 박정희가 어떤 인간인가 하는 것에 관한 국무성보고서를 쓴 사람도 헨더슨이었는데, 그때 이미 헨더슨은 박정희가 사회주의 성향의 인물이라는 것을 그의 생애를 통관하면서 간파하고 있었다.

어느날 나는 헨더슨과 여운형에 관하여 이야기하고 있었다. 그런데 헨더슨은 여운형을 만나지 못했다. 헨더슨이 한국에 3등서기관으로 온 것은 1948년 7월 중순이었다. 여운형이 저격된 것은 1947년 7월 19일 낮 1시 15분이었다. 몽양서거 꼭 1년 만에 한국땅을 밟은 것이다.

그러나 그는 당시의 한국정서와 정계의 인물들에 관하여 깊은 지식을 가지고 있었다. 해방정국에서 활약한 인물들을, 조선의 성리학자들, 당쟁의 회오리바람에 휘말려 부침하는 인물들처럼 객관화시켜 거리를 두고 바라보는 혜안을 지니고 있었다.

해방 후에 한국지성계에 다산학의 붐을 일으킨 데도 헨더슨의 공이 컸다. 조선의 유교철학사를 세계적인 지성사를 다루는 것과 똑같은 관점으로 봐야 한다는 것이 그의 일관된 주장이었다.

헨더슨은 1948년 8월 15일 서울 중앙청에서 "대한민국 정부수립 선포식"이 거행되었을 때, 바로 한국주재 미국대표부의 부영사로서 이승만 대통령 뒷자리에 서있었다. 그리고 1949년 5월에서 8월 사이에 국회프락치사건, 6·6반민특위습격사건, 김구암살사건을 미국무부에 보고하였다.

나는 헨더슨에게 20세기 한국의 정치인으로서 내가 가슴속 깊이 존경할 수 있는 인물은 여운형 한 사람뿐이라고 말하자, 헨더슨은 말문을 열었다.

> "아마도 도올 당신이 몽양을 직접 만났더라면, 그리고 몽양이 당신 같은 제자를 두었더라면 둘이서 얼마나 많은 일을 할 수 있었을까 하고 생각을 해봄 직하네. 해방후 정국에서 이념에 관계 없이 정도를 걸은 사람은 몽양 한 사람뿐이야. 1948년 8월 15일, 중앙청 앞에 섰어야 했던 인물은 우남이 아니라 몽양이었네."

헨더슨의 몽양관

그는 외교관답지 않게, 인문학자로서 이야기하고 있었다.

"나의 선생님 매큔은 평양에서 태어난 사람이야. 그의 아버지가 미국 장로교회 교육선교목사로서 1905년에 평양에 왔거든. 그의 아버지는 서양우월주의가 없는 사람이기 때문에 그의 아들을 조선의 흙바람 속에 키웠지. 아마도 인류역사상 나의 매큔 선생은 한국말과 영어를 전혀 액센트 없이 완벽하게 구사하는 최초의 인간이었을 거야. 그래서 그만큼 한국에 대한 깊은 이해와 사랑이 있었던 거지. 매큔은 나에게도 하나의 거대한 영감이었지.

그런데 나의 선생님이 한국의 해방정국에 관해 말씀하신 한마디가 있어. 그것은 미국이 일제잔재세력을 다시 등용하고 있다는 것, 이승만정권이 그들에게 의존하여 한국민중을 다스리려고 하고 있다는 것, 그것이 가장 심원하게 한국을 괴롭히게 될 것이라고 예언했어. 1947년, 48년 그때에 이미 계속 말씀하셨으니깐 그의 통찰은 대단했던 것이지! 그렇게 보면, 오로지 민족과 통일을 타협 없이 말한 여운형은 양심 있는 사람이라면 위대하게 바라보지 않을 수 없지.

몽양에게는 좌가 있을 수 없고 우가 있을 수 없어. 좌·우를 초월한 사람이야. 한국의 해방정국에서는 좌·우가 없으면 무조건 좌로 몰리게 되어있어. 깨끗한 백지를 깨끗한 그 모습대로 바라볼 수 없는 사람은 그것이 뻘겋게 물들여 진 것처럼 보인단 말야. 해방 후 한국의 역사는 순결성이 허용될 수 없는 그런 역사였지 ……"

그는 갑자기 뭐가 생각났는지, 나를 그의 안방서재로 데리고 갔다. 그리고 책을 한 권 꺼내 들었다.

여운홍이 헨더슨에게 전한 책

"미스터 김! 얘기가 나온 김에 좋은 선물 하나 할께! 이제 다시 이 책이 소용될 리도 없고, …… 이것은 몽양의 동생, 여운홍呂運弘, 1891~1973 선생이 나에게 직접 찾아와 전한 여운형의 전기일세. 나보다 김 군이 가지고 있어야 할 책이 라는 생각이 드는군."

그 책의 안에는 **"한대선韓大善 선생 혜존惠存, 여운홍呂 運弘 증정贈呈"**이라는 근농의 글씨가 쓰여져 있었다. 여운형 선 생의 같은 핏줄 형제인 근농의 필적이 담긴 책을 받게 되는 감격은 이루 다 말할 수 없었다. 헨더슨은 꼭 자기 이름을 한국식 발음을 살려 한문으로 적었다. 그래서 여운홍 선생도 한대선이라고 쓴 것 이다.

그날 그 책과의 해후가 내가 진짜로 몽양을 만나는 첫 체험이었다. 그날 캠브릿지 우사寓舍로 돌아가 나는 몽양의 제국호텔 연설문을 읽었다. 벅차게 가슴이 부풀어 올랐다. 이렇게 나는 몽양을 만났다.

나는 내 서재 한 구석에 이 책을 박아두고는 그 존재감을 새카맣게 잊고 있었다. 그런데 몽양기념관 사람들이 나에게 와서 광복80주년 기념강연을 부탁할 때에 문득 이 책에 대한 감회가 떠올랐다. 그래서 있던 자리에 가보니 고이 모셔져 있었고, 책을 꺼내 펴보니 그동안 몇 차례 이 책을 열람한 흔적이 남아있었다.

내가 여운형 평전에 남긴 한시

첫 번째 흔적은 나의 소회를 한시漢詩로 적어놓은 것이었다. 작은 글씨로 다음과 같이 적혀있다.

> **八十三年四月十四日, 于奉元齋病養中**
> **讀此書。忽然起心以揮之。**
>
> 1983년 4월 14일, 봉원재에서 병이 나서 요양중에 이 책을 읽다. 읽던 중에 홀연히 시심 북받쳐 올라 붓을 휘둘렀다.

1983년은 내가 귀국해서 고려대학 철학과 부교수로 학생들에게 열렬한 강의를 하고 있을 때였다. 봉원재는 귀국해서 바로 산 언덕 집인데, 나는 그 집에서 뭔 기가 안 맞았는지 자주 아팠다. 요양중에

제1장: 인트로 | 39

이 책을 읽었다고 써있었고, 읽다가 시심이 발동하여 붓을 휘둘렀다고 했다(詩用上聲二十二養韻: 시는 상성 22번째 양운을 썼다. 율시다).

庭內梅花時雨溜
정 내 매 화 시 우 류

마당 안의 매화그루는 때마침
찾아온 비를 입어 촉촉히 생기가 흐르네

春風花葉落漂蕩
춘 풍 화 엽 락 표 탕

하늘거리는 봄바람에 꽃닢은
떨어져 표표히 질펀하게 마당을 어지럽히네

我心獨悶疲身痼
아 심 독 민 피 신 고

왜 이토록 내 마음은 홀로 답답할까
피곤에 찌든 몸, 그것이 바로 고질이 되었다네

國土裂分誰爲慷
국 토 렬 분 수 위 강

나랏 몸은 찢기어 남북으로 나뉘어져
버렸으니 누구를 붙잡고 강개를 호소하리오

楚聖何嘲無用用
초 성 하 조 무 용 용

초나라의 성인(노자)은 어쩌자구
쓸모없음의 쓸모있음을 비웃듯이 말씀했는고

豪雄曷冤不運掌
<small>호 웅 할 원 불 운 장</small>

호쾌한 영웅이 어찌 불운이 손아귀에
들어오는 것을 원망하고만 있을까보냐!

濁流悲史思夢陽
<small>탁 류 비 사 사 몽 양</small>

슬픈 역사의 격류 속에서 태양을
꿈꾼 사나이 몽양을 생각하노라

羨魚不如退結網
<small>선 어 불 여 퇴 결 망</small>

물가에서 한가로이 노니는 잉어를
부러워하느니 내 물러나 고기를 잡을 그물을 엮겠노라!

※ 마지막 구절은 동중서董仲舒의 말로서 출전이 있다. 이상만 꿈꾸느니 물러나
구체적인 방법을 생각하여 이상을 실현하겠다는 뜻이다.

그리고 또 그 옆에 이런 비망록이 있다.

二千十年八月十一日，于駱松菴再
展之，查夢陽與三一運動之關係，悲天
憫人感慨。往事過如走馬燈。歎成就
太少。

2010년 8월 11일, 낙송암에서 이 책을 다시 펼쳐보았다.
몽양과 3·1만세혁명의 관계를 보다 상세히 조사하기 위

제1장: 인트로 | 41

해서였다. 읽고 나니, 하늘을 서러워하고 인간세를 가엾게 바라보는 감개가 흐른다. 지나간 일들은 주마등처럼 빨리 지나가 버리는데, 실상 무엇인가 진실한 것을 성취한 바는 너무 적다. 역사를 탄歎하고, 나를 탄한다.

제일 마지막 구절, 지나간 일은 너무도 많건만, 성취한 것은 너무도 적음을 탄歎한다고 한 그 말을 이제는 가볍게 흘릴 수 없다는 것이다. 이재명정부는 확실하게 성취할 수 있는 카이로스를 장악했다. 봉원재에서 낙송암으로 벌써 30년이 흘렀다. 이제 나는 더 이상 시를 쓰지 않기 위하여 이 책을 쓴다.

내가 캠브릿지를 떠나고 6년이 지난 1988년, 10월 16일 헨더슨은 지붕에 셍글이 빠져 비가 샌다고, 그것을 수리하기 위하여 직접 사다리 놓고 높은 곳에 올라갔다가 실족하여 추락사하였다. 내가 그를 처음 만났을 때 그가 한 말이 생각났다: "메이드가 없으면 귀족도 없어!" 우리말로 하면 하인 없이 양반 있을 수 없다는 말인데, 그는 끝내 자신을 낮추고 갔다.

헨더슨 컬렉션에 관하여 여러 말이 있었으나, 헨더슨 본인은 하버드대학 내의 유서 깊은 미술박물관인 포그아트뮤제움Fogg Art Museum(1895년 설립)에 자기의 컬렉션이 들어갔으면 했다. 그런데 비좁고 전시공간이 제한되어 효용성이 떨어진다는 지적이 있어왔다. 그리고 포그아트뮤제움은 아시아예술에는 관심이 제약적이었다.

그런데 아서 새클러Arthur Mitchell Sackler, 1913~1987라는 정신과 의사이자 중국고미술수장가(중국 밖에 존재하는 중국예술의 최대규모)가 거액의 돈을 기부하여 캠브릿지 브로드웨이 485번지에 새클러미술관을 개관하게 된다(무려 6만 평방피트에 이른다). 헨더슨 컬렉션은 1991년, 그 부인 마이어에 의하여 전품이 새클러에 기증되게 된다. 헨더슨 컬렉션은 최상의 적합한 자리를 차지한 것이다. 책임 있는 마무리라 할 것이다.

근농勤農 여운홍이 헨더슨에게 선사한 책. 표지 속 면지에 한대선韓大善 선생 혜존이라는 여운홍의 글씨가 보인다.

제1장: 인트로   43

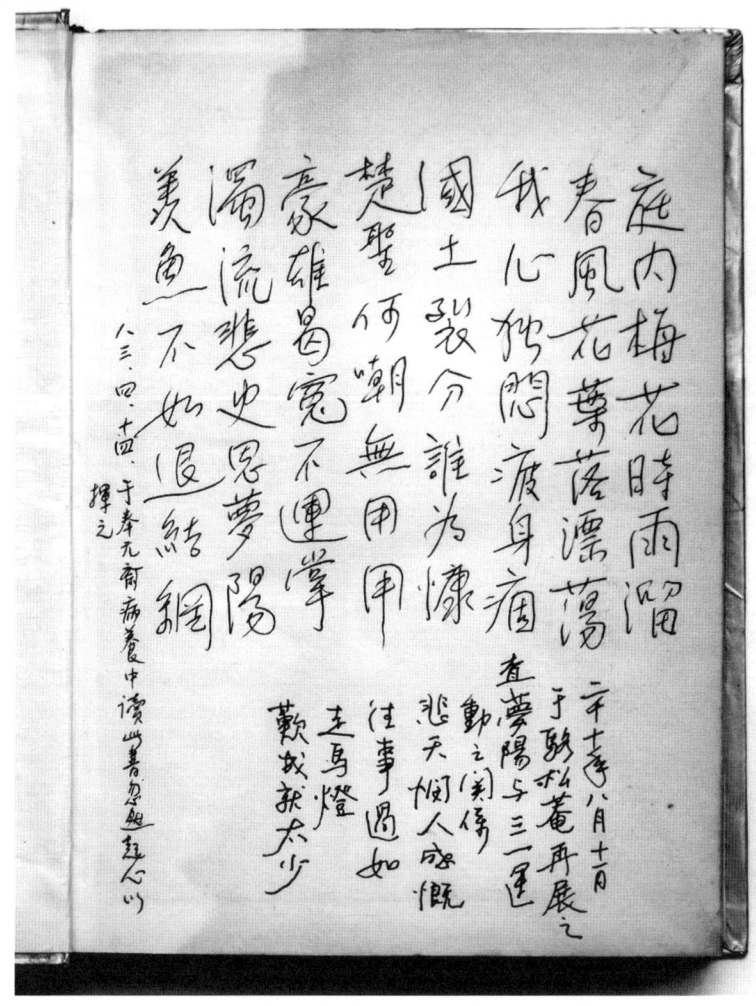

『몽양 여운형』이라는 책자의 뒷표지 안쪽 면지에 내가 써놓은 한시(1983. 4. 14.).

제2장
체육과 몽양

제2장

체육과 몽양

창주 이제황

체육과 예능 방면에서 매우 우수한 인재들을 배출하는 교육기관인 용인대학교의 교정에 들어서면 큰 바위에 여덟 자의 글씨가 새겨져 있다. 그러나 사람들이 이 글자의 의미를 정확히 알고 있지 못한 것 같다. 우선 그 여덟 자가 한문으로 이루어진 것인데, 그 한문이 모든 사람이 읽고 쉽게 합의에 도달할 수 있는 의미체계를 전하고 있지 않기 때문이다.

이 여덟 자는 용인대학교의 건학이념을 요약한 것인데, 이 교호는 용인대학교의 전신인 대한유도학교가 개교될 때에(설립지는 서울시 중구 소공동 111번지였다) 설립을 주도하였던 우리나라 유도계의 거성이자 큰 인격자인 이제황李濟晃(1910년 음력 1월 4일 서울 후암동 15번지에서 태어나 1981년 12월 16일 72세를 일기로 타계. 중앙기독교청년회 [YMCA] 유도부에서 장권張權 사범에게서 유도를 사사받음. 대한유도회가 10단을 추서) 선생이 지은 것이다.

이제황은 어려서부터 한학을 배웠고 서도에도 일가견이 있는 교양인이었다. 자아! 그가 새로 설립한 대한유도학교의 건학이념이자

제2장: 체육과 몽양 | 47

학생들의 교훈校訓이었던 그 여덟 글자는 무엇인가?

道義相磨, 欲而爲人。
도의상마 욕이위인

우선 "도의道義"라는 말은 이해가 쉬운듯이 보인다. 우리 국어 사전을 찾아보아도 "사람이 마땅히 지키고 행하여야 할 도덕적 의리"라는 말로 개념화되어 있다. 우리말의 한 단어가 되어있는 것이다. 즉 우리말화 되어있는 한 개념인 것이다. 그러나 한문은 본시 의미소가 단음절인 언어이다. "도의道義"는 한 개념이 아니라, 도라는 개념과 의라는 개념의 합성어이다.

도의상마는 창주선생의 독창적인 문장구성

그런데 도道와 의義가 합성되어 있는 단어는 『논어』에도 없고, 『맹자』에도 없고, 그 두꺼운 『예기』에도 없다. 물론 도와 의는 따로따로는 수없이 찾을 수 있다. 한국사람들은 이 문장을 읽을 때 우리가 흔히 쓰는 한 개념, "의리" 정도로 해석해서 전체를 풀이하려 든다. 그렇게 풀이하면 이것은 한문이 아니다.

같은 한문이라도 출전을 무시하고 자기식으로 문장을 구성할 수 있다. "도의상마道義相磨"는 출전에 의거한 문장구성이라기보다는 이제황 선생의 독창적인 문장구성으로 보아야 한다. 출전이 없는 말이기 때문에, 이제황의 논리에 따라 읽으면 그만이다. 그런데

48 | 새 시대의 새 지도자 몽양 여운형

그것을 비슷한 논거가 될 만한 출전을 대어 읽어버리면 후대의 사람들은 계속해서 그 출전의 의미에 따라 그 문장전체를 왜곡해버리는 오류를 범하게 된다. 창주蒼舟(이제황의 호) 이제황의 문장은 그가 의도하는 의미와는 다르게 그럴듯한 고전의 의미에 따라 매우 협애하게 해석되어왔다(『삼국사기』「신라본기」 진흥왕조에 나오는 구절이 자주 인용되는데 그 양자의 신택스는 전혀 다르다).

"도의상마道義相磨"라는 한문 문장에서 가장 명백하게 의미소로 들어오는 단어는 "상相"이라는 글자이다. 상相이 있기 때문에 도道와 의義는 전혀 다른 독자적인 의미체계를 갖는 말로서 해석되어야 하는 것이다.

도道는 형이하학形而下學적인 연마

도는 도덕(morality)이라는 의미가 아니고, 무술인의 수도과정에 있어서의 가장 중요한 의미를 지니는 디시플린을 의미한다. 도道는 문자 그대로 "길Way"이요 "방법Method"이다. 즉 무술은 내 몸의 길을 연마하는 과정이다. 도는 여기서 지고의 도덕적 이상을 가리키는 것이 아니라 몸을 연마하는 기氣의 테크닉을 의미하는 것이다. 유도는 부드러운 몸동작의 테크닉이다. 권투는 주먹으로 싸우는 길을 익히는 것이다. 태권도는 주먹질과 발길질을 효율화시키는 길의 연마이다. 그러니까 여기 "도"라는 것은 형이상학적인 도리가 아니라 구체적인 몸의 형이하학적인 연마과정이다.

제2장: 체육과 몽양　49

그런데 이제황은 무술의 가장 중요한 요소는 도道를 통하여 의義를 달성하는 것이라고 보았다. 여기 의義는 맹자가 인·의·예·지의 한 덕목으로 확고하게 말하여 놓았지만, 공자도 의에 대하여 무수한 논의를 남겨놓았다. 「학이」편에 "신근어의信近於義, 언가복야言可復也。"라는 말이 있다. 약속이 의로움에 가까워야 그 말이 실천될 수 있다는 뜻이다. 여기서 의로움은 사회적으로 증험할 수 있는 도덕성의 기준을 의미한다. 「위정」편에도 "견의불위見義不爲"라는 말이 있는데(의를 보고도 실천하지 않는다), 여기서 의도 "사회적 정의social justice"를 의미한다.

의義는 사회정의

즉 무도인으로서 무도의 도를 익힌다는 것은 반드시 사회적 정의를 구현하는 데 이르러야 한다는 것이다. 즉 무술에 있어서 양대 요소는 도와 의이며, 이 도와 의는 한 쪽도 결缺해서는 아니 되는 것이다. 그래서 "도와 의를 어느 편에도 치우치지 않고 서로 연마한다"는 캐치프레이즈로 이제황은 무술을 논파했던 것이다.

그래서 내가 "상相"이라는 문장의 요소 때문에도 도와 의는 독립적으로 설정되어야 한다고 말한 것이다. 도와 의, 하나라도 결하면 그것은 무도의 자격을 갖지 못하는 것이다. 그것은 서로 연마되어야 하는 것이다.

자아~ 이제 나머지 구절은 스스로 그 의미가 풀려간다. "욕이위인欲而爲人"에 대해서도 모든 주석가들이 그 출전을 대려고 여기

저기 유교경전을 들쑤셔대지만 "욕이위欲而爲"라는 구문, 그러한
문법적 구조를 갖춘 문장표현은 선진경전을 거의 다 섭렵해보아
도 비슷한 용례가 없다.

미산眉山의 천재 소동파가 과거시험 최종 책문과정에서 『상서尙
書』에 나오는 말로 시대를 비판하는 글을 썼는데 문장이 하도 명
문장인지라, 시험관들이 이건 도대체 어디 있는 구절이더라 하면
서도 자신의 지식부족이 드러날까봐 무서워 쉬쉬하면서 그냥 넘
겼다. 장원급제였다. 후에 넌지시 고관考官이 물었다: "그 구절은
도대체 어디 나오는 것이냐?" 소동파는 당당히 외쳤다!

    "그것은 내 말이오!"

급제를 취소할 수는 없었다. 고관들은 상의 끝에 그냥 눈감기로
했다.

고전에서도 이러한 용례가 있는데, 이제황의 "욕이위인"이 반
드시 출전이 있어야 한다는 생각, 그래서 『논어』『맹자』를 뒤척이
며 "기욕립이립인己欲立而立人, 기욕달이달인己欲達而達人"을 뇌
까리는 현황은 참으로 안타까운 일이라 하겠다. "욕이위인"은 지
극히 상식적인 우리말이다. 우리말을 한문화한 하나의 "표현"일
뿐이다.

제2장: 체육과 몽양 | 51

욕이위인의 본 뜻

"욕이위인欲而爲人"은 문자 그대로 "욕심을 낸다欲"와 "사람이 된다爲人"를 "이而"라는 접속사로 연결시킨 상식적 표현일 뿐이다. 이것은 출전의 인용을 요구하지 않는다.

이제황은 말한다. 인간의 가장 근원적인 에너지는 "욕심"이다. 욕심이 있기에 인간은 인간이 되는 것이다. 『예기』「예운禮運」편에는 "음식남녀飲食男女, 인지대욕존언人之大欲存焉"이라는 말이 있다. 대만이 낳은 세계적인 감독, 리 안李安, 1954~의 영화작품에도 이 말을 딴 것이 있다. "음식"이란 먹고 싶은 것을 마음대로 먹는 것을 의미한다. "남녀"라는 것은 구체적으로는 섹스, 욕정, 그리고 인간을 마음대로 제압하는 것을 의미한다. 그러니까 음식과 남녀는 인간이 추구하는 부귀권력의 궁극적 실체이다. 윤석열 치하의 우리나라 검찰이 제아무리 권력을 휘둘러봤댔자 그들의 삶이 추구하는 대욕大欲이란 결국 음식남녀에 불과한 것이다. 그러한 생활에 찌들어봤자 남는 것은 쐬주잔이요 불결한 삶의 잔상일 뿐이다.

무엇 때문에 무술을 연마하는가?

이제황은 도장에 나오는 학동들에게 묻는다: "그대들은 무엇이 욕심나서 도장문을 두드렸는가?"

당시 대체적으로 도장문을 두드리는 청소년은 건강이 나쁘다든가, 약체래서 몸을 연마하고 싶다든가, 심술궂은 아동들에게 두드려맞는 것이 싫어서라든가, 여러가지 신체적인 이유가 많다.

요즈음은 완전히 무술이 스포츠화, 경기화되어, 천편일률적으로 그 문을 두드리는 이유를 들라 하면, 무슨 이유를 댄다 해도 "올림픽 메달"을 떠올리지 않을 수가 없다. 메달은 경쟁의 상징이고, 경쟁은 폭넓은 인성의 함양이라는 여백을 빼앗아 가버린다. 운동이 엘리트 스포츠의 첨예화된 도구가 되어버리고 마는 것이다. 요즈음은 도핑을 허용하는 "격상된 게임들Enhanced Games"의 논의까지 나오고 있으니(트럼프 대통령의 장남이 투자를 주도), 로마 원형경기장의 글래디에이터 경기를 부활시키려 하고 있는 꼴이다. 메달을 위하여 자기 몸Mom을 죽이는 사악한 게임을 하겠다는 것이다.

이러한 지경에 이르리라는 것을 이제황은 물론 생각하지 못했을 것이다. 그러나 이제황 선생은 이러한 엘리트 스포츠의 병폐를 예상치 못한 것은 아니다. 그래서 이러한 궁극적 목표를 제시했다:

欲而爲人(욕이위인)

운동을 하는 자가 욕심을 낸다면 그것은 사람이 되고자
하는 욕심일 뿐이다.

도의상마道義相磨, 욕이위인欲而爲人, 그 전체를 해석하면 이와 같다. 운동을 한다는 것은 나의 몸에 내재하는 길(道)과 사회적으로 정의로운 의로운 마음(義)을 함께 단련하여, 힘써(欲) 사람이 되고자(爲人) 하노라! 이것을 도표화하면 다음과 같다.

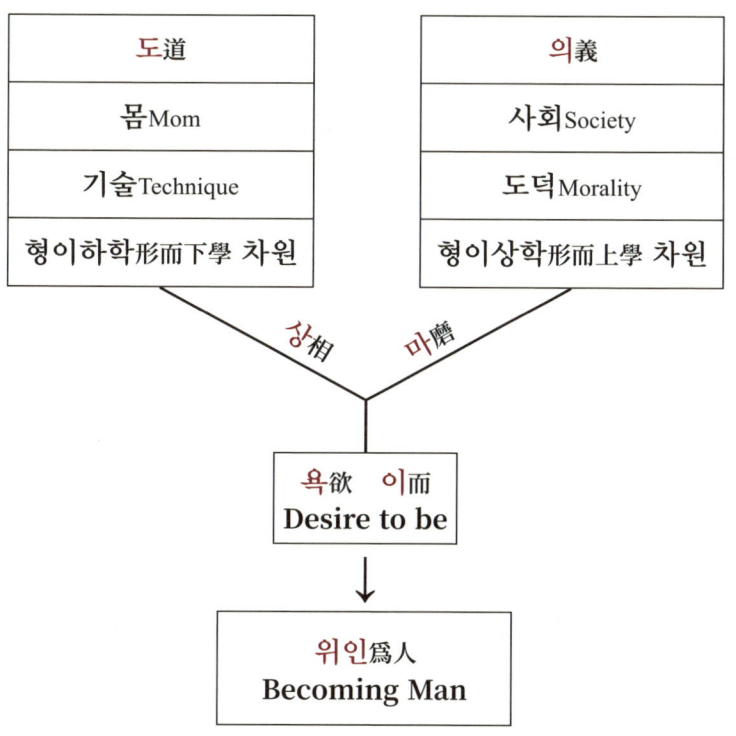

내가 왜 이러한 이야기를 자세히 하고 있는가? 이러한 창주의 생각은 몽양의 훈도에 의하여 형성된 것이기 때문이다.

몽양은 창주보다 나이가 24살 위이므로 아버지뻘의 사람이다. 창주의 생애는 그 생평자료가 정확하게 기술된 것이 없어 세밀하게 추적하기 어려우나, 그는 쑨쫑산孫中山이 중국의 민주혁명의 인재를 키우기 위하여 설립한 중국대학中國大學(초명은 국민대학國民

大學, 1917년에 중국대학으로 개명하였다. 이 대학은 중국혁명을 이끈 탁월한 혁명열사들이 강의를 하던 곳이었다. 송교인宋敎仁, 황흥黃興, 이대조李大釗, 이달李達, 오승사吳乘仕, 양수봉楊秀峰 등의 최고 좌파 지성인들이 강의를 했다) 동양철학과에 입학하여 소정의 학위과정을 마쳤다.

중국대학시절에도 항일독립운동단체의 연락책으로 활동하였다고 하는데, 그는 투철한 민족의식과 좌파적 사유를 포용하는 보편의식을 가진 인물이었다는 것을 알 수 있다. 그는 이 시기에 중국에서 이미 여운형을 만났고, 여운형의 사유와 행동방식, 그리고 탁월한 인품과 스포츠맨쉽에 경도되어 그를 돕는 일에 발벗고 나섰다. 이제황은 여운형을 친아버지처럼 존경하고 사랑하고 따랐다.

몽양과 창주

광복 후, 이러한 연고로 해서 이제황은 자연스럽게 여운형의 수행비서가 되었고, 또 무도인으로서 그를 경호하는 경호실장의 역할을 담당하였다. 해방정국에서 여운형에 대한 테러는 좌파·우파, 공산당·친일잔존세도가 패거리들을 가리지 않고 거세어져 갔다. 해방 후 정국에 있어서 여운형은 가장 높은 국민들의 신뢰감을 모으고 있었고, 갑작스러운 일제의 패망으로 생긴 보르텍스의 공간을 휘감는 세력들은 이념의 계보를 가리지 않고 여운형이라는 가장 강력한 대통령 후보감을 제거하려고 했다.

11번째 테러인, 1947년 5월 12일 혜화동로타리 권총피습 때에도 이제황은 몽양과 함께 자동차를 타고 있었다. 초저녁인 오후

제2장: 체육과 몽양 | 55

7시 30분경 두 사람이 탄 차는 혜화동로타리 보성중학교 입구를 지나고 있었다. 돌연 자동차 후미에서 괴한이 나타나 뒷유리창을 향해 권총을 발사했다. 이것은 처음으로 당하는 권총피습이었다. 그 때에는 괴한이 자동차에 올라타서 저격하지는 않았다. 그냥 후미에서 나타나 뒷유리창을 향해 권총을 발사했을 뿐이다.

다행히 몽양은 부상을 당하지 않았다. 피격을 당하자 동승하고 있던 이제황이 재빨리 차에서 내려 도주하는 범인을 추격하였다. 동회 앞에 이르러 범인을 잡을 수 있을 정도로 거리가 좁혀진 순간 범인이 돌아섰다. 범인은 권총 두 발을 쏘았다. 황급히 몸을 피한 이제황이 몸을 추스렸을 때 이미 범인은 사라지고 없었다. 관할 동대문경찰서에서 수사를 진행했지만, 평범한 해프닝처럼 지나쳐버렸다. 근본적으로 성의가 없었다.

이 사건은 여러가지 시각에서 바로 두 달 후에 같은 장소에서 일어날 몽양의 암살을 정확하게 예시하고 있었다. 두 사건을 분석해보면 이 5월의 사건은 7월의 사건의 예행연습과도 같다 할 것이다. 5월의 사건의 미비했던 부분이 7월의 사건에서는 완벽하게 보완되었다. 그러니까 최소한 5월에서 7월에 걸치는 이 두 달의 사건은 같은 조직 같은 인물의 소행으로 추정된다. 그 조직의 중심은 경찰이었고, 경찰의 수뇌는 장택상이었다. 그리고 경찰의 수사책임자는 친일파로 악명높은 수도경찰청의 노덕술盧德述, 1899~1968이었다.

제2차 혜화동저격사건, 이 조선땅에서의 위대한 영웅의 정의로운 발길을 영원히 멈추게 한 그 비극적 사건, 1947년 7월 19일 오후 1시 15분경의 그 사건에도 그 자동차의 출발에는 이제황이 몽양 여운형을 밀착방어를 하고 있었다. 그러나 불행하게도 이제황은 중간에서 딴 심부름으로 딴 차를 탔다. 이제황은 자기 생애에서 가장 존경하던 선생님의 곁을 지키지 못했다. 만약 이제황이 몽양의 옆자리에 앉아 있었더라면 사태는 달라졌을 것이다.

원래 유도에는 "란도리乱捕り"라는 것이 있다. 자유롭게 상황에 대처하는 대련법을 말한다. 근세 유도의 창시자인 카노오 지고로 오嘉納治五郎, 1860~1938도 형形본위의 수련과 란도리의 관계에 관해 마차의 두 바퀴, 새의 두 날개와 같아 어느 한 쪽에 치우쳐서는 안된다라고 말하였다. 이제황과 같은 고단자의 란도리 경지라면 스튜드베이커 뒷범퍼에 올라탄 한지근(본명 이필형李弼炯)의 총격을 저지할 수 있었을 것이다. 최소한 몸으로 총탄을 막아내서라도 몽양을 죽음에 이르지 않도록 했을 것이다.

몽양, 이제황, 손기정

이제황은 광화문 근로인민당 당사에서 서울운동장으로 향하는 몽양의 관을 걸머멨다. 서울 한복판의 60만 인파, 유사이래 보기 힘든 성대한 애도의 물결이었다. 그 곁에는 손기정이 눈물을 떨구며 묵묵히 몽양의 관을 메고 따랐다. 베를린경기장을 들어가는 벅찬 가슴보다 더 벅찬 침묵의 함성이 조선의 땅을 짓누르고 있었다. 소나기가 내렸다. 조선의 사람 모두가 애도의 눈물을 흘렸다.

몽양 여운형 선생 장례식(1947. 8. 3.). 우리역사 최초의 국민장. 애도하는 60만 인파.

이제황은 몽양암살사건 이후로 정계와 깨끗이 손을 씻고 두 번다시 얼굴을 디밀지 않았다. 그리고 대한유도학교를 설립하고, 그조직을 대한유도회(일제강점기로부터 내려오는 유도의 총본산)로부터 분립시켜 독자적인 아이덴티티를 추구하였다. 그 독자적인 대한유도학교가 오늘의 용인대학교로 발전한 것이다.

이제황은 우선 유도라는 도道(테크닉)를 구성하는 모든 용어를 우리말화 시키는 데 힘을 쏟았다. 그것은 단지 용어의 번역문제가 아니다. 그 근본정신을 토착화시키는 것이다. 근세 유도라는 것이 일제강점기에 조선의 젊은이들에게 퍼지기 시작한 것이라고는 하나, 그 본원本源, 그 남상濫觴을 카노오 지고로오嘉納治五郎가 우에노의 시타야下谷 영창사永昌寺에 깔아놓은 12장의 타타미에 귀속시킬 수 있는 것은 아니라고 본다.

카노오 지고로오

카노오는 영향력 있는 사상가이며, 동경대학 문학부(※ 나 도올의 직속 선배이기도 하다)를 나온 인격자이며 근세 일본무도의 정체성을 확립한 귀족원貴族院 의원이기도 하지만, 유도가 그의 창안은 아니다. 그의 개인 쥬쿠(塾: 학원)를 강도관講道館이라고 불렀는데, 우리나라의 유도인들이 유도의 정통 아이덴티티를 모두 "강도관유도"로 삼는 것을 창주 이제황은 매우 한심하게 여겼다. 그것은 민족혼을 팔아먹는 것이며 민족사의 본질을 망각하는 것이다.

유도는 카노오에 의하여 종합적인 스포츠로서 사회적 인식이 성립한 것은 사실이지만, 그의 "유도"는 일본에 전래되어오는 다양한 "유술柔術"을 종합하여 "도화道化"시킨 것이다. 술術에서 도道에로의 변화는 『노자』가 역설한 "유약승강강柔弱勝剛强"(부드럽고 여린 것이 딱딱하고 강한 것을 이긴다), "천하지지유天下之至柔, 치빙천하지지견馳騁天下之至堅"(천하에서 지극히 부드러운 것이 항상 천하에서 지극히 견고한 것을 이긴다), "수유왈강守柔曰强"(부드러움을 지키는 기술이 곧 강함이다) 등등의 선진철학적 사유를 흡수하여 근대적 스포츠의 형태로 조직화한 것이다.

유도의 "유"는 거저 연약한 것이 아니고, 강을 이기는 "지켜진 부드러움"이다. 즉 단련을 통하여 얻어지는 부드러움이다. 이 부드러움은 상대방의 강함을 맞서지 않고 상대방의 강함을 나의 부

제2장: 체육과 몽양 | 59

드러움 속에 포용한다.

유도는 한국 고유의 몸짓이다! 이제황의 주장

이제황은 이러한 사상은 일본의 것이라기보다는 아시아대륙 북방의 철학이며, 그 수유守柔의 술術이 발달한 것은 조선대륙이라고 본다. 조선대륙의 기술이 임진왜란 시기를 틈타 일본으로 건너가 다양한 술術을 개발시켰고, 그것이 다시 카노오를 통하여 도道로 종합되어 20세기 한국에 발붙인 것이라고 본다.

본시 메치고, 누르고, 조르고, 꺾고, 비틀고, 치고, 지르고, 차고 하는 인간의 몸동작은 인간의 욕구 속에 뿌리박고 자연적으로 발생하는 것이며, 그것은 인류생활의 근원적 발달의 특징인 역力 의식의 발현이다. 고구려벽화에 나타나는 수박手搏이나 각저 등의 격투기에도 유술적 요소가 포함되어 있다고 창주는 생각한다. 세부적인 술術의 족보에 관하여 체육사적인 논쟁을 벌일 필요는 없다. 체육의 문제도 투철한 항일의식의 일환으로 생각하였다는 것이 이제황의 위대한 도의상마론의 골자이다. 이것은 여운형의 사상을 체육교육을 통해 전개한 것이다.

여운형은 달리기를 하는 청년들을 격려하고 지원했다. 여운형은 국제적인 민족해방운동을 전개하다 필리핀에서 체포되었는데(※ 미국으로부터 필리핀이 독립하지 않으면 안된다고 연설하다가 잡힘. 아시아의 영원한 평화를 위해 남방 민족들이 연방공화국을 조직해서 강대국의 압력에서 벗어나야 하는 당위를 역설함), 필리핀 동지들의 도움으로 가까스로 풀려난다. 상해로 탈출한 지 얼마 되지 않아 또다시 상해의 라오뚱遼東 야구장에서 일본영사와 경찰의 합동작전에 걸려 체포되고 만다(이기형 『평전』 기술에 의거. 여경구의 편지에는 "대마로 경마장"에서 중·일 대학야구경기 관전 중 체포).

> "나는 혁명가다! 있으면 있는 대로 대답할 뿐, 없는 것을 있다고 말하지 않는다. 내가 들으니 일본경찰은 고문으로 없는 사실도 잘 만들어낸다고 들었다. 내게도 그럴 수 있는지 한번 해보라!"

몽양은 너무도 거대한 인물이었다. 일본경찰에게 오히려 호령하며 취조에 응하지 않았다. 결국 일본은 운형을 조선으로 보내기로 했다. 운형은 쇠고랑을 찬 채 그립던 조국으로 돌아가게 되었다.

여운형의 금릉대학 영문과 입학, 그리고 15년 만의 귀국

여운형이 중국 유학을 시작한 것이 1914년이다(남경의 금릉대학金陵大學 영문과에 입학한 것은 1915년 2월). 이 해는 만해 한용운(몽양보다 7살 연상)이 범어사에서 『불교대전』(생활인들을 위하여 8만대장경을 요약한 대저)을 간행한 해이다. 몽양이 일본경찰에게 붙잡혀 귀국한 것은 꼭 **15년** 만이다.

몽양은 전 세계의 운세가 돌아가는 것을 파악하고 있었다. 15년 동안의 외유의 투쟁을 통하여 그는 너무도 많은 것을 성취했다. 그러나 그는 외국에서의 투쟁이 명백한 한계를 가지고 있다는 것을

제2장: 체육과 몽양 | 61

잘 알고 있었다. 그리고 일본의 제국주의가 머지않아 한계에 봉착한다는 것을 알고 있었다. 일본경찰에게 붙잡혀 귀국한다는 것 자체가 혁명가다운 결단이요, 카이로스의 포착이었다.

몽양은 상해를 떠나 나가사키를 거쳐 부산으로 입항하였을 때 조국의 훈풍에 말할 수 없는 감개와 감동을 느꼈다: "바로 이것이다! 여기야말로 이제 진짜 혁명을 준비해야 할 곳이다!" 외국을 떠돌아 다녀보았자 끊임없이 자금은 동나고, 인적자원도 축적되지 않는다. 고국의 땅이야말로 영원한 혁명의 성지였다.

몽양이 외국에서 할 수 있는 것은 다했다. 이제 다시 봄을 맞이할 뿌리를 다지는 일이었다.

국내에서 건국을 준비하다

해방후 공간에서 여하한 세력들과도 비교가 되지 않는 몽양의 강점은 바로 1929년 7월부터 조국의 흙과 더불어 건국의 준비를 해왔다는 사실에 있다. 이승만도, 김일성도, 김구와 임정세력도 모두 고국에 실제적인 뿌리가 없었다. 몽양은 3년 징역에서 3년을 넘게 살고, 1932년 7월 26일 대전형무소에서 풀려났다. 1929년 7월 9일 중국 상해에서 체포되어서부터는 만 3년이요, 1914년 망명길에 올라서부터는 장장 19년 만이다.

우가키 카즈시게의 권유

출옥 사흘 만에 조선총독 우가키 카즈시게宇垣一成(최종계급은 육

62 새 시대의 새 지도자 몽양 여운형

군대장, 1931년부터 1936년 8월 5일까지 제6대 조선총독)는 몽양을 불러 건강상태를 묻고 일본농촌을 시찰한 후에 자기고문이 되어달라고 빌었다. 같이 농촌진흥운동을 하자고 했다. 몽양은 정중하게 거절하였다.

경무국장 이케다 키요시(池田清)는 몽양에게 물었다.

"어려울 텐데…… 어떻게 살려고 계획하는가?"

"한 칸의 집도 한 평의 땅도 없다."

"살길을 찾아야 옳다."

"장차 농사를 경영하겠다."

"충청도에 국유초지가 있는데 추수가 4백 석 가량은 될 것이다. 옆에 백 석을 낼 만한 개간지도 있다. 개간비는 관에서 줄 터이니 어떠냐?"

"나 여운형은 배일排日의 신념으로 평생을 살아왔다. 이것을 받으면 나는 총독부에 매수된 놈으로 지적된다. 그렇게 되면 일본당국의 처사도 좋지 않다고 세인이 비난할 것이다."

"하긴 그래."

제2장: 체육과 몽양 | 63

강점기 3대신문 중 하나, 중앙일보 사장에 취임

출옥 8개월 만인, 1933년 2월 16일 몽양은 중앙일보 사장직에 취임하게 된다. 몽양은 취임사에서 다음과 같이 소감을 밝혔다:

> "세계의 풍운이 정히 급박한 이때에 감히 이러한 중책을 지게 되니 스스로 난감한 생각을 금할 수 없다. 본시 우리의 언론기관이란 그 경영의 간난함이 천인현애千仞懸崖에 매달리는 것보다도 오히려 더 아슬아슬한 바이거늘, 하물며 오늘날 이 굽이에 당해서일까보냐. ……"(『중앙일보』1933년 2월 17일자).

매우 어려운 정황이었다고는 하나 신문사 사장직은 독립운동을 계속하는 데는 두 번 다시 없는 귀중한 자리요, 기회였다. 몽양을 사장직에 추대한 사람은 편집고문 조동호, 주필 이관구李寬求, 편집국장 김동성金東成, 영업국장 홍증식洪增植, 출자주 최선익崔善益, 윤희중尹希重이었다.

편집국 진영을 보면 소설가 이태준李泰俊, 조각가 김복진金復鎭, 아동문학가 윤석중尹石重, 정치·경제담당 고경흠高景欽, 소설가 김남천金南天, 시인 노천명盧天命, 화가 노수현盧壽鉉, 화가 이승만李承萬, 시인 박팔양朴八陽 등으로 구성되어 있었다. 사설을 주로 담당한 사람은 이관구, 김동성, 홍기문이었다. 몽양이 사장으로 취임하면서 신문 제호가 『중앙일보』에서 『조선중앙일보』로 바뀌었다.

『중앙일보』의 역사

『중앙일보』는 『동아일보』, 『조선일보』와 함께 일제강점기 3대 신문 중의 하나였다. 『중앙일보』는 원래 1924년 3월 31일 최남선의 주도로 창간된 『시대일보』로부터 계승되어 내려온 유력한 일간신문이다(사장: 최남선, 전무이사: 서상호徐相灝, 편집국장: 진학문, 정치부장: 안재홍, 사회부장: 염상섭). 그런데 재정상황이 어려워지자 이상협이 그 판권을 인계받아 『중외일보中外日報』라는 새 신문을 창간했다(1926년 9월 18일). 그 이후 재정난으로 1931년 6월 19일 제1492호를 끝으로 종간되었다가, 『중앙일보』로 다시 창간한 것이다. 이러한 위기상황에서 희대의 활약가 몽양이 사장으로 발탁된 것이다(『시대일보』→『중외일보』→『중앙일보』→『조선중앙일보』).

몽양은 제 물을 만난 것이다. 대내외적으로 한국의 독립운동가의 상징으로 알려져 있는 그가 전국판매망을 지닌 일간지의 사장이 되었다는 것은 조선총독부로서도 다루기 힘든 존재가 되었다는 것을 의미할 뿐 아니라, 몽양은 그만큼 행동의 여백을 갖게 되었다.

몽양은 1920년에 창간된 『조선일보』와 『동아일보』의 보수적 면모에 반기를 들고 우리나라 신문사상 처음으로 고정적인 스포츠란을 창설했고, 문학적 방면으로도 아방가르드적인 작품, 향기가 드높은 심오한 작품을 여과없이 실어 독자들과 작가들에게 깊은 만족감을 주었다.

『조선중앙일보』가 탄생시킨 문학작품들

이상의 『오감도』, 박태원의 『소설가 구보씨의 하루』, 이태준의 『불멸의 함성』, 심훈의 『영혼의 미소』, 이기영의 『인간수업』, 김유정의 『노다지』, 황순원의 『새로운 행진』 등 수없는 문학사를 장식하는 작품들이 『조선중앙일보』를 통하여 탄생되었다. 그리고 우리의 가슴을 울렁거리게 만드는 만해의 장편소설, 『후회』가 연재되었으나 안타깝게 신문의 폐간과 더불어 중단되었다.

체력이 국력이다. 권투정신은 독립정신

몽양은 젊은이들의 체력이 곧 국력이라는 신념을 어려서부터 갖게 되었다. 그리고 젊은이들의 체력이 곧 항일, 그리고 독립의 원천이라고 생각했다. 그래서 수없는 운동경기를 신문사 주최로 개최하였고, 국제경기도 자주 열어 흥행에도 성공하였다. 1933년 4월, 조선중앙일보사는 일본의 대학 권투부를 초청해서 YMCA 권투부와 친선경기를 갖도록 후원했는데, 몽양은 그 개회식에서 조선의 청년을 향해 힘찬 웅변을 토해냈다:

> "피를 흘리면서도 싸우고, 넘어져도 다시 일어나 싸우는 권투정신은 우리 청년들이 마땅히 본받아야 할 훌륭한 정신입니다. 씩씩하게 싸우고, 비겁하지 않고 정정당당하게 스포츠맨십으로 싸워야 합니다. 나는, 청년은 누구를 가리지 않고 좋아합니다. 무릇 청년은 진리와 정의를 위해서 목숨도 아끼지 않는 불가슴을 안고 있기 때문입니다."

조선의 청년에게 고함: 억센 나라를 건설하자!

그리고 조선중앙일보사에 발간하는 월간지 『중앙』(4권 1호, 1936. 1.)에도 몽양은 이렇게 쓰고 있다:

"장래의 세계는 청년의 세계다! 이 말이 확실한 진실성이 있다고 하면, 장래의 조선은 청년의 조선이다. 그러므로 나는 언제나 청년문제에 크게 관심을 가지고 또 청년과 함께하려 한다. 이는 미래의 주인공인 청년, 우리사회의 상속자가 될 청년 가운데서 비상한 인물이 나오기를 기다리기 때문이다. 이 비상한 인물은 소수의 비상한 영웅을 부르는 것이 아니라, 시대가 비상하니만큼, 비상한 사업을 이룰 비상한 대중청년大衆靑年을 말하는 것이다. ……

요즈음 예술이 억센 기운과 질박한 것을 잃고 있다. 통념痛念하고 애석哀惜하다. 이 땅의 청년들이여! 그러한 유혹에 침식되지 말고 일할 때 힘써 일하고, 틈이 있는 때에 지식의 향상과 공동생활을 훈련하야, 억센 기운에 광명한 지식을 얻고 용기를 가지어, 우리민족의 미래에 책임있는 주인공이 되기를 자기自期하고 힘쓰라! ……

그 다음으로 이 땅의 종교청년들에게 한마디 전하고 싶다. 조선의 종교를 말하자면 기독교와 불교의 두 가지를 들겠는데 현대의 종교라는 것은 세상과 간음한 종교다!

말하자면 오늘의 예수교 안에는 '벌거벗은 나사렛 예수,' '골고다의 희생이 된 예수'는 싹 잊어버리고, 성전을 강도의 소굴로 만든 매매賣買의 예수교인들만 가득차 있다. 이러한 현상은 직업적 예수교인인 목사와 일반교역자들에게 더욱 심하다. 그러므로 그 안에 있는 청년靑年들은 마치 소경을 따라가는 소경과 같고, 이리를 따라가는 양의 무리와 같다. 이들은 불쌍한 처지에 있는 조선청년 중에서도 가장 불쌍한 조선청년이다. 이런 기독교는 우리사회에 존재하면 존재할수록 해독만 줄 것이다. ......

교육받은 인테리여성들에게 다시 한 말 보내고 싶다. 그대들이 학창에서 학學을 구求할 때에 조선 부녀문제에 관하여 담화를 하면 어떤 이상이나 주장을 구가하며 결심이 상당한 바 있건마는, 한번 학창을 떠난 후에는 다시 '제2세 인형' 노릇하기를 즐겨하고, '약한 자여! 너의 이름은 여자라' 하는 울타리를 벗어나지 못하고 있다.

다만 부탁하고자 하는 것은 학창의 좋은 결심 그것을 변치 말라! 진리를 탐구하기에 용감하고 파악한 진리에 충실하라! 현금 조선여성이 당면한 난관에 굴복하거나 패주하지 말고, 가정에서 부르는 '현모양처'가 되기보다는 조선여성사회가 찾는 '용감한 투사'가 되기를 바란다.

다시 말하거니와 장차 다가올 세계는 청년의 것이다. 그러므로 장래의 조선은 조선청년의 것이다. 억센 나라 건설하는 데 억센 청목靑木되기를 바란다."

장쾌한 논설이다. 요즈음은 들어보기 힘든, 지사志士의 간곡한 심정이 토로된 웅변이라 하겠다. 몽양은 운동경기에 앞선 격려사를 하면서도 청년들의 가슴에 독립운동의 씨앗을 심었다. 구구절절이 "도의상마"를 외쳐댔다. 여운형은 유도, 축구, 야구, 농구, 역도, 권투, 육상, 철봉 등의 운동경기를 계획적으로 열고 후원하면서 청년들의 체육활동을 통한 애국심이나 단결심, 그리고 정의감을 높여주었다. 그의 표어는, "억센 조선을 세우자!!"였다. "억센"이라는 말의 어감에는 독립을 향한 불굴의 의지라는 뜻이 새겨져 있었다.

몽양의 철봉운동 보급

몽양이 철봉운동의 보급을 위해서 자신이 직접 본보기가 되기로 했다. 『현대철봉운동법』이라는 책에 서문을 쓰고, 웃통벗고 철봉으로 다져진 자신의 모습을 실었다. 신문사 사장이라는 지위에서는 매우 파격적인 행동이었다. 몽양은 형식적인 권위나 체면보다는 민족의 건강한 미래를 더 중요하게 생각했다.

세기의 미녀 최승희의 예술세계의 토속적이면서도 보편적인 진가를 잘 소개하여 민족혼을 불러일으켰다. 최승희가 손기정과 나란히 앉아 담소하는 사진은 유명했다. 최승희는 올림픽 출전하는 선수들을 위해 "100원"이 넘는 큰 돈을 후원하기도 했다(100원이면 현 시세가치 1,200만 원 정도).

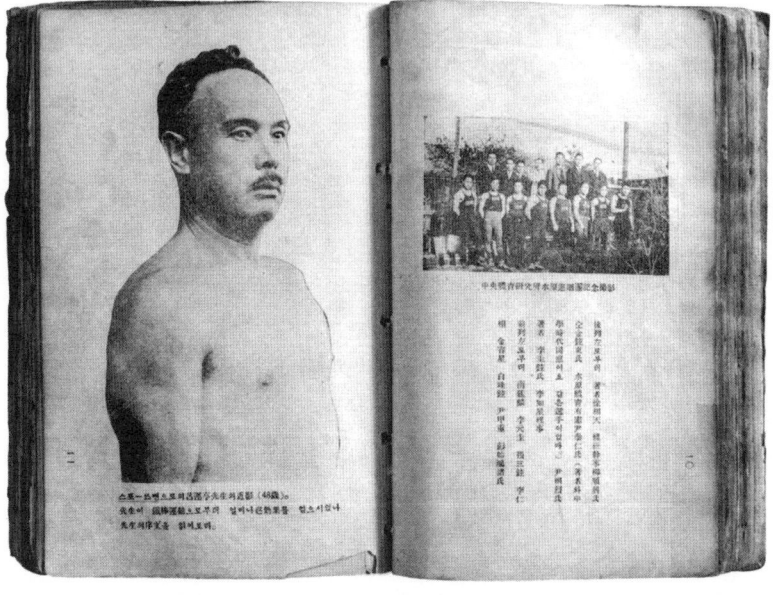

몽양의 친구 서상천徐相天이 지은 『현대철봉운동법』이라는 책자 속에 들어가 있는 사진: "스포츠-맨으로의 呂運亨 先生의 근영近影(48세)" 여운형은 말한다: "철봉운동에 관하여도 내 스스로 큰 취미를 가지고 있다. 내 일찍이 유년시기에 심히 체질이 약하고 또 다병하다가 거금 삼십사년 전 처음으로 경성에 왔을때, 각 병영에서 군인들의 철봉운동에 힘쓰는 것을 보고 나 역시 유희삼아 나의 처소에 철봉을 가설하고 조석으로 운동을 계속하였는 바, 의외의 효과를 얻게 되어 약간의 잔병이 다 없어지고 신체도 강장한 이 쾌태快態로 되어졌다."

세계를 뒤흔든 무용가
최승희와 조선의 혼을
일깨운 마라토너 손기정
1936년 10월.

몽양과 살므송 투

몽양은 관심이 다양했다. 회사이름으로 1차대전 말기에 프랑스가 개발한 복엽(이층날개) 정찰기, 살므송 투(Salmson 2라고 약칭. Salmson 2A.2라고 쓴다)를 샀다. 그리고 백두산 천지를 둘러싸고 있는 관모련봉冠帽連峰과 송화강 주변의 고토의 사진을 동영상으로 찍었다. 당시로서는 조선인들에게 그들의 마음의 고향, 정신적 뿌리, 단군의 아버지, 환웅의 하강지로 알고 있는 백두산 천지의 모습을 사진으로 보여준다는 것은(당시는 중국영토개념과 관련 없었다)

이륙에 앞서 조선중앙일보사의 비행기 프랑스제 복엽형 살므송기 앞에서 백두산 탐방비행단(비행사 김동업, 사진기자 홍병옥)과 함께 여운형은 사진을 찍었다(1935. 9. 26.). 이 사진을 찍은 곳은 여의도 공항인데, 풀밭이다. 이 비행기는 기류가 험악한 백두산 천지 관모련봉을 탐험했다. 조선중앙일보사는 이를 기록영화로 제작하여 전국을 돌며 상영했다. 상공에서 바라보는 백두산 천지의 모습은 전국민에게 환웅의 자손임을 일깨우는 일종의 대각성운동이었다. 조선민중은 감격했다. 장난끼와 모험으로 가득한 여운형의 얼굴이 귀엽다.

제2장: 체육과 몽양 | 71

색다른 감흥을 불러일으켰다. 헌금도 많이 들어왔다.

베를린올림픽 손기정孫基禎, 1912~2002 우승! 흔히 일장기 말소 사건이라고 불리는 이 사건은 동아일보가 주관하여 벌인 일처럼 그 역사적 사건의 전말이 왜곡되어 왔다. 그러나 일제강점기를 통해 전 조선인의 가슴을 흥분시킨 이 대사건은 온전히 조선중앙일보의 사건이며, 동아일보는 이 조선중앙일보의 일장기 지워진 사진을 13일 지방판 조간 2면에 실었다. 동아일보는 이 사건의 주체적 참여자는 아니었다. 동아일보는 징계로 얼마간 정간되었다가 곧 정상화되었고, 조선중앙일보는 폐간되는 엄청난 사태로 돌입했다. 그것은 몽양의 삶의 4년여에 걸친 합법적 투쟁시기의 종언을 의미했다.

손기정의 가슴의 일장기말소

이 일장기말소사건은 보도되는 것마다 날짜가 다르고 정확성이 부족하여 그 전말顚末을 기술하는데 어려움이 있어 보이지만 그 정확한 실상은 다음과 같다. 우선 손기정은 인간적으로 몽양의 아들과도 같은 사람이었다. 손기정은 양정고등보통학교를 다녔는데(개신교 사상가 김교신 선생이 교사로 재직할 때였다), 여운형의 둘째아들 홍구鴻九와 동급생이었다. 여운형의 집을 들락이며 친구의 아버지인 몽양을 "아버님"이라 부르곤 했다는 것이다.

손기정이 베를린에 갔을 때는 만 24세였다. 그 전에 그는 이미 조선중앙일보가 후원하고 조선체육회가 주최하는 "풀마라손대

회"에 참여했다. 풀마라손대회, 올림픽의 코스대로 뛰는 전국마라
톤대회인데 1933년부터 1936년까지 4회 개최됐다. 손기정은
여운형의 이러한 배려 속에서 키워진 마라토너였다.

1936년 4월 22일자 조선중앙일보의 기사를 보면 제1등의 기록
이 나와있다: 一着 孫基禎(養正) 二時間二十四分卄八秒. 36년에 손기
정은 아직 양정고보의 학생이었고, 그의 기록은 2시간 24분 28초
였다는 것을 알 수 있다. 2시간 25분대의 기록이라는 것은 당시
세계기록을 뛰어넘는 경이로운 기록이었다.

어느날 손기정은 몽양을 찾아갔다.

> "몽양 선생님. 베를린올림픽에 꼭 나가야 하나요? 저는 나
> 가고 싶지 않습니다. 왜 일본인으로서 일본국기를 세계에
> 휘날리는 그런 바보짓을 한단 말입니까?"

너는 조선인으로서 달리고 있다
몽양의 대답은 단호했다.

> "네 가슴에 내가 태극기를 달아주지 못한다는 것은 원통한
> 일이지만 달리고 있는 너 손기정은 백프로 천프로 조선인
> 이다. 너는 조선인으로 달리고 있는 것이다. 일장기는 허
> 상虛像이고 뛰는 너는 진상眞像이다. 역사의 진상은 반드시
> 허상을 밀어낸다. 너는 그냥 달리기만 하면 된다. 조선민족의
> 강인함과 우수성을 전 세계에 보여주기만 하면 된다."

제2장: 체육과 몽양 | 73

손기정은 몽양의 간곡한 부탁을 충심으로 받아들이고 연습에만 열중했다. 1936년 6월 어느날 YMCA 코트에서 제11회 베를린올림픽대회에 나가는 선수들을 환송하는 환송회가 열렸다. 육상의 손기정, 남승룡, 그리고 이성구, 염은현廉殷鉉, 장이진張利鎭 세 농구선수가 전 일본 농구팀대표의 일원으로 출전하게 되었다. 축구의 김용식, 권투의 이규환을 합쳐 모두 7명이었다.

윤치호의 환송사가 끝났을 무렵, 이 환송회에 접근 못하도록 하는 일본경찰들의 끈질긴 추적을 따돌리고 갑자기 뒷문 쪽에서 나타난 몽양! 중절모자에 스틱을 든 멋있는 사나이 몽양이 무대 위로 올라와 윤치호의 손에 있던 마이크대를 휘어잡았다. 그리고 장내가 울렁거리며 떠나가도록 몽양의 불뿜는 목소리가 울려퍼져 나갔다:

> "여러분들은 비록 가슴에 일장기를 달고 나가지만, 등과
> 머리에는 이 조선땅을 짊어지고 나가고 있다는 것을 잊어
> 서는 아니 된다."

몽양의 체육철학, 교육의 근본은 체육이다!

이 몽양의 연설은 당시 환송회에 있었던 사람들에 의하여 두고 두고 되새겨지는 명언이 되었다. 몽양에게는 깊은 체육철학이 있었다. 1935년 5월호 『중앙』에 실린 여운형의 글이 있다. 그 글의 제목은 "체육조선體育朝鮮의 건설"인데 퍽으나 사려깊은 문장이다. 그 모두冒頭만 인용한다.

인류의 생명生命은 힘이다. 대지大地를 빛어는 "광光"도, 만물을 태우는 "열熱"도 힘이다. 그러므로 인류사회人類社會도 힘에 뭉친 것이니, 그 사회를 강하게 하는 것은 그 "멤버"인 인류의 힘을 강강强하게 함에서이다. 인류의 힘을 강하게 하는 방법이 곧 여러가지 교육이다. 그러나 여러가지 교육의 근본기초는 오직 체육體育이다.

억센 체육조선의 건설! 그에게는 확고한 신념이 있었다. 이 신념이야말로 오늘날 국민주권정부의 신선한 이념이 되어야 할 것 같다. 근세서구철학의 출발은 헤겔의 관념론에 대한 반작용으로서의 생生의 철학이라 할 수 있다. 그 생의 철학의 출발이 우주의 본질을 "생生에로의 맹목적 의지"로 보는 쇼펜하우어의 철학이라고 말할 수 있는데, 쇼펜하우어의 니힐리즘은 소극적이고 염세주의적이라 말할 수 있다. 이에 반하여 니체는 가치창조의 적극적 니힐리즘의 입장에서 역사적 실존의 자기초월을 주장했다.

몽양의 힘에로의 의지

몽양이 말하는 힘은 니체가 말하는 "힘에로의 의지Wille zur Macht"와 매우 유사하다. 몽양은 생명, 광光, 열熱을 모두 우주적 "힘"의 연쇄적 과정으로 본다. 그 힘의 근원은 힘의 순환을 효율적으로 만드는 지혜에 있다. 그 지혜를 가르치는 것이 교육이다. 교육은 결국 니체가 말하는 마하트를 쟁취하는 데 있는데, 그 모든 교육은 체육교육을 바탕으로 하지 않을 수 없다. 몽양은 말한다.

제2장: 체육과 몽양 | 75

교육의 근본은 체육이다. 체육에서 실패하면 이 민족의 미래는
없다.

심훈의 마지막 시

손기정이 세계 제패의 역사적 우승테이프를 끊은 것은 베를린
시간으로 1936년 8월 9일 오후 3시 지나고서였다. 우리나라 시
간으로 10일 꼭두새벽이었다. 8월 10일, 조선중앙일보는 호외를
발행하여 국민들에게 이 소식을 알렸다: "손기정, 마라톤 세계 제
패." 그 뒷면에는 심훈의 "오오~ 조선의 남아여!"라는 제목의 즉
흥시가 실렸는데 폭발적인 인기를 끌었다.

그대들의 첩보를 전하는 호외 뒷장에
붓을 달리는 이 손은 형용 못할 감격에 떨린다!
이역의 하늘 아래서 그대들의 심장 속에
용솟음치던 피가 2천3백만의 한 사람인
내 혈관 속을 달리기 때문이다.

"이겼다"는 소리를 들어보지 못한
우리의 고막은 깊은 밤 전승의 방울소리에,
터지듯 찢어질듯, 침울한 어둠 속에
짓눌렸던 고토의 하늘도
올림픽의 거화炬火를 켜든 것처럼
화닥닥 밝으려 하는구나!

오늘 밤 그대들은 꿈속에서 조국의 전승戰勝을
전하고자 마라손 험한 길을 달리다가
절명한 아테네의 병사를 만나 보리라.
그보다도 더 용감하였던 선조들의 정령精靈이
가호하였음에 두 용사 서로 껴안고
느껴느껴 울었으리라.

오오, 나는 외치고 싶다! 마이크를 쥐어잡고
전 세계의 인류를 향해서 외치고 싶다!
"인제도 인제도 너희들은,
우리를 약한 족속이라고 부를 터이냐??"

심훈沈熏, 1901~1936은 경기도 과천에서 태어나 일제강점기에
시인, 배우, 언론인, 소설가, 영화감독으로서 활발한 운동을 벌였던
진보적 지식인이었다. 친일적 집안분위기를 벗어나 치열하게 항일
운동을 했다. 당시 심훈은 조선중앙일보 기자였다. 이 호외 뒷면의
시는 심훈이 이 세상에서 쓴 마지막 작품이었다. 심훈은 이 시를
쓰고 한 달 후에 장티푸스로 급서한다(9월 16일. 만 35세).

최초의 망연한 경악에서 벗어나 승리의 깃발을 휘두르다
당시 국제간의 통신은 여의치 못했다. 사진은 와이어포토나 라
디오사진의 방식을 사용했는데, 전송이 매우 느렸고 영상이 흐릿
했다.

제2장: 체육과 몽양 | 77

그리고 이 초대형기사는 하루에 끝나는 것이 아니고 계속해서 나간 듯하다. 8월 11일자 『조선중앙일보』는 손기정 기사로 꽉 찼다. "마라톤의 제패, 손孫・남南 양군兩君의 위공偉功"이라는 사설은 이와 같았다:

"마라톤의 패권이 끝끝내 조선이 낳은 청년의 수중에 파지把持 되었다는 소식이 한번 조선에 전해지자 새벽 하늘이 울리는 종 소리와 같이 조선민중의 귀를 쳤다. 이리하여 너무도 오랫동안 승리의 영예와는 연분이 멀었던 조선민중이 최초의 망연한 경 악에서 지금은 의심없이 승리의 기旗가 우리에게 돌아온 것을 확신할 때, 위대한 환희의 폭풍은 적막한 삼천리 강산을 범람 하고 진감震撼시키기에 충분하였다."

여기 중요한 대목은 "최초의 망연한 경악"이다. 즉 일제의 강점, 일제의 강탈에 넋놓고 당한 국민들의 심정을 "망연자실茫然自失한 경악"이라 표현했다. 그냥 넋놓고 당했다는 뜻이다. 그래서 멍하 니 살고 있었는데 국권회복의 가능성에 대한 희망이 예기치 않은 20대 청년의 수중에서 파지把持되었다는 것이다. "승리의 영예" 와는 연분이 멀었던 조선민중, 넋놓고 패배의식 속에서 절망만 삼 키고 살았던 민중이 우리도 우리의 노력으로 잘 하기만 하면 절망 의 장막에 승리의 구멍을 뚫을 수 있다는 어떤 기대를 가지게 되었 다는 것이다.

체육의 효과는 합리적 마당을 설정해놓고 룰에 따라 승패를 결정한다는 데 있다. 조선의 남아가 세계제일의 봉우리로 우뚝섰다. 살아있는 소년의 기개가 백두산보다 더 위대하지 아니한가? 이에 대하여 사설은 "위대한 환희의 폭풍이 적막한 삼천리 강산을 범람하고 진감震撼시키기에 충분하였다"고 표현했다.

베를린 올림픽 마라톤 제3위 남승룡을 확실하게 기억하자!

이 사설을 쓴 사람이 누구인지는 확언할 수 없으나 그것은 몽양의 필치임에 분명하다. 몽양이 손기정과 남승룡南昇龍(올림픽 마라톤 제3위: 기실 남승룡의 기록도 대단한 위업인데 손기정의 우승에 가린다. 영양 남씨며, 순천에서 출생하여 일본 메이지대학 철학과를 졸업했다. 훗날 전남대학교 교수를 지냈다. 민족의식이 투철했으며 그 삶에 오류가 없다)이 수상하는 사진을 접한 것은 8월 13일이었다.

몽양은 이 두 선수의 모습을 보는 순간, 순간 콧등이 시큰해짐을 느꼈다고 했다. 우승이 감격스러워서가 아니라 고개를 푹 숙인 두 선수의 얼굴에서 민족의 설움의 비관적 정조를 강하게 느낄 수 있었기 때문이었다.

마라톤 우승자는 월계수 나무를 심은 화분을 선물로 받았는데, 손기정은 그 나무로 가슴의 일장기를 가리려고 애를 썼다. 훗날 남승룡은 이와같이 회고했다: "손기정이 월계수로 일장기를 가릴 수 있다는 게 그가 금메달을 딴 것보다 더욱 부러웠다."

손기정과 아돌프 히틀러의 악수

손기정은 수상 다음날, 그 유명한 아돌프 히틀러를 만나 악수하

제2장: 체육과 몽양 | 79

였다. 당시 히틀러는 이미 퓌러Führer였다. 손기정은 한국인으로서 아돌프 히틀러를 만난 유일한 사람이었을 것이다. 인간종족의 개선을 연구하는 우생학에 취미가 많았던 히틀러는 아시아의 런너를 경이롭게 바라보았을 것이다.

일장기 말소 패스!

몽양은 결단을 내렸다: "일장기를 지워버려라! 조선의 건아들에게 우리 신문사가 취할 수 있는 최소한의 예의다!"

사실 원초적 팩스수단으로 보내어진 사진은 매우 흐렸고 일장기는 매우 단순한 문양이기 때문에 그것을 흐리는 것은 어려운 문제가 아니었다. 그리고 월계수를 더 그려 덮으면 그만이었다.

일장기가 말소된 사진이 나타난 것은 조선중앙일보에서였고, 그것은 1936년 8월 13일자 제4면이었다. 그런데 재미있는 사실은 이 사진이 총독부의 검열을 피해갔다는 것이다. 가슴을 그냥 하얗게 만든 것이 전혀 부자연스럽게 보이지 않았기 때문이었다.

그런데 8월 25일에 동아일보가 석간 2판에 일장기를 지운 사진을 실은 기사를 내보내자, 조선총독부는 당일 동아일보의 발매를 중단시키고 관련자들을 연행하였다. 그리고 총독부는 자세히 취조를 하여, 이미 12일 전에 조선중앙일보에서 일장기를 지운 사진을 내보냈음을 밝혀냈다. 동아일보는 무기정간을 당했고, 조선중앙일보는 자진휴간에 들어갔다.

조선중앙일보의 자진휴간

동아일보는 타협할 만한 조건에 서명하고 신문을 복간시킨다 (1937년 6월). 그러나 조선중앙일보의 경우, 친일파인 성원경成元慶, 이범익李範益, 고원훈高元勳 세 사람 중 한 사람으로 사장을 바꾸면 속간시켜 주겠다는 총독부의 제안에 대하여 신문사의 직원들, 그리고 주주들은 본래의 사시社是에 어긋나는 일을 할 수 없다고 결의하고 옥쇄주의를 택하였다.

당시 가장 잘나가던 신문, 가장 리버럴한 정신을 자랑하던 신문, 가장 다양한 문화의 전위가 꽃피웠던 조선의 청춘, 그리고 체육을 통하여 억센 국체를 세우려 했던 근대 스포츠의 리더, 조선중앙일보를 투자자들이나 사원들은 어떠한 타협을 해서라도, 어떠한 명분을 내서라도, 살리려고 노력했을 것이다.

조선중앙일보의 폐간, 일본제국주의 패망의 단초

그러나 여운형과 그의 도반은 깨끗한 옥쇄玉碎를 택했다. 여운형은 이미 세계사의 새로운 국면을 감지하고 있었다.

폐간 몇 달 후, 일본·독일·이탈리아의 세 나라는 공산주의 인터내셔널에 대항하기 위한 방공협정防共協定(Anti-Comintern Pact)을 맺는다. 나치독일과 군국주의 일본이 소련의 침공에 대하여 군사적인 상호보호를 한다는 것은 그만큼 일본의 제국주의가 패망의 말로의 초입에 들어섰음을 말해주는 것이다.

조선총독부의 조선중앙일보 폐간은 이 참에 말썽 많은 몽양을 언론계에서 제거하고자 하는 음모에서 나온 흉계였지만, 결국 몽양과 같은 사상의 폭이 넓은 인재를 배제하는 것은 일본제국주의의 생명력을 파손하는 것이다. 몽양이 신문사를 그만둔 다음해 여름에 노구교盧溝橋사건이 터지고, 그 겨울에는 남경대도살南京大屠殺(Nanjing Massacre)이 일어난다.

조선중앙일보가 폐간된 직후 몽양은 어느 식당에서 이만규李萬珪, 1889~1978(국어학자, 독립운동가, 여운형의 친구이자 사돈이다. 몽양보다 세 살 아래. 호가 야자也自이다. 최초의 평전인 『여운형투쟁사』의 저자. 북한에서 한국어연구의 초석을 닦다)에게 이와 같이 말했다:

> "야자也自! 인제 일본은 망하오. 전쟁은 장기전으로 휘말려 들어가지 않을 수 없는 것이고, 망하는 것은 시간문제일 뿐이오. 우리도 이제 건국을 준비하여야겠소."

그가 조선중앙일보 사장에 취임하기 전, 1,095일 동안 끔찍하게 길고 긴 영어의 독방생활을 끝내고 대전형무소를 나와 경성역에 도착했을 때 마중나온 많은 사람들을 향해 연설을 했다.

> "이제 앞으로 무슨 일을 할 것인지 고민하고 있습니다. 나는 조선을 떠난 지 19년이나 지났으니 조선사정을 잘 알지도 못합니다. 하지만 다시 해외로 나가지는 않을 것입니다. 민족을 위하여 여러분의 지도가 있다면 기꺼이 따르렵니다.

많은 동포의 가르침을 기다릴 뿐입니다. 저는 이제 나의 조국, 내 땅에서 당당하게 독립운동을 하겠습니다."

천하의 명문, "분투와 노력"

조선중앙일보 사장 얘기가 있기 전, 감옥을 나온 지 몇 달 안돼서 새해를 맞이하였는데, 동아일보가 그에게 신년사를 부탁하였다. 내가 보기에 이 글은 몽양의 철학과 상식의 기반, 그리고 독립운동의 당위성을 밝힌 명문이래서 여기 옮겨 적는다. 이 글은 1933년 1월 2일자 동아일보 제1면에 실렸다. 제목은 "분투와 노력"이고 소제목은 "조선청년에게 부탁付託"이다.

일체의 생물生物은 생생을 확장擴張하기 위하야 꿈쩍이고, 또 그 생생을 보존保存하기 위하여 뭉친다. 단세포생물 아메바의 꿈쩍거림도 그 생생을 확장하려고 먹을 것을 찾는 것이고, 조그만 개미나 벌들이 단결하야 사는 것은 그들의 생생을 위협하는 외계外界의 침해를 방지하는 행위行爲이다. 이를 생물의 본능本能이라 하고, 또 원칙原則이라 한다. 자기의 먹을 것을 뺏거나, 자기의 생존生存에 위해를 가하려는 적과 싸움을 하는 것을 "생존권生存權의 행사行使"라 한다. 또 부단不斷히 구舊를 혁혁하고 신新을 개開하는 가운데서, 그 생생을 존속하는 것은 "생생의 진리眞理"라 한다.

제2장: 체육과 몽양 | 83

그런데 조선민족은 이 생물계에서 그 본능本能을 몰각沒却하고 원칙原則을 위배違背하며, 생존권을 존중할 줄을 모르고 또 그 진리까지 불신하며 오직 비규悲叫(슬피 울부짖다)하는 것 같이 보인다.

건곤乾坤이 일전一轉하나니(일음일양의 법칙을 말함) 음이 가고 양이 오는도다. 이 음궁양래陰窮陽來의 신년 원단元旦에 전도의 희망을 상징하는 효성曉星을 바라보며, 장야장명長夜將明(긴 밤이 밝아옴)을 예보하는 계성鷄聲을 들으며 뚜렷이 솟아오르는 태양을 기다리면서 나의 사랑하는 동포들에게 일언一言을 보랜다.

인생人生의 역사는 무사안한無事安閑히 금일에 도달한 것이 아니고, 기다幾多의 광란과 노도怒濤의 부침을 경과한 것이다. 난관難關에서 굴퇴屈退(굴복하여 물러남)한 자와 위박威迫(위세와 협박)에 면수俛首(머리를 숙이다)한 자들은 다 멸절되었고, 다만 생물계의 본능을 잘 발휘하여, 그 원칙과 진리를 따라 생존권을 잘 행사한 자들만이 존재存在되었고 발전하였다.

동포同胞들이여! 갱생更生의 정신을 고취하라! 신흥新興의 원기元氣를 진작하라! 심心과 력力을 합하야 활로活路에 공진共進하라! 우리 민족과 사회의 생生의 명줄인 청년들이여! 제군諸君은 열성과 담용膽勇의 소유자이다. 모든 사업의 성공成功은 오직 제군을 기다려 출현出現하랴 한다. 퇴굴, 타락, 안일 등은 제군의 생生을 살라버리는 연료이요, 고난, 압박, 기한饑寒(배고픔과 추위)은 오히려 제군의 력力을 일으키는 운동의 수단이다.

제군의 전도前途는 다난다취多難多趣(어렵지만 재미있다) 하고, 제군의 사명은 차중차귀且重且貴(무겁지만 귀하다) 하다. 청년들이여! 비상한 시기는 비상한 인물을 만들고, 비상한 인물이라야 비상한 사업을 성취하나니, 이 비상한 시기에 직면한 제군은 새로운 정신을 발휘하야 신로新路에 건보健步하라. (※ 동아일보 원문에 즉하여 치밀하게 재구하였다).

우선 그 문장의 열기의 신선함에 시조時潮를 잊는 황홀경이 덮친다. 몽양은 희대의 문장가이다. 그리고 그의 정치적·사회적 행보의 배면에는 매우 심오하고 건강한 철학적 사유가 뒷받침한다는 것을 알 수 있다. 젊은 날의 제국호텔 연설(1919. 11. 27.)의 기조와 동일한 철학적 연속성을 지니고 있다.

우선 그는 전 우주의 근원을 "생명生命"(Life)이라고 한다. 생명이란 개념화된 본질이 아니라, 살아있는 현상 그 자체이며, 그 자체는 명命에 의하여 연결유지되는 운동이요, 네트워크이다. 몽양은 하나님과 같은 존재(Being)를 믿지 않는다. 하나님은 존재(*Sein*)

제2장: 체육과 몽양 | 85

가 아니라 생명의 활동일 뿐이다. 우주의 본체가 생명이고, 생명은 개념이 아니라 운동이라고 규정한다. 생명은 오로지 운동에 의해서만 그 명命을 유지한다는 것이다.

그 운동은 생을 지속하기 위한 본능이며, 본능은 저열한 능能이 아니라, 모든 생물生物의 존재이유라는 것이다. 존재이유라는 것은 독자적인 삶의 코스모스를 유지하는 생존권이며, 그 생존권은 외부로부터의 침입자가 있을 때는 공동대처하는 방식으로 지혜를 발휘하게 된다. 다시 말해서 생존권의 발로야말로 우주의 정당한 법칙이요, 진리라고 말한다.

진리라는 것은 1+1이 2가 되는 것만을 가리키는 것이 아니요, 모든 생생의 개체들이 그 성공적으로 생존권을 수행하는 것을 말하는 것이다. 강한 개체는 난관을 홀로 대처해나갈 수도 있지만, 벌과 개미와 같은 군집생물은 공동으로 지혜를 발휘해 나간다. 진리라는 것은 수학적 계산에만 있는 것이 아니라 자연의 모든 현상에도 내재하는 것이다.

몽양은 현금 한민족이 일본이라는 강탈자에게 침해당하며 고통을 받고 있지만, 역사의 법칙은 자연의 법칙과 더불어 『주역』이 말하는 바 일음일양의 순환의 구조를 지닌다. 일본의 강은 곧 약으로 전화되며 조선의 약은 곧 강으로 전화된다.

역사는 무사안한하게 굴러내려온 것이 아니라, 수없는 광란과 노도의 부침을 경과한 것이다. 이 과정에서 오로지 그 정당한 본능적 권리를 행사한 자들만이 살아남고 발전하였다. 조선의 청년들이 독립운동에 매진한다는 것은 우주적인 정당성을 지니는 생존生存의 진리眞理이다. 이 진리를 무시하면 퇴락만 있는 것이다.

3차에 걸친 거란의 무자비한 침공을 물리친 고려의 젊은 용사들을 생각해보라! 퇴락의 길을 갈 것이냐, 신흥의 원기를 진작할 것이냐 하는 것은 오직 생존의 진리에 속하는 문제이다. 고난·압박·기한饑寒은 오히려 청년들의 힘을 일으키는 운동의 원천이 될 수 있다. 비상한 시기는 비상한 인물을 만들고, 비상한 인물은 비상한 사업을 성취한다. 조선의 청년들이여 신로新路에 건보健步하라! 새로운 길을 굳세게 개척해 나아가라!

독립운동 = 우주적 생명의 생존권 발로

몽양은 "독립운동"을 우주적 생명의 생존권의 발로로 본다. 독립운동을 우주적 스케일에서 바라보기 때문에 좌절이 있을 수가 없다.

몽양은 기독교를 받아들여 목회활동까지 하였지마는(정확하게 목사안수를 받는 데까지 이르지는 아니하였다), 그것은 신문화의 바탕으로서의 새로운 보편정신의 수용을 의미하는 것이지 편협한 종교이념에 빠지는 것을 의미하지는 아니하였다. 그가 종교를 아편이라 하여 종교 그 자체를 거부하는 컴뮤니즘의 활동가들과도 아무런 격절이 없이 지닐 수 있었던 것도 그의 사유의 근원성인 "생生"이라는 한 단어에 있다.

大韓民國元年九月十七日
大韓民國臨時議政院第六回紀念攝影

대한민국 임시 의정원(議政院: 국회) 제6회 기념촬영(회기: 1919년 8월 18일~9월 17일. 촬영날짜는 9월 17일). 앞줄 왼쪽부터 이유필, 신익희, 윤현진, 안창호, 손정도(김일성을 양육한 목사), 정인과, 최창식, 이춘숙. 둘째 줄 왼쪽으로부터 차균상, 김철, 최근우. 최근우 정 중앙 뒤에 서있는 카이제르가 몽양. 셋째줄 최좌측이 아나키스트 유자명. 둘째줄 최우측에 김구가 서있다. 오른쪽 최상단이 조동호(옥천사람. 몽양의 둘도 없는 친구).

이 회기에서 부재자 이승만이 대통령으로 선출되었다. 당시 미국에 대한 한국인의 막연한 기대를 보여주는 대목이다. 임정과 몽양의 관계에 대한 부정적인 논의가 있으나, 그것은 불식되어야 마땅하다. 몽양은 대한민국 임시정부의 설립 정당성의 최초의 원천이다. 임시정부에도 몽양의 신한청년당 대다수가 참석했음을 이 사진은 보여준다. 몽양은 임시정부의 설립과 그 존립을 위하여 헌신적으로 기여했다. 그리고 제9회 회기에서 의정원 의장(국회의장)으로 선출되었다. 몽양의 동경행을 반대했던 이동휘 총리도 몽양이 동경에서 돌아왔을 때 진심어린 사과를 했다: "당신이 일본간다 했을 때, 일본에 매수된 것으로 생각했네. 나중에 그렇지 않다는 것을 알았고, 우리의 활동 상황을 일본 민중에게 알린 몽양의 계획을 보니 부끄러움을 견딜 수 없었네." 이동휘는 임시정부「국무원포고 2호」를 통해 여운형의 일본행이 "독립운동의 일환"이었다고 정정했다. 몽양의 동경행은 임시정부의 위상과 위신을 드높인 사건으로 임정구성원들이 다 시인했다.   (사진=백범김구기념관)

제3장
동학과 몽양

제3장

동학과 몽양

동학의 핵심은 동학경전

여운형의 사상을 총평하자면 그는 성장과정에서 이미 유교경전의 세례를 받았고, 그의 사유를 지배하게 된 세계관의 근원은 『주역』에 있었다. 그는 생명을 정靜이 아닌 동動으로 보았고, 그래서 민족의 정기도 끊임없는 생명의 활동을 통하여 진화하는 것이라고 보았다. 그래서 앞서 인용한 글 "분투와 노력"에도 "건곤일전乾坤一轉"이라는 표현을 썼다. 하늘과 땅은 계속 바뀐다는 뜻이다.

이러한 그의 생명生命사상의 근원에 "동학東學"(Eastern Learning)이 엄존한다는 놀라운 사실이 있다. 평소 우리에게 익숙하지 않은 이름들이 역사적 문헌에서 연관된 것으로 툭툭 튀져나와도 우리는 그 내적 상관성을 파악하지 못하기 때문에 우연한 사태로 간주하고 그냥 가벼운 해프닝으로 지나쳐 버릴 때가 많다. 나는 동학의 역사를 수십 년간 치밀하게 천착해온 사람이다. 동학의 역사에서 가장 결정적인 계기는 동학경전의 간행刊行이다.

동학경전이야말로 동학의 전부라 말해도 대차 없다. 기독교의 핵심은 4복음서라 해도 틀림이 없는 것과도 같다. 그런데 동학경전의 위대성은 그 가르침을 창시한 "큰선생님"(※ 당시에는 "교주"니 "교조"니 "신사"니 하는 말을 쓰지 않았다)께서 그 경전을 직접 집필했다는 사실이다.

수운은 종교적 체험이 시작된 시기로부터(1860년 4월) 시작하여, 포덕布德의 과정을 거치면서 생겨난 문제들, 그리고 해결책을 기술하고, 1864년 3월 10일 대구 남문밖 관덕당 앞뜰 장대에서 효수되기 전까지 본인의 사유의 핵심을 담박하고 솔직하게 밝히는 논문을 계속 써서 한 다발의 원고뭉치를 만들었는데, 그가 죽기 전에 제2세 교조를 지명한 것은 바로 이 원고뭉치를 출간하는 사명을 부여하기 위한 것이었다.

케리그마에 의하여 변형되지 않은 유일한 경전

다시 말해서 수운은 동학초기교단의 케리그마에 의하여 변형되지 않은 자기자신의 생각과 언어가 오리지날한 형태로 후세에 전달되기를 바랬기 때문이었다. 예수에 대한 신화적 왜곡도 후세에 잘못 구성된 경전의 결과라는 것을 수운은 짐작하고 있었다.

왜곡없이 전달하는 사명을 받은 제2세 "선생님"이 바로 해월崔時亨, 1827~1898이었다. 해월의 존재이유는 일차적으로 큰선생님 수운의 수고를 출간하는 대업을 완수하는 일이었다.

수운은 이 업무를 해월에게 맡기면서 "고비원주高飛遠走"라는 말을 했다. "높이 나르고 멀리 뛰어라"라는 뜻인데, 궁극적으로 동

92 | 새 시대의 새 지도자 몽양 여운형

학포덕의 보편적 확산을 의미한 말이겠지만 구체적으로는 "너는 어떻게 해서든지 살아남아서 이 경전의 판각을 실현하라"는 다짐의 의미였다.

우리는 "동학" 하면 갑오농민전쟁이니 고부농민봉기니 하는 말 때문에 우선 전라도를 떠올리지만 기실 동학은 전라도에서 발생한 운동이 아니다. 동학의 태생지는 신라의 고도 경주였고, 그 운동을 온양시키고 확산시키고 민중의 삶으로 확산시킨 것은 전라도가 아닌 경상도다. 경상도 중에서도 물산이 풍부한, 경상북도의, 포항에서 울진에 이르는 해변지역이었다.

동학이 온양된 곳은 전라도 아닌 경상북도 동해안지역

해월도 영일군 신광면 터일마을(基日洞) 사람인데 지금은 포항시(북구)에 속한다. 동학을 한국역사의 중심에 놓은 사람들은 영해·영덕 지역 사람들이었다(조선조시기에는 영해가 영덕을 포괄하는 큰 부府였다. 1914년 개편됨). 영해는 낙동정맥의 산줄기와 동해바다 사이로 너른 평야가 있어 거대농지의 풍요로운 논농사가 가능할 뿐 아니라, 태백산맥의 고봉들에서 나오는 풍요로운 산림자원, 편안한 바다 영해에서 건져올리는 풍요로운 해산물이 있어 민중의 삶이 풍성했다. 전라도의 경우는 너른 곡창이 있다고는 하지만 부재자지주의 착취가 심한 곳이고, 중앙의 직접적 지배를 받아 민중의 독자적인 아이덴티티가 쉽게 형성되지 않았다.

그러나 영해 지역의 상황은 달랐다. 민중이 독자적인 자기주장을 지니고 있었다. 서손들만 해도, 종가에 억눌려 지내는 것이 아니라, 자기들의 자치적인 마을을 형성하여 종법의 수직구조에 저항했다. 이런 서자마을들의 세력이 만만치 않았고 양반하이어라키도 이들에 의존하여 세를 유지하지 않을 수 없었다. 재미있는 사실은 경주에서 민중의 지도자로 소문난 최수운이라는 인물은 재가녀의 자손으로서 출중한 학식을 소유하고 있으면서 인간평등을 주창할 뿐 아니라, 하느님과 인간 사이의 평등까지 주장하는 과감한 철학을 울부짖으며, 투쟁하다가 결국 관의 지탄을 받아 참수되고 말았다는 이야기는 당시 십자가에 못박힌 갈릴리 예수의 이야기보다 더 직접적으로 동해 해변의 풍요로운 민중의 가슴에 못박히는 바가 있었다. 동학은 경주에서 태어나 영해·영덕 일대에서 크게 꽃을 피웠다(대구·청도·청하·연일·안동·단양·영양·영천·신녕·고성·울산·장기·흥해 일대를 포함한다).

영양군 일월산 윗대치

수운이 참형을 당한 후 해월이 고비원주 한다고 해보았자 관원의 감시를 피할 수 있는 곳이라고는 영해·영덕·영양 지역밖에는 없었다. 감시의 눈길을 피한다는 것이 주요한 테마가 아니라 확고부동한 믿음의 인막人幕이 필요했던 것이다. 해월은 병인양요가 난 해에 예천을 거쳐 영양군 일월산의 깊은 산골인 용화동龍化洞 윗대치上竹峴에 정착하였다. 시인 조지훈이 태어난 주실마을에서 결코 멀지 않은 곳이다. 해월은 이곳에서 매우 성공적으로 동학을 재건하고 있었다.

94 | 새 시대의 새 지도자 몽양 여운형

조선의 19세기 후반은 혁명의 도가니였다. 민심은 의지할 곳이 없었고 국가체제는 더 이상 나라를 다스릴 수 있는 능력이 없었다. 삼정의 문란을 누구나 논하지마는 그 문란을 바로잡을 수 있는 인물이나 아이디어가 부재했다.

혁명에 몸바친 사나이, 이필제

여기에 이필제李弼濟, 1825~1871라는 탁월한 혁명가가 등장한다. 해월보다도 나이가 두 살 위다. 만해 한용운과 같은 고향 홍주에서 태어나, 자라나기는 충북 진천에서 성장하였다. 무과에도 급제하였다고 한다. 어려서부터 특이하게 혁명가적인 소질과 사상을 지니었으며 진주농민항쟁(1862년)에 참여하여 리더십을 발휘하였다고는 하나 확실한 근거는 찾을 수 없다.

단지 내 생각으로는 그가 진주농민항쟁의 과정을 살펴보면서 일반농민의 행동이 얼마나 나이브하고 설익은 것(민란의 주원인인 경상우병사, 백낙신白樂莘, 진주목사 홍병원洪秉元을 잡았다가 맥없이 풀어준 것. 안핵사 박규수의 매가리 없는 비합리적 단죄를 다 수용한 것 등)인가를 살펴보고 이런 아마츄어들 데리고는 혁명은 꿈도 꿀 수 없겠다는 생각을 굳히게 된다. 당시 이론과 조직을 갖춘 프로펫셔날을 찾은 것이 바로 동학의 2세교조 해월 최시형이다.

교조신원이라는 명분에 감복한 해월의 제자들

그는 영해접주인 박하선의 아들 박사헌朴士憲을 통해 윗대치 아랫동네에 기거를 잡고, 5차례에 걸쳐 해월에게 사람을 보낸다. 해월입장에서는 함부로 모르는 자와 혁명거사를 운운할 수는 없었다. 큰선생님의 원고도 아직 출판하지 못했고, 그 동안 어렵게 키워온 조직을 와해시킬 우려가 있었다. 그러나 해월의 제자들은 이필제가 내건 "교조신원"이라는 명분에 다 찬동하고 있었다. 너무도 억울하게 눌려지내던 제자들은 이필제가 내거는 명분과 래디칼한 거사방법에 찬동하고 있었다. 그들은 소리라도 한번 질러보고 죽더라도 죽겠다는 심정이었다.

해월과 이필제의 만남

해월이 드디어 이필제를 만나보니, 이필제의 눈에서는 불길이 솟는 것 같았고 목소리는 화통을 삶아 먹은 듯이 화창했다. 그의 언변은 진실성이 있었다. 이리하여 거삿날은 수운이 순도하신 3월 10일로 결정되었다. 통문이 나가 3월 6일부터 10일까지 모여든, 도포와 갓을 쓴 도인이 600여 명에 이르렀다.

이들은 1871년 3월 10일 7시 반에 출동하여 저녁 10시경 영해 관아를 완전히 장악했다. 그리고 개구멍으로 도망치려던 악랄한 영해부사 이정李㷗을 붙잡아 마당 한가운데 놓고, 처결문을 공식적으로 낭독하고 목을 쳤다(※ 이정은 자기생일에 부민府民들을 초청하여 국수 한 그릇을 멕이고 거액 30냥씩을 징수했다).

이 거사는 13년 후에 일어난 고부봉기보다 훨씬 더 조직적이고, 인과의 처리가 확실하고, 소기한 바 동학의 명분을 세상에 확실하게 보여준 성공한 거사라고 할 수 있다. "조선땅에서 처음 성공한 시민

혁명은 전율이다! 혁명은 한 시각의 생멸의 사건이 아니라 역사의 구조를 바꾸는 긴 과정이다. 이 과정은 단순히 정치권력의 뒤바꿈뿐만 아니라 민民 다수의 삶의 가치를 조화로운 창조적 전진을 해야 한다. 근대혁명의 대표적 사건으로서 18세기 말 프랑스혁명을 들지만, 19세기 중엽에 조선대륙에서 움튼 동학혁명사상은 프랑스의 인권선언보다도 훨씬 더 근원적인 범인류적 미래비전을 제시하고 있다. 서양은 신 앞의 인간의 평등을 말하지만, 동학은 하느님과 인간의 평등, 그 양자가 협동하는 역사를 말한다. 이 인내천의 사상은 경주 용담에서 태어났지만, 수운의 철학을 사회화시키고 조직적 운동으로 만드는데 가장 큰 공헌을 한 것은 영해·영덕 지역의 사람들이었다. 수운은 고향 경주에서는 영남유생들의 극심한 탄압을 받았다.

영해는 경주에 인접해 있는, 동해안의 유니크한 대평원 지대로서 농수산자원이 풍부하고 교양수준이 높았다. 신·구향의 대립으로 개화된 신향의 사람들은 반상서얼의 차별을 철폐하는 동학사상을 중심으로 수용하고 그 운동을 신향의 기치로 내걸며 동학운동의 하부구조를 구축하였다. 그 중심인물이 훗날 수운의 일대기를 집필한 영해 인천리의 박하선朴夏善 접주였다. 수운이 처형된 후 도통을 전수받은 해월은 고비원주高飛遠走의 피신생활을 계속했지만 결국 보호막이 탄탄한 이 지역 일월산에서 "다시개벽"의 비밀아지트를 마련한다.

이필제는 조선왕조를 뒤엎는 정치혁명이 없이는 동학도, 이 민족의 미래도 없다는 확고한 신념을 지닌 전문혁명가였다.

그는 "교조신원"과 "광제창생"의 명분을 내걸고 영해로 와서 해월을 만난다. 필제의 끈질긴 설득 끝에 해월은 이필제의 주장에 대다수의 동학도인들이 찬동하는 것을 보고 기포를 명한다. 불과 나흘만에 의관을 정제한 육백명의 도유들이 모인다. 1871년 3월 10일 인간평등의 깃발을 든 민중들은 정확한 판결문을 포고하고 탐학을 일삼는 영해부사를 처단한다.

이 사건으로 100여 명의 선비들이 목숨을 잃어 동학운동이 좌절되는 듯이 보였지만 오히려 동학은 정치화되고 사회화되고 조직화되어 해월의 피신행각을 위대한 거국적 혁명의 행진으로 만들었다. 이필제는 문경에서 재차 기의하여 같은 해 12월 24일 서울에서 처형됨으로써 해월지도부에게 의리를 지키고 혁명가 다움게 생애를 마감하였다. 영해의 신미동학혁명이야말로 조선민중 혁명정신의 근원이며 시발이다.

명銘하여 말한다:

月逝開世寧海朗	달이 가니 세상은 개벽되고, 영해 앞바다의 해밝은 기운은 낭랑키만 하다.
新鄕升龍不移象	영해영덕의 뜻있는 선비들이 용담의 용을 하늘로 올리고, 인간이 서로에게 소외되지 않는, 새로운 하늘의 모습을 지녔다.
革命生生鼓躍易	혁명은 생하고 또 생하는 우주창조의 과정, 지금도 여기 우리 삶의 와중에서 약동친다.
勿忘屛風天德廣	잊지 말자! 형제봉 병풍바위 아래 모인 신미년 그날 육백 영웅들의 포효는 하늘의 덕을 이 땅위에 끝없이 펼치셨도다!

2024년 4월 29일
도올 김용옥 짓고 쓰다

영해면사무소 앞 마당, 탐관오리 영해부사가 민중의 힘에 의하여 처단된 바로 그 자리에 영해 동학혁명비가 섰다. 영덕군의 노력에 의하여 이 비가 만들어 진 것이다. 동학으로 인하여 동·서가 회통되고 있다. 전라도와 경상도가 역사의 진실 앞에 다 같이 가슴을 여는 것이다. 비문은 도올이 지었다(2024. 4. 29.). 누구든지 가 볼 수 있다.

제3장: 동학과 몽양

혁명"이라는 김기현(『최초의 동학혁명 - 병풍바위의 영웅들』, 황금알, 2005의 저자)의 평가는 결코 부적절한 규정이 아니다.

해월의 주도적 참여, 진정한 도바리의 시작

여태까지 이 영해동학혁명은 이필제의 주도적 역할 때문에 "이 필제의 난"으로 역사교과서에 실렸다. 그리고 동학을 사랑하는 동학사가들 조차 이 사건을 해월의 실책으로 간주하고, 동학의 조직을 와해시킨 불행한 사건으로 기술하였다. 그러나 이 사건은 주도 면밀한 해월이 통문을 발하여 주도적으로 참여한 사건이며 거시적으로 보면 결코 실패한 사건이 아니다.

이필제의 재평가

이 사건으로 해월은 안일하게 의존하던 보금자리를 떠나, 진정한 "도바리" 생활을 해야 했으며, 전문적인 혁명가로서 조선왕조를 대면하는 새로운 의식과 조직적 행동력을 갖게 되었다. 한편 이필제는 전문적인 혁명가다움게 바로 그해 문경에서 무기고를 습격하는 새로운 거사를 감행하였다. 그가 실패할 수도 있는 새로운 거사를 감행한다는 것은 그의 한계를 자인하는 것이다.

1871년 12월 24일, 이필제는 서울 군기시 앞길에서 능지처참된다. 이필제는 동학도인들에게 끼친 폐를 자기 나름대로 청산한 것이다. 그리고 영해혁명사건을 본인의 죽음으로 마무리지었기 때문에 해월의 도바리에 추적의 긴장을 완화시켰다. 이필제는 결코 동학의 역사에서 소홀히 취급되어야 할 인물이 아니다.

해월과 강수

해월이 도주해야 하는 루트는 영해에서 일월산을 거쳐 북동 방면의 내지로 가는 수밖에 없었다. 1871년 4월, 해월은 충북 단양에 있는 정석현鄭錫(碩)鉉의 집에서 도피생활을 한다. 밤에는 새끼를 꼬고 낮에는 김매는 생활을 했으니 머슴과 다를 바 없었다. 5월에 이르러 강수가 해월 있는 곳을 용케 찾아왔다. 해월이 들판에서 밭을 갈고 있는데 급히 걸어가던 강수와 눈이 딱 마주친 것이다.

기실 강수는 해월이 내심 사랑하는 동학同學이자 친구였고, 해월이 미칠 수 없는 고등한 한학실력의 소유자였다. 영덕군 거천리 직천直川 출신이다. 둘은 서로 엉겨붙어 엉엉 울었다. 그리고 강수는 해월과 함께 영월에 있는 정진일鄭進一의 집으로 갔다. 그곳에서 해월과 강수는 호형호제하게 되고, 두 사람은 도원결의를 맺는다.

몽양의 작은 할아버지 여규덕과 해월의 해후

더 이상 자세히 이야기를 진행할 수는 없겠으나, 1874년 4월부터 해월은 충북 단양 송두둑 지역에 거주하게 된다. 해월은 이 시점에서 10여 년간 단양 송두둑(절골寺洞, 송두둑松皐, 샘골泉洞을 포괄해서 갈천 장정리長亭里라고 한다)을 중심으로 교단체제를 재정비하고, 경전간행구상에 집중하게 된다. 놀랍게도 이 시기에 몽양 여운형의 작은 할아버지가 그곳으로 이사오게 되는 일대 사건이 벌어지게 된다. 이것은 진실로 조선역사를 뒤흔들 만한 대사건이었다.

여규덕呂圭德과 해월 최시형의 만남! 여규덕패밀리가 언제 무슨 목적으로 이곳 단양 샘골에 왔는지는 확실하지 않다. 그러나 다양한 역사자료에 의하여 여규덕이라는 존재는 우리나라 동학의 역사에 크게 기여한 인물로 드러나 있다. 그러나 여운형의 역사를 캐는 사람들은 동학을 잘 모르고, 동학의 역사를 캐는 사람들은 밑도 끝도 없이 불쑥 튀어오른 여규덕이라는 이름을 해석할 길이 없어, 그냥 이름만 언급하고 지나갈 뿐이다. 고유명사야말로 역사적 해석의 대상이다. 여규덕은 대체로 1870년 중반에 양평에서 이주하여 단양 샘골 지역에 뿌리를 내린 것으로 보인다.

함양여씨 세계

함양咸陽 여씨呂氏는 당나라에서 한림학사를 지낸 어매禦梅라는 사람이 신라 헌강왕 3년에 황소의 난을 당하여 신라에 와서 전서典書를 지냈는데, 그 분을 시조로 하여 성산 여씨와 함양 여씨가 분관分貫되었다고 하니, 외래外來이기는 하나 토착성씨나 다름이 없다. 고려·조선조를 통하여 많은 벼슬자를 배출하였고, 특출한 인물은 조선 태조 때 형조판서를 역임한 10세손 여칭呂稱이었다.

여칭의 8대손인 여우길呂祐吉·여유길呂裕吉은 선조 때 문과급제하여 광해군 때 관찰사와 병조참판에 이르렀다. 여우길呂祐吉은 임진왜란 이후 사신으로 일본에 내왕하면서 포로를 귀환시키는 공을 세웠다. 이 여우길의 11대손이 바로 여운형이다. 여운형의 일족이 양평군 신원리 일대에 정착한 것은 숙종 때 좌의정을 거쳐 영의정에까지 오른 운포雲浦 여성제呂聖齊, 1625~1691가 동생 여규제呂奎齊의 분묘를 이곳에 정하고부터였다.

소실되기 전 양평군 신원리 생가의 모습이다. 자기 생가를 방문한 몽양이 지팡이 짚고 서있는
모습이 인상적이다. 이 생가는 6 · 25전쟁 때 소실되었다. 이 사진은 광복 후 동생 여운홍과
함께 고향을 찾아왔을 때 찍은 것이다(1946년). 흉탄에 맞아 세상을 뜨기 1년전의 모습이다.
안타깝다.

증조부 여장섭 이하 4대 대가족

운형이 태어날 즈음 논밭이 차츰 남의 손으로 넘어가기 시작했는데, 그래도 양평에서는 무시할 수 없는 산림지주의 면모를 갖추고 있었다. 운형의 증조부 여장섭呂長燮, 1819~1894 이하 4세대 20여 명의 일족과 10여 명의 노복을 거느린 대가족생활은 집안의 논과 밭, 산림의 소작에 거의 의존했다. 운형의 가문은 여씨 경파로서 전체 문중이 소론에 속했다. 소론은 노론과는 달리 체제에 대해 비판적인 시각이 있었고 합리적인 사유를 유지했다. 운형이 기존체제의 독선에 사로잡히지 않고 개방적이고 진취적인 사유를 할 수 있었던 것도 그가 소론의 집안에서 태어났다는 것과 무관하지 않다.

해월의 스승님에 대한 약속이행

해월 최시형은 그의 스승 최제우에 대한 약속을 충실히 이행했다. 1871년 신미년의 혁명거사 이래 관헌의 끊임없는 추적을 받았지만 보다 전문적인 혁명가다운 면모를 과시하며 오히려 이전보다 더 활발하게 포접제도를 조직해 나갔다. 보통 도바리꾼들이 관헌에 붙잡히는 것은 관헌의 추적 때문이라기보다는 내부의 고발자가 있기 때문이다. 해월은 평생 단 한 번도 내부고발자에 시달린 적이 없다. 그것은 해월의 인품이 고난 속에서 성인의 경지에 이르렀음을 의미하는 것이다:

> "하느님께서 장차 이 사람에게 큰 책임을 맡기시려 하면,
> 반드시 먼저 그 마음과 뜻을 괴롭히고, 그 근골을 수고롭

게 하며, 그 몸뚱이를 배고프게 하며, 그 육신의 삶을 공핍空乏하게 하시는도다. 아~ 나의 행위가 내가 이루고자 하는 것을 좌절케 하는도다! 이 모든 고난이 인간의 마음을 움직여 감분케 하며, 그 본성에 견고함과 인내심을 길러줌으로써 여태까지 능하지 못했던 것을 해낼 수 있도록 그 능력을 증익시키려 함이니라."(『맹자』「고자」下).

수운의 간행요구의 의미

해월은 본시 지식인이 아니었다. 지식이 부족한 것이 아니라 문자적 훈련을 거치지 못했다는 것이다. 그의 지혜는 고도의 지식인들을 압도했다. 그는 무엇보다도 거짓을 모르는 진실하고 소박한 인간이었다. 수운은 그 많은 제자 중에서도 "사람점수"가 제일 높은 해월을 후계자로 택하였다. 그런데 그 어느 누구도 해월을 깔보거나 배신하거나 무시하거나 이탈하거나 하지 않았다. 해월은 제1의 사명을 완성했다. 수운의 수고手稿『동경대전』을 간행한 것이다.

수운은 반드시 "인쇄간행"을 요구했다. 즉 필사본으로 유통하면 아무리 부수가 확보되어도 필사자에 따라 가감첨삭이 가능하여 오자도 나올 수 있고, 그 오리지날한 성격이 변질될 수 있기 때문이다.

인제 갑둔리 각판소. 동학경전 최초 간행, 1880년 목활자본

해월은 단양에서 더 높은 곳에 위치한 편벽한 강원도 인제군 남면 갑둔리甲遁里 김현수金顯洙의 집에 각판소刻板所를 설치한다. 1880년 5월 9일의 사건이었다. 5월 11일에 개간開刊한다. 그리고

제3장: 동학과 몽양 | 103

6월 14일에 인출印出을 종료한다. 총 부수는 100부였다. 그런데 놀라운 것은 이 역사적인 대업이 불과 한 달 사흘 만에 완성되었다는 사실이다. 나무로 된 경판을 짜서 새기어 찍는다면 도저히 불가능한 시간이다. 당시에 이미 목활자시스템이 민간에서 활용되고 있었다(족보인쇄 등의 사업으로 인함). 목판 없이 조판하고 인쇄하고 해판解版하는 신속한 시스템이 가동되고 있었다.

이 갑둔리 인쇄과정에서 해월은 근거지를 단양에 두고 있었고 단양을 중심으로 상하로 움직이며 가장 효율적인 인쇄시스템을 구축하고 있었다. 그 과정에서 해월은 단양 샘골에 정착한 탁월한 지성인 여규덕과 우정을 쌓아가고 있었다. 이런 일에는 지역의 토착세력에게 폐를 끼치는 것보다는 타 지역에서 온 재력 있고 진보적인 지식인이 책임져 주는 것이 바람직했다. 여규덕은 여씨 집안에서도 가장 진보적이었고 동학혁명운동을 민중의 정당한 요구로 받아들인 지식인이었다.

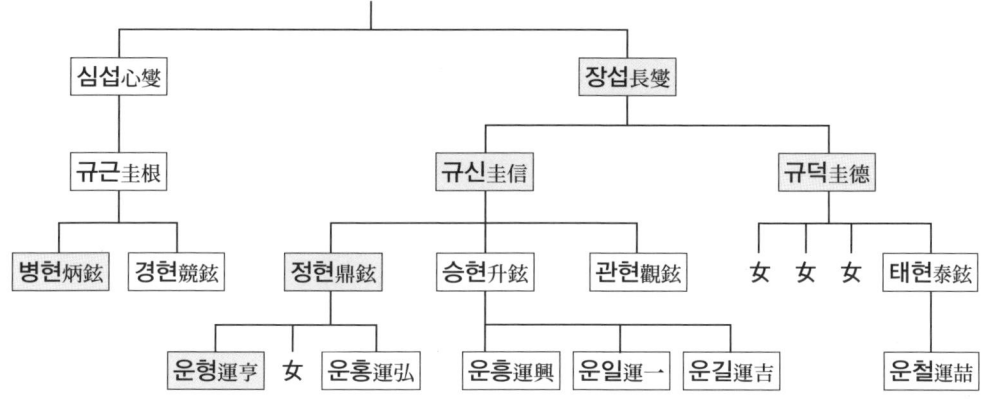

인제 갑둔리에서 한 달 만에 조선의 역사를 뒤바꾸어 놓을 대경
전을 간행했다고 하는 것은 동학운동이 얼마나 체제의 탄압 속에
서 긴장감 있게 진행되고 있었는가를 잘 말해준다. 진실로 경진판
『동경대전』의 간행은 놀라운 거사였다. 그러나 이 이벤트에는 중
대한 미제의 과업이 남아있었다.

한문과 국문의 무극대도

수운의 위대함은 경전의 집필을 한문과 국문의 양방면으로 진행
시켰다는 데 있다. 한문경전은 당대의 지식인들에게 동학사상,
즉 자신의 무극대도無極大道의 사상이 유치한 상수학적 예언이나
외래의 종교적 술수가 아니요, 상식적인 유교윤리의 극치를 보여
주는 보국안민輔國安民의 사상이라는 것을 깨우치기 위하여 쓴 것
이다.

그러나 한문경전은 난해해서 일반인들이 접근하기 어렵다. 더구
나 한문을 모르는 민중(오클로스)은 읽을 수가 없다. 수운은 자기의
사유를 뜻글로 표현하고 다른 한편으로는 소리글로 표현했다. 표
음문자인 한글의 특징은 누구든지 쉽게 읽을 수 있다는 것이다(설
사 뜻을 모른다 할지라도).

『용담유사』라는 경전의 혁명성

수운은 한문경전을 한글로 번역한 것이 아니라, 한문경전의 내
용을 자연스러운 우리말의 가사조 노래로 다른 맥락에서 풀이했
다. 그리고 이 4·4조의 가사모음을 따로 편찬하여 『용담유사龍潭

제3장: 동학과 몽양

諭詞』라고 했다(용담연원을 지닌 깨우침의 노래들. 유사를 "遺詞"로 쓰는 것은 오류이다).『용담유사』에는 한자漢字가 한 글자도 없다. 4·4조의 운을 밟고 있기 때문에 쉽게 암송할 수 있다.

『용담유사』속에는「용담가」,「안심가」,「교훈가」,「도수사」,「권학가」,「몽중노소문답가」,「도덕가」,「흥비가」, 8편이 실려있다. 나도 개인적으로 1890년대의 필사본인『용담유사』고본을 하나 소유하고 있다. 민중들은 이『용담유사』를 몹시 사랑하여 서로 베껴가면서 외우곤 했던 것이다.

기실 동학의 보편화는『용담유사』라는 가사문학을 통하여 이루어진 것이다. 그런데 경진년 갑둔리 발간은 한문『동경대전』일 뿐이었고『용담유사』는 미처 간행할 틈이 없었다. 보통 인쇄공들은 마차에 목활자와 먹, 인쇄판형, 인쇄기구 등을 싣고 다니는데 갑둔리 업자는 한글 활자를 가지고 있지 않았다.

몽양의 작은 할아버지, 해월에게『용담유사』의 간행을 제안

갑둔리에서『용담유사』를 인출하지 못했다는 이야기를 들은 여규덕은 당장『용담유사』를 자기 집에 간행소를 차려 인출하자고 제안을 했다. 여규덕은 기꺼이 그 비용을 대겠다고 했다. 해월은 집에다 간행소를 차리는 일만 해도 관헌의 곤두세운 눈초리 하에서 엄청난 일이라고 하며, 비용은 접接에서 나누어 해결할 문제라고 했다.

『천도교회사초고』의 기록

이 여규덕가에서의 역사적인 『용담유사』 발간은 『천도교회사초고天道敎會史草稿』에 이와 같이 기록되어 있다(펜글씨본).

> 1881년 6월에 신사神師(해월)께서 대신사大神師의 소저所著하신 가사歌詞를 발간發刊하사 도인道人에게 반급頒給하시니, 이 때의 개간소開刊所는 단양군丹陽郡 남면南面 천동泉洞 여규덕呂圭德가家이러라.

이 기록이 가장 담박하고 진실한 표현이다. 여기에는 "용담유사"도 "가사歌詞"라고 표현했고, 간행소도 "개간소開刊所"라고 하여 목각木刻 인쇄가 아닌 것을 나타내고 있다. 그리고 이 가사는 수운 선생의 "소저所著"라 했다. 이 소저라는 말은 매우 중요하다. 해월이 암송한 것을 인출한 것이라는 무지막지한 신화적 각색이 없다.

야뢰 이돈화의 왜곡

이 기록에 근거하여 『천도교창건사』를 쓴 야뢰夜雷 이돈화李敦化, 1884~1950(일제강점기의 천도교 사상가. 최린과 함께 조선의 청년을 전쟁에 내보내는 논설, 연설을 적극 감행한 친일파 지식인)는 이와 같이 쓰고 있다.

> 그 이듬해 포덕 22년 신사辛巳(1881) 6월에 신사, 다시 개간

제3장: 동학과 몽양　107

소를 단양군 남면 천동 여규덕가에 개설하시고 조선문 가
사 8편을 구송口誦하야 간행케 하시니 이것이 곧 용담유사
龍潭遺詞이었다.

해월의 신적인 능력을 강조하고, 마치 마호메트가 가브리엘천사
의 말씀을 구송하는 것과 같은 영적 체험을 강조하기 위하여 "구
송"이라는 말을 쓴 것이다. 그 앞에 이런 말이 있다: "대신사의 소
저간책所著刊冊이 화신火燼 중에 다 소실되고 일문일자一文一字도
가고可考할 바 없더니…… 신사, 경전을 친히 암송한 후에 사람으
로 하여금 대서代書케 하야 개간하였다" 운운.

어리석은 일부 교인들이 아직도 이러한 낭설을 개선치 않고 있
다! 야뢰의 친일행각이나 천도교리의 신화적 윤색은 상통하는 바
있다. 20세기를 통틀어 동학의 역사에 관한 가장 치열한 고증과
문헌의 해석을 창출해낸 사상가 삼암장三菴丈 표영삼表暎三, 1925~
2008 선생은 말씀하신다: "구송이라면 동학경전은 모두 해월의
것이고, 동학의 창시자는 수운이 아니라 해월이라 해야 한다."

왜곡의 무책임한 전승

구송 운운하는 픽션은 1920년경 촌스러운 안목을 지닌 야뢰 이
돈화에 의하여 조작된 것이다. 야뢰는 그러한 낭설이 동학경전의
핵심적 권위를 묵살시킨다는 것도 깨닫지 못했다. 야뢰의 낭설은
오지영吳知泳, 1868~1950(본관 해주, 전라도 고창 태생, 1892년 동학에 입
도, 1894년 갑오동학혁명에 참여, 『천도교월보』 편집 및 집필에 참여)의 『동

학사』(1920년대 후반에 집필, 1940년 영창서관에서 출간)에 그대로 계승
되었으며, 또 춘암 박인호朴寅浩(제4세 대도주)가 주관하여 만든『천
도교서天道敎書』(1921)에도 똑같은 표현으로 반복되고 있다.

그 이전 1910년 8월부터『천도교월보』에 연재한, 추암秋菴 오상
준吳尙俊이 쓴『본교역사本敎歷史』에는 담박하게 과장 없이 기술
되고 있으나 지명의 오류가 있다.

포덕 22년 신사辛巳 6월에 신사神師께서 대신사의 8편
가사를 간刊하야 도인들에게 반사頒賜하시다. 이 때에 간
소刊所를 인제麟蹄의 천동泉洞 여규덕呂奎德(奎는 圭의 오식)
가家에 설개設開하다.

『해월선생문집』(1906)이 가장 소박한 원래자료

『대선생사적大先生事蹟』이라는 비교적 저술연도가 빠른(필사는
1906년 6월) 문헌 속에『해월선생문집海月先生文集』이라는 매우 소
중한 자료가 들어있는데, 그 문집 신사년조에는『용담유사』간경
기사가 담박하게 간략히 기술되어 있다.

신사년(1881) 6월, 선생은 단양(=본읍本邑) 천동의 여규덕의
집으로 갔다. 거기서 가사歌詞 수백 권을 간출하였다. 그
리고 각처에 이 가사책(=용담유사)을 반포하였다.
辛巳六月, 往本邑泉洞呂奎德家, 刊出歌詞數百卷, 頒布各處。

제3장: 동학과 몽양　109

단양 여규덕의 집에서 간출刊出한『용담유사』는 "수백 권"이라
는 표현은 오류가 없는 것 같다. 그 앞에 경진庚辰년 인제에서『동
경대전』100부를 간출하였다고 정확히 말하는 것을 보면,『용담
유사』는 여규덕의 집에서 수백 권 간출되었다는 것은 틀림이 없는
것 같다.『별기시천교역사』에서는 그 비용은 전적으로 인제접에
서 마련하였다 하고,『시천교종역사侍天敎宗繹史』(1915년 1월에 간행
됨. 시천교 관도사觀道使 박형채朴衡采가 집필. 시천교는 1906년에 김연국金
演局을 교주로 하여 갈라져 나간 종교이지만 고등한 지성인들이 많이 합류하였
으며 동학초기역사에 관해서는 소중한 기록을 많이 남기었다)에는 명료하게
기록이 남아있다.

> 세는 신사 유월, 스승님께서는 강석講席을 단양군 남면 천
> 동의 여규덕의 집에 설설設設하시었다. 그곳에서 처음으로『용
> 담유사』수백 부를 각 포에 널리 배포하였다. 이때 이것을
> 인출하는 인제군의 접에서 의연금을 내어 전담하였다. 그
> 일을 맡아 주간한 사람은 김연호 · 장춘보 · 김치운 · 이은
> 보 · 김현경 · 장세원 등 여러 사람이었다. 나머지 임원은
> 너무 많아 여기에 다 기록하지 못한다.
>
> 歲辛巳六月, 師設講席于丹陽郡南面泉洞呂圭德家, 始刊龍
> 潭遺詞數百部, 廣布于各包。其時印費, 自獜蹄郡接, 義捐
> 專擔, 而主幹則金演鎬, 張春甫, 金致雲, 李殷甫, 金顯卿,
> 張世遠諸人。其餘任員, 多不盡錄。

몽양 종조부 여규덕 집은 동학의 대표적 집회장소

이제 해월과 몽양 작은할아버지의 관계는 명백히 드러난다. 해월은 단지 여규덕을 경전간행의 방편으로 대한 것이 아니라, "강석을 설했다"고 표현하는 것을 보면 곧잘 여규덕의 집을 집회장소로 활용했고 그곳에서 중요한 동학설법을 하였던 것이다. 그러던 차에 여규덕이 『용담유사』의 출판을 제안했고, 그곳에 간행소를 마련한 것이다. 그래서 요번에는 이왕 찍는 김에 많이 찍자 하고 수백 부를 찍은 것이다. 불행하게도 이 판본은 현재 스코아 발견되지 않았다. 그만큼 친근하게 사람들이 활용했다는 의미도 된다.

다시 말해서 동학은 동학경전의 발간으로 말미암아 고등종교의 자격을 획득하였고 해월의 설법으로만 듣던 무극대도의 이야기를 사람들은 직접 그 오리지날 소스인 수운의 육성으로 듣게 된 것이다. 지식인들은 수운의 심오한 한문글로써 그 의취를 헤아릴 수 있었고, 서민들은 노래를 부르며 반복적으로 그 가사가 지향하는 바 뜻을 가슴에 새겼다. 한글은 누구든지 어린애도 읽을 수 있었고 또 필사가 자유로워 전염병처럼 퍼져나갔다.

여운형집안이 대중적 동학포덕의 원점

1880년과 1881년의 경전간행이 1880년대의 동학의 광포廣布의 포석이 되었고, 급기야 1894년의 전국적인 혁명의 불길이 되었다. 바로 그 불길이 여운형 일가의 집에서 일어나 살려졌다는 이 위대하고도 거대한 사실이 차가운 고유명사의 문헌적 나열 속에 피식

제3장: 동학과 몽양 | 111

꺼져버리고 마는 것이다.

나는 역사서술(historiography)의 이러한 오류를 참을 수 없다. 내가 너무 자세하게 이 주제를 다루고 있다는 느낌이 들지만, 몇 마디만 더 첨가하려 한다. 『시천교역사』(1920년 최유현崔有鉉이 간행)에는 계미년(1883년)판 『용담유사』 출간 당시의 분위기를 이렇게 전하고 있다.

『동경대전』을 중간重刊하여 각 포에 배포하다.

인간소印刊所를 목천군 구내리 김은경가에 다시 설치하고, 『동경대전』 천여 부를 다시 간행하여 각 포에 반급하였다. 해월 선생님께서 권말에 발문을 쓰시어 그 의의를 밝히시었다. 이때에 우리 도를 흠모하여 입교하는 자들이 각 처에서 몰려들었다. 충주, 청풍, 괴산, 연풍, 목천, 진천, 청주, 공주, 연기 등 군에서 교세가 불어났다. 그때 초창기의 사람들을 대강 거명하면 다음과 같다. 손성렬, 안교선, 김영식, 김상호, 김은경, 안명익, 윤상오, 이일원, 여규덕, 여규신, 유경순, 이성모 등은 입교자들의 효시가 되는 인물들이다.

重刊東經大全, 頒于各包:

重設印刊所, 于木川郡、區內里、金殷卿家。又刊東經大全千餘部, 頒給于各包。師跋于篇末。是時翕風入敎者, 如忠州、淸風、槐山、延豐、木川、鎭川、淸州、公州、燕岐等郡也。棨擧其人曰, 孫星烈、安敎善、金榮植、金相浩、

112 │ 새 시대의 새 지도자 몽양 여운형

金殷卿、安明益、尹相五、李一元、呂圭德、呂圭信、劉

(柳?)敬順、李聖模等, 爲入敎之嚆矢也。

여규덕에서 김은경으로, 목천의 경전간행이 동학포덕의 주간主幹

여기 제일 앞줄에 나온 『동경대전』의 "중간重刊"이라는 말은, 인제에서의 경진초간본을 두고 대비적으로 한 말이며, 단양 샘골에서의 여규덕의 대업에 자극을 받아 목천의 재력가인 김은경金殷卿이 문집형식의 인제 경진초간본을 독립된 경전체제를 갖춘 새 판본으로서 중간重刊하겠다고 나섰다는 것이다. 간소가 "목천군木川郡, 구내리區內里"라고 하는 것은 실제로 병천 지역을 가리킨다. "구내區內"라고 하는 "아홉 냇갈"을 한문식으로 왜곡하여 표현한 것이다. 여러 냇갈이 합해지는 곳이라 하여 병천並川을 "아우내"라고 불렀던 것이다. 김은경의 집은 현재 천안시 동남구 동면 죽계리 450번지로 비정比定되고 있다.

충청도의 열린 뜰에서 전라도로 확산

하여튼 해월의 사업은 강원도에서 충청도의 너른 뜰로 이동하였고 호남진출의 터를 닦았다. 1883년 1년 내내 해월은 간행대사업을 벌인다. 경전의 간행으로 교세가 깊어지고 넓어진 것이다. 1880년대의 경전대사업이야말로 동학부흥의 확고한 기반이었다.

그리고 때마침 개항장 중심으로 번지기 시작한 콜레라 대유행도 도의 전파에 큰 도움을 주었다. 민간에 "동학에 들어가면 괴질에 안 걸린단다"라는 소문이 유포되어 있었다. 해월에게는 "위생적

제3장: 동학과 몽양 | 113

삶"에 대한 원칙이 있었다.

친할아버지 여규신도 초기동학의 효시라고 동학역사가 규정한 인물

여기 내가 『시천교역사』를 인용한 이유는 여규덕의 이름과 함께 여규신呂圭信의 이름이 같이 나타나고 있기 때문이다. 여규신은 몽양의 친할아버지이며 여규덕의 형님이다. 장섭長燮가의 종손이다. 동학의 역사자료는 여규덕·여규신을 함께 초기동학의 대간을 휘어잡은 효시嚆矢라고 말하고 있는 것이다. 이것은 1883년의 기술이므로, 1883년에는 적어도 여운형의 친할아버지, 성깔이 까탈스럽기로 유명한, 그렇지만 거침없는 이상주의자였던 여규신이 해월 최시형을 친히 대면하였다는 사실을 말해주고 있는 것이다. 몽양은 「자서전自敍傳1-나의 청년시대」라 제목을 달은 글에서 이와 같이 절절한 감회를 토로하고 있다.

몽양의 할아버지 회상

"나의 고향은 경기도 양주楊州다. 나는 풍광이 명미한 이 양주땅에서 소년시대를 순전히 조부의 사상적 감화를 받으면서 자라났다. 조부는 이름을 규신圭信이라 하는데, 그 당시 상황이 열강들이 우리 반도를 일종 정치상의 속령屬領으로 알고 우습게 취급하는 데 분개하여 중국정토中國征討를 정부에 건의하고, 또 몸소 그 계획을 성취하고자 하는 것을 일생의 신조로 삼은 그런 별난 사람이었다. 조정의 현관顯官과 초야의 동지들과 결탁한 뒤, 무슨 결사인가를 맺고, 동분서주 모사하다가 그것이 발각되자, 수모首謀이든 아무

개는 삼족멸족의 참형에 처한 바 되었고, 나의 조부는 유배가기로 정죄定罪되어서 평안도 영원寧源의 산고인희山高人希한 궁곡窮谷으로 갔던 것이다.

그곳에서 여러 해를 지내시다가 내가 열 살 되든 해에 돌아오셨는데, 그렇게 아름답던 풍채도 여러 해의 뇌신腦神(정신적 고통)에 초췌하여지고 머리에는 이미 서리 같은 백발을 이고 있었다. 집안의 모든 사람들은 암루暗淚를 흘리며 조부의 형용을 바라볼 뿐이었다. 그러나 변치 않는 것은 오직 그의 기개氣槪였다!"

여규덕의 집이 있던 단양 샘골은 경상도와 충청도의 경계를 이룬 소백산 줄기 도솔봉兜率峰(1,342m) 북쪽 산자락에 위치해 있다. 해월이 살고 있는 송두둑(松皐)에서 2킬로 정도 안쪽으로 들어간 등성이에 있는 보통 마을이다. 여규덕과 여규신은 모두 해월 최시형의 감화를 받고 그 성자다운 철리를 존숭했지만 위에서 인용한 대로 몽양의 할아버지 여규신은 관심이 남달랐다.

여규신, 여규덕, 여승현, 여준

여규덕은 동학의 역사를 빛낼,『용담유사』의 최초발간의 홍지鴻志를 실천한 사람이고, 운형의 작은아버지(叔父, 정현鼎鉉의 동생) 승현升鉉은 동학의 접주가 되었으며, 동학혁명 때는 충북, 강원 양도兩道에서 관군과 전투를 벌였다. 그리고 몽양의 족숙族叔인 여준呂準(호가 시당時堂, 만주 무오독립선언서 서명자)이라는 분은 혁명투사가

제3장: 동학과 몽양 | 115

되어 국내·국외에서 동지를 규합하여 만년에 이르기까지 만주에서 활약하다가 외지外地에서 별세하였다. 이렇게 보면 몽양의 집안은 동학에 크게 헌신한 집안임에 분명하나 그렇게 드러나지 않은 데는 또 그 나름대로 이유가 있다.

여규신의 중국정토의 독특한 뉘앙스

우선 친할아버지 여규신呂圭信이라는 캐릭터의 특별한 성품과 관계가 있다. 여규신은 완전히 돈키호테 스타일의 인물로서 그가 말하는 "중국정토中國征討"라는 것은 어찌 보면 만족을 내쫓아내고 한족을 해방시킨다는 시의적 명분이 있는 것 같으나, 실상 그 명분은 손문과도 같은 공화정을 지향하는 것도 아니고, 조선조에서 계속 부르짖던 고리타분한 북벌이론, 즉 명나라의 "재조지은再造之恩"에 보답한다는 명분, 즉 조선왕조 말기까지 숭정연호를 쓰고 청의 문물에 어두웠던 그런 우매함을 크게 넘어서지 않는다.

그럼에도 불구하고 육도삼략六韜三略과 근대서구식 수학·기하학, 축성법을 동시에 연구하는 천재형의 인간이었다. 석문石門의 문지기가 공자를 보고 "불가능한 줄을 알면서도 실천에 옮기는 사람"(시지기불가이위지자是知其不可而爲之者)이라 한 말을 연상시킨다. 반역의 공모자의 집안이 삼족이 다 죽임을 당하는 멸문의 화를 입을 정도로 그 행위가 리얼했다.

몽양의 이상주의는 조부 여규신의 대국경시사상으로부터 출발

그런데도 몽양은 나는 "소년시대를 순전히 조부의 사상적 감화를 받으면서 자라났다"고 했다. 존경할 만한, 원칙이 있는 인격자였던 것이다. 그는 조부 규신圭信으로부터 동학이론을 배운 것이 아니라 그 이상의 것, 대국大國을 우습게 아는 사고의 스케일, 현 시점에서 불가능한 일이라 할지라도 제대로 준비만 하면 반드시 성취할 수 있다는 이상주의를 배운 것이다:

> "자신의 북정北征의 경륜經綸이 결코 그릇된 국책이 아니라는 것과 그 경륜을 펴기 위해서는 이러이러한 국가적 준비와 민족적 계획이 있어야 한다고 늘 힘주어 말씀하시었다. …… 그 어릴 적 조부의 감화가 나의 청춘시대의 사상에 큰 영향을 주어서, 아우 운홍運弘이 아메리카로 떠나갈 때 나는 오직 일로一路 중국 상해로 향하였던 것이다."

여운형이 태어난 곳은 경기도 양근군楊根郡(지금의 양평군) 양서면楊西面 신원리新院里 묘꼴妙谷이다. 남한강과 북한강이 합류하는 양수리에서 남한강을 따라 약간 거슬러 올라간 곳에 있다.

> 晚來漁艇依四渚，秋風蕭蕭蘆萩花。
> 황혼에 돌아오는 고기잡이 배들이
> 여기저기 모래섬에 멈추어있고
> 가을바람 쏠쏠히
> 갈대꽃을 흩날린다

증조부 여장섭의 동학귀의

이곳을 읊은 옛 시인의 정서대로 평화로운 곳이었다. 1885년 2월 인접한 여주에서 한덕용韓德用이라는 사람이 도결都結(아전들이 제멋대로 올리는 결세結稅, 아전들의 도둑질) 폐지를 주장하여 난을 일으키고 관아의 우두머리 윤보길尹甫吉을 불태워 죽였다. 3월에는 원주에서도 환곡(還政, 정부의 고리대금업)의 폐해를 일신하려는 민란이 발생했다. 이런 분위기 속에서 대 양반가의 수장인 증조부 여장섭은 과감하게 아예 동학에 의지하는 것이 안전하다고 판단했다. 그의 아들 여규덕이 이미 동학교단의 중요한 포스트를 차지하고 있었다. 장섭은 큰 배를 빌려 330여 리나 떨어진 단양으로 남한강을 거슬러 올라갔다.

여운형은 동학의 성지 단양 샘골에서 회잉懷孕되었다: 태양을 꿈꾸다

어머니 경주 이씨(1854~1905)는 단양 샘골에서 피난 중에 운형을 회잉하였고 소요가 가라앉자 양평 묘꼴로 돌아와 운형을 낳았다. 정현鼎鉉 부부는 결혼 후에 자식을 셋이나 낳았으나(1남 2녀) 모두 강보에서 스러졌다. 어미 33세에 운형을 얻은 기쁨이란 이루 말할 수 없는 것이었다. 하여튼 『정감록』류의 도참서들이 십승지라고 표현한 단양에서 경주이씨는 태양을 치마폭에 감싸안는 꿈을 꾸었다. 이 태몽의 이야기를 들은 여규신은 손자의 호를 "몽양夢陽"이라 했다. "태양을 꿈꾸다"는 뜻이다. 몽양 여운형은 조선 최초의 민중혁명의 바이블인 『용담유사』가 태어난 성지에서, 태양과도 같은 혁명의 열기를 가슴에 품은 채 이 세상에 태어난 것이다.

몽양의 아버지 여정현은 동학과 관계없는 지독한 양반 차별주의자

몽양의 아버지 여정현呂鼎鉉은 전혀 이 집안 분위기와는 어울리지 않는 캐릭터였다. 여정현은 천하에 둘도 없는 양반 캐릭터였다. 양반과 쌍놈에 대한 규범윤리가 무조건적으로 엄정했다. 몽양이 6·7세 경에 쌍놈의 빈집에 들어가 앵두를 따먹다가 주인에게 발각되었다. 주인이 소리치는 통에 개구멍으로 도망나오다가 얼굴에 상처가 났다. 이를 발견한 몽양의 아버지는 잘못을 저지른 아들은 내버려두고 그 쌍놈의 집 앵두나무를 모조리 도끼로 찍어버렸다. 몽양은 슬펐다.

몽양의 집이 아무리 양반집이라도 여름에는 보리밥을 먹는 게 보통이었다. 그런데 노비 가운데 한 사람이 서울을 왕래하면서 장사를 하여 돈을 벌어 집에 쌀이 있는 경우가 있었다. 이 노비 여인이 평소 몽양을 애중愛重히 여겼던지라, 몽양을 자기 집으로 데려다가 흰 쌀밥에 좋은 반찬으로 정성껏 대접했다. 이 사실을 알게 된 몽양의 아버지는 대노하여, "종년이 상전의 집 도련님을 제 집에 데려다가 쌀밥을 먹이다니!" 소리치며 큰 벌을 내리었다. 경제적으로 양반보다 우위에 서게 된 쌍놈이나 노비들이 있을 수 있었던 19세기 말의 풍경이었다. 그러나 몽양의 아버지는 계급제도에 집착할 수밖에 없었다. 쌍놈이 어린 몽양에게 농담을 걸었다고, 아버지 정현은 쌍놈을 잡아다가 심하게 때리었다. 이런 광경 속에서 몽양은 자기가 살고 있는 시대의 구조가 정당하지 못하다는 생각을 갖게 되었다.

진짜 몽양의 교육은 가족의 군상으로부터

아버지는 권위와 자존의식에 집착한 나머지 기침이나 걸음걸이, 행동거지 하나도 경박하게 흐르지 않도록 신경을 썼다. 자식들에게 웃는 얼굴을 한 번도 보이지 않았으며, 식사도 함께 하지 않았다. 식사하는 모습은 동물적인 것으로, 그런 모습을 보이는 것 자체가 부모의 권위를 훼손하는 것이라 생각한 것이다. 동키호테와 같은 할아버지의 이상주의, 그리고 형식주의의 극한을 달리는 아버지의 리고리즘rigorism적 경직성의 대비 속에서 몽양은 19세기 말기의 민족사적 과제상황들을 체화하고 있었다.

이 틈바귀 속에서 진실로 몽양을 성장시킨 것은, 진리의 정도를 가르친 가치관의 원천은 다름 아닌 "호랑마님" 엄마였다.

천하의 여걸, 호랑마님 엄마

아버지는 임진왜란 후, 최초의 수호사修好使로서 일본에 갔던 여우길呂祐吉의 10대손이고, 엄마는 임진왜란 일등공신 오성부원군鰲城府院君 백사白沙 이항복李恒福의 10대 손녀였다. 이씨부인은 남편보다 나이가 3살 연상이었다.

몽양의 엄마는 호방한 기질의 여장부였다. 그러면서도 엄격함과 관용을 겸비한 인물이었다. 증조부모님 내외분을 모시고 3남매를 포함하는 20여 명의 대가족과 10여 명에 달하는 노복이 있어 상봉하솔上奉下率하는 종부宗婦로서의 노고는 극심한 것이었지만 매사를 늠름하게 처리했다. 자식이나 노복들이 실패를 감추거나 거짓말을 둘러대면 더욱 야단을 쳤지만, 실패를 감추지 않고 나름대로 부득이했던 이유를 밝히면 귀중한 물건을 깨뜨렸어도 꾸짖지 않았다. 주변사람들이 왜 혼내지 않는가 하고 물으면, "증이파의甑已破矣"라고만 대답했다. "이미 깨진 항아리, 맞추지 못할 것을 야단쳐 무엇하겠냐"는 뜻이다.

또한 몽양의 엄마는 지는 것을 무척 싫어하는 강인한 성격의 소유자였다. 예를 들면, 집에서 기르던 닭이 싸움판에서 지면, 싸움 잘하는 다른 닭을 가져와 그 닭을 완전히 제압하지 않으면 성이 풀리지 않는 성미였다. 집안의 하인이라도 이웃 동네에서 얻어맞는 일이 있으면 더 힘센 덩치 큰 하인을 보내 꼭 복수하도록 했다. 그래서 동네에서 "호랑虎狼마님"이라 불렸다.

몽양의 족인族人인 여규면呂圭冕이 난중에 전 가족이 얼마간 합거合居하게 되었다. 그런데 시부모, 남편, 친척, 노복 몇십 명을 꼼짝 못하게 하는 몽양모의 모습을 보고 "서애의 모친 홍묵재洪黙齋와 같은 통속이여"라고 했다는 것이다. 그러면서 이와 같이 말했다는 것이다: "심술 쎄고 남자를 제압하는 여인이 있는 집안에서 위인偉人이 난다!"

자손의 발전을 생각치 않고 산향에 칩거, 가문의 불행

이씨부인이 몽양의 생애에 선물한 가장 거대한 결단은 몽양 9세 때의 일이었다. 동학농민전쟁으로 또다시 대가족이 모두 단양으로 피신하여 무사히 소요를 넘겼을 때, 남편을 비롯, 시할아버지를 포함

하여 모든 남자들은 피난지인 단양에서 영주할 계획을 세웠다. 이
때 몽양의 모친은 분연히 일어나 외쳤다: "자손이 있는 집이 장래
자손의 발전을 생각하지 않고 산향山鄕에 칩거蟄居하여 안일을 구
하는 것은 가문의 불행이다!"

모든 종교는 꾀질꾀질, 호랑엄마 소견

몽양의 모친은 동학이라는 조직이 점점 종교적인 단체운동이 되
고 제식화되는 것을 "꾀질꾀질"하다고 생각했다. 시골에서 결사
조직에 가담하여 세상을 개벽한다고 해봤자 그것은 시대에 뒤떨
어지는 짓일 뿐이라고 생각했다. 억압받던 서민들은 동학에서 해
방의 기쁨을 발견하겠지만 양반의 자제들은 세상의 새로운 개벽
의 기운을 선도해야 한다고 생각했다. 몽양에게 개벽을 뒤따라 다
니지 말고 너 자신이 개벽을 열어갈 생각을 하라고 단단히 타일렀
다. 이 엄마의 훈계 때문에 몽양의 생애에서는 동학이라는 것이 전
면에 튀쳐나오질 않는다. 사실 동학이 오늘의 동학이 될 수 있는
것은 21세기에서나 와서 민중의 민주의식이 성숙한 계기로써 대
접을 받기 때문인 것이다.

엄마의 반역

몽양의 엄마는 다음 해인 을미년(1895)에 3남매와 수 명의 노복
만을 데리고 300여 리나 되는 고향땅 양평으로 돌아왔다. 몽양모
는 급할 때 쓰려고 가인家人도 모르게 숨겨둔 돈으로 노수路需를
삼아 교자轎子를 얻고 군정軍丁을 얻어 귀향을 감행하였던 것이

다: "그때 어머님은 가마를 타시고, 형님은 걷고, 누님과 나는 남종들의 등에 번갈아 엎혀 왔다."(여운홍 기술). 다음해 병신년(1896) 전 가족이 몽양모의 전철을 따라 양평집으로 오지 않을 수 없었던 것이다. 단양은 폐쇄였고 양평은 개방이었다.

몽양의 단짝 친구 이만규가 몽양의 어린 시절을 총평한 좋은 문장이 있어 여기 소개한다:

"이상의 모든 사실을 종합하여 보면, 조상부모에게서 유전으로 받은 성격, 곧 불같은 정열, 산山같은 저항력, 양심적인 투쟁심을 지니었다. 가정환경에서 감수 혹은 반동으로 자라난 요소, 곧 인내성, 관용성, 평등관, 원대하게 보는 사유력이 싹텄다. 그리고 그 소성素性을 앞서 기술된 생활 속에서 찾아보면 양심적이었고, 결심이 굳고, 실행력이 강하고, 중인衆人을 잘 포섭하고, 물욕이 없었고, 사업심事業心이 많았고, 계급관념이 없었고, 남을 돕는 정신이 많았고, 겸손하였고, 무용無用의 습관을 금단하였고, 개혁사상이 강하였고, 신체가 강장強壯하였다.

이 모든 장처長處 많은 인격적 요소가 몽양으로 하여금 조선을 위하여 이민족세력과 싸우고, 우리나라에 깊게 뿌리 박은 구세력과 싸우고, 인간을 착취하는 봉건적 혹은 자본가적 세력과 싸우는 데 지도자로 나서게 만든 것이다."(『여운형투쟁사』 p. 9).

이 사진에는 영어로 설명이 붙어있다: "덕수궁과 시청 앞 광장에 모여 조선독립만세를 목터지게 외치는 흰 옷의 민중." 외신기자가 찍은 이 사진은 전 세계로 퍼져나갔다. 생각해보라! 신문도 라디오도 가정에 구비되지 않았던 시절, 주동자나 구체적 사건의 포커스도 없는, "독립"이라는 추상적 주제를 민중 스스로 만방에 선포하기 위해 이렇게 많은 사람이 일시에 거리로 쏟아져 나왔다는 사실은 세계사의 기적이며, 고조선의 홍익인간 이념이 배인 삼천리 금수강산에서만 가능했던 혁명의 열기였다. 이 혁명은 오늘날, 정당한 해석을 요구하고 있다.

124 새 시대의 새 지도자 몽양 여운형

제4장
3·1독립만세혁명의 세계사적 맥락

제4장

3·1독립만세혁명의 세계사적 맥락

사건은 수없이 많은 사건들의 집합

나는 이 책의 머릿글을 시작하면서, 이미 존재하고 있는 몽양의
많은 평전 리스트에 또 하나의 평전을 보탤 생각은 없다는 것을 명
백히 표명하였다. 내가 쓰고자 하는 것은 과연 몽양이 누구인가,
어떤 사람인가, 어떤 생각을 가지고 무엇을 하려 했는가, 독자들이
그 살아있는 인간을 느낄 수 있도록 만드는 것이 소기하는 바 나의
임무라고 말했다. 따라서 나는 몽양의 생애를 수놓은 많은 사건들을
나열하는 데 별 관심이 없다. 그러나 그 살아있는 인간을 느끼게
만드는 역사적 사건 몇 개는 꼭 말해야 할 것 같다.

우리가 보통 "사건"이라 부르는 것은 "수없이 많은 사건들의 집
합태Society of events"인데, 이 사건들은 고정된 하나의 물체를 구
성하는 단위가 아니라 끊임없이 유동적인 네트워크를 형성하는
생명활동과도 같은 것이다. 이 살아있는 네트워크를 제대로 이해
할 때 비로소 그 네트워크 속에 활동하는 인간을 바르게 이해할 수
있게 되는 것이다.

여운형을 이해하는 데 중요한 것은 일제강점기의 한 역사사건의
개념적 규정보다는 "호랑이엄마"의 온화한 웃음과 눈물, 그런 것

일지도 모른다.

사람들이 흔히 말하는 3·1운동은 운동이 아니라 세계사적 "혁명"이다

여기 갑자기 "3·1독립만세혁명"이라는 단어가 등장했는데, 이러한 개념을 구성하는 요소들을 바르게 이해하는 것이야말로 몽양이라는 인간을 이해하는 첩경이 된다. 우리는 어렸을 때부터 지금까지도 "3·1운동"이라는 말만 들어왔지, "3·1혁명"이라든가, "3·1독립만세혁명"이라든가 하는 말을 들어본 적이 없다. 3·1혁명 운운하는 것은 너무 과도하게 자기 역사적 사건을 과장하는 쇼비니스트적인 과시나 조어造語방식이라고 말해도 별 반론 없이 흘려버린다. 그런데 "3·1운동"이라 하면, 그냥 "새마을운동"이나 로칼한 무슨 "학생운동"이나 "사회운동"과 별 차별 없이 다루어질 수가 있다. 시골 초등학교 운동회의 거대한 확대형태처럼 생각해버리고 마는 것이다.

20세기, 육지면적의 80%가 식민지

그러나 "3·1독립만세혁명"은 단순히 일본의 식민지 조선에서 일어난 로칼한 사건이 아니라, 당시 전 세계 육지면적의 80% 이상이 몇몇 강대제국의 식민지로 덮여있었던 제국주의 전성기시대의 보편적인 문제의식을 불러일으키는 세계사적 사건이었다는 것을 상기할 필요가 있다. 당시 조선의 3·1독립만세혁명은 전 세계인구의 약 60%에 해당되는 억압받는 민중에게 결정적인 영향을 주었다.

암리차르 대학살, 모한다스 간디

인도에서는 펀잡주 시크교도의 성스러운 수도인 암리차르에서 영국군이 약 1만 명의 비무장 평민들에게 발포를 하여 1천여 명이 학살되고 1,200명 가량이 부상당하는 대학살사건(The Amritsar massacre, 1919년 4월 13일)이 일어난다. 이때에 새로운 전국적 정치 지도자로 등장한 인물이 바로 모한다스 카람찬드 간디Mohandas Karamchand Gandhi, 1869~1948였다.

그는 영국에서 변호사자격을 획득하고, 남아프리카에서 인도인 권리옹호운동을 전개하여 세계인에게 차별대우의 실상을 호소하였고 1915년에 귀국하여 노동운동, 민족해방독립운동에 전념하였는데 전후에 영국이 독립약속을 지키지 않고 롤래트법(영장 없이 체포, 가혹한 탄압 자행)을 제정하자, 본격적인 반영운동에 헌신한다.

사티야그라하: 3·1혁명을 본받다

그는 암리차르 대학살사건 후에 그 유명한 비폭력저항운동, 사티야그라하satyāgraha를 전개시킨다. 간디의 사티야그라하는 조선의 3·1독립만세혁명의 순결한 모습에서 영향을 받았다. 소복 입은 힘없는 민중이 일본제국의 총칼 앞에서 당당하게 만세를 부르는 그 모습에서 사티야그라하의 실천을 보았고, 본인이 추구하는 비폭력저항운동이야말로 세기적 저항운동의 공진共進이라고 생각했다. 그의 강조는 "비폭력"에 액센트가 있는 것이 아니라 "저항"에 액센트가 있다.

저항하되 비폭력적인 수단에 의하여 저항한다는 뜻이다. "사티

제4장: 3·1독립만세혁명의 세계사적 맥락

야"는 진리의 뜻이고, "그라하"는 꽉 붙잡는다는 뜻이다. 비폭력적인 저항이야말로 진리를 발견하는 확고한 방편이라고 확신했다. 간디는 조선인들의 비폭력적 만세시위에, 죽음을 불사하고 전진하는 모습에 깊은 감명을 받았다.

이러한 조선민중의 모습은 간디가 영국의 소금전매권에 항의하여 1930년 3월 12일부터 24일간 진행한 소금대행진(Salt Satyagraha), 즉 시민불복종(Civil Disobedience Movement)의 모습에 그대로 연결되어 있다.

기실 우리 「기미독립선언서」의 「공약삼장公約三章」내에서도 간디의 사티야그라하의 정신의 조형을 찾을 수 있다. "배타적 감정으로 일주逸走함이 없이 최후의 일인까지 최후의 일각까지 민족의 정당한 의사를 쾌히 발표하라"는 공약을 미리 선포하고 만세행진에 돌입한 것은 인류사에 유례가 없는 쾌거였다.

3·1독립만세혁명과 5·4운동

뿐만 아니라 3·1독립만세혁명은 바로 그 해에 일어난 중국의 5·4운동(May Fourth Movement)에도 직접적이고도 결정적인 영향을 미쳤다. 5·4운동은 패전국이 된 독일이 산동성에 가지고 있던 모든 특권을 고스란히 승전국인 일본에게 전향한다고 하는 매우 굴욕적인 강화회의의 결과에 대한 북경대학 학생들의 분노로 발화된 것인데, 정치적인 맥락에서 끝나지 않고 중국사회 전체의 개혁을 요구하는 문화운동으로 발전했다.

백화문 사용을 주장하며 민주정신과 과학정신의 참뜻을 묻고, 전통문화의 정체성을 캐묻는 의식혁명이자, 의고풍의 학술혁명이자, 문화대전환운동이었다.

중국이 근대적 주권국가로서의 의식을 갖게 만든 이 거대한 문화운동이 3·1독립만세혁명의 함성에 촉발되어 일어난 것이다. 순박한 조선민중의 일본제국주의를 규탄하는 절규는 5·4운동시기의 중국의 지적 리더들의 심금을 울렸다.

북경대 학생구국회 월간지 『국민』, 기미독립선언서 전문을 싣다

북경대학 학생구국회學生救國會 월간지 성격을 띤 『국민』이라는 잡지가 1919년 원단에 창간되었는데 허덕연許德衍, 1890~1990, 정중하鄭中夏, 1894~1933, 황일규黃日葵가 주필이었다. 이들은 모두 5·4운동의 학생리더였다. 중국공산당의 아버지 이대조李大釗, 1889~1927가 이 잡지의 고문이었다. 『국민』은 일본의 침화확장侵華擴張정책을 폭로하며 비판하였고, 민족주의와 국가주의를 제창하였다.

『국민』 1919년 4월호는 3·1운동에 관한 논문을 4편이나 게재하였고, "조선독립선언서원문朝鮮獨立宣言書原文"(기미독립선언서 전문)을 실었다. 북경대학 학생들은 한결같이 3·1운동을 격찬하고, 일제군경의 탄압과 만행을 규탄했으며, 동삼성東三省에서도 한국의 독립운동을 탄압하는 중국의 동삼성의 당국자들을 규탄하였다.

북경대 대학생들이 『기미독립선언서』 원문을 싣고 3·1운동의 전개과정을 상세히 소개한 것을 보아도, 북경대 학생들에게 한국의 절박한 상황이 충격적으로, 그리고 공감적으로 그 가슴에 와닿아 있었다는 것을 의미한다. 한국의 현실은 더이상 한국민의 현실이 아닌 중국인의 현실이 될 수도 있다는 것을 북경대학의 대학생 선각자들은 깨닫고 있었던 것이다.

정주의 처참한 광경. 오산학교 정신

"조선독립운동기朝鮮獨立運動記"라는 논문은 평안북도 정주定州 지역에서 한 학생이 독립만세운동을 하는 처참한 사례를 소개하고 있다. 정주는 오산학교가 있는 곳이었다:

> "한 사람의 어린 생도가 한국의 태극기를 들고 만세를 외쳤다. 일본병이 검劍으로 그 손을 내리쳐 베어 떨어뜨리자, 그는 곧 왼손으로 태극기를 집어들고 독립만세를 크게 외쳤다. 일본병은 다시 그의 왼손을 절단하였다. 그는 여전히 큰소리로 독립만세를 외치는 것을 그치지 않고 일본헌병에게 머리를 들이받으면서 쓰러져 죽었다. 근처에 있던 서양인이 그 참상을 촬영하려고 하다가 일본인에게 연행되었다."

러시아 10월혁명은 관념적, 3·1혁명은 가슴의 공감共感

정주 시장터의 이러한 처참한 장면을 소개하는 북경대 학생들의 심정 속에는 3·1운동에 대한 감정적 공감대가 얼마나 절박하게 형성되어 있었는가 하는 것을 입증한다. 그것은 1917년 러시아

10월혁명의 관념적 영향과는 전혀 차원이 다른 일제日帝라는 공통의 적을 향한 민족자결의 포문이었다.

북경대학 학생구국회의 대학생들은 1919년 5월 2일 그들의 잡지,『국민』의 편집실에서 5·4운동의 시위를 결의했다. 5월 3일 북경의 각 학교 학생들에게 연락을 취했으며 5월 4일에는 천안문 앞 광장에 모여 5·4운동의 횃불을 높게 들었다.

북경학생연합회 선언문 속에 나타나는 3·1혁명

5월 4일 전체 북경학생연합회의 선언문 속에도 "조선이 독립을 도모함에, 독립이 아니면 차라리 죽음을 달라고 했다.朝鮮之謀獨立也, 日不得之毋寧死.「천안문대회선언天安門大會宣言」"라는 구절이 나타나고 있는데, 이것은 3·1만세운동이 5·4운동에 끼친 영향에 비하면 오히려 축소된 표현에 지나지 않는다.

그들은 가슴속에서 외치고 있었다: "저 조선인민을 보라! 생명의 불씨가 끊어진 것으로 알았던 저 조선인민들이 맨가슴을 펴고 일본제국주의 총칼에 맞서 싸우고 있다. 우리 중국인민이 조선인들보다 비겁하고 무력하단 말이냐? 조선인을 본받으라! 어찌 우리의 국토를 잘라 내줄 수 있단 말인가不可以斷送! 어찌 중국의 인민이 일본놈들에게 머리를 숙일 수 있단 말인가不可以低頭! 지금 나라가 망하고 있다國亡了! 동포여 궐기하라同胞起來呀!"

제4장: 3·1독립만세혁명의 세계사적 맥락

5·4운동에 미친 영향인소因素를 말할 때 중국사가들은 보통 러시아의 10월혁명만 이야기하고 한국의 3·1운동을 생략한다. 사실 10월혁명은 관념적이고 이성적인 데 반해 3·1운동은 직접적이고 감정적이다. 10월혁명은 두 해 전 이야기이고, 3·1운동은 현재진행형의 사건이었다. 순박한 한국민중의, 일본제국주의를 규탄하는 절규는 5·4운동시기의 중국의 지적 리더들의 심금을 울렸다. 감성적으로 파고든 사건이었다. 당시 중국신문들은 한국민족의 3·1봉기와 그 진전상황을 크게 보도하여 중국인민들에게 알렸다.

중화혁명당 – 국민당 기관보 『민국일보』 3·1혁명 보도와 논평, 20회 이상

전 중국에 막강한 영향력을 가지고 있으며 상해에서 발간되었던 중화혁명당 – 국민당 기관보, 『민국일보民國日報』(1916년 1월, 진기미陳其美가 창판創辦한 신문이다)는 1919년 3월 12일부터 5월 6일까지, 그러니까 상해에서 5월 7일 60여 개의 단체가 국민대회를 거행하기 직전까지 한국의 3·1운동에 관한 보도와 논평을 20회 이상 게재하여 3·1운동을 찬양하고 중국의 국민들을 계몽하였다.

진독수·이대조의 『매주평론』, 중국 젊은이들 궐기를 호소

이러한 분위기에 걸맞추어 진독수와 이대조가 설립하고 주편主編한 시사평론의 주간지로서 5·4운동을 사상적으로 선도先導하여온 『매주평론每周評論』은 한국민족의 3·1운동을 해설하면서 중국국민과 청년학생들의 궐기를 호소하였다.

『매주평론』은 제13호(1919년 3월 16일)에서 "조선독립의 소식 –
민족자결의 사조가 원동에 흘러들어오다"라는 제목하에 「기미독
립선언서」 전문과 일본 동경의 「2・8독립선언서」 전문을 게재하
였고 3・1운동의 시위상황을 자세히 해설하였다.

『매주평론』 제14호(1919년 3월 23일)는 "조선독립운동의 정상情
狀 – 생기生氣와 살기殺氣의 충돌, 공리公理와 강권强權의 고전苦
戰, 자아! 최후의 그날을 보자! 과연 누가 이기고 누가 질 것이냐?"
라는 제목의 논설을 싣고 한국민족의 3・1운동을 격찬하는 해설을
게재하였다.

중국의 이완용은 누구?

그리고 진독수가 직접 쓴 "조선독립운동의 감상"과 "중국의 이
완용・송병준은 과연 누구일까?"라는 두 개의 논문을 실었다.

진독수陳獨秀는 이 논문들에서 한국민족의 3・1운동을 중국의
반일제국주의反日帝國主義, 반매국노투쟁에 연결시키면서 한국민
중이 민의民意를 사용하고 무력武力을 사용하지 않음으로써 세계
혁명사에 신기원을 열었다고 극찬했다. 조선독립운동은 위대하고
성실하고 비장하며 명료하고 정확한 생각을 갖추고 있다고 평가했
다. 이에 비하면 중국국민들은 위축되어 있고, 부진한 상태에 있는
것이 부끄럽다고 개탄하면서 중국국민들의 궐기를 호소하였다.

부사년의 논문, "조선독립운동이 가르쳐주는 새로운 교훈"

이러한 여론과는 달리 중국관헌의 태도는 일본의 눈치를 보느

제4장: 3・1독립만세혁명의 세계사적 맥락

라고 매우 냉담하였지만 학생들은 민감하게 반응하였다. 1919년 1월에 북경대학 학생들(부사년傅斯年, 나가륜羅家倫, 주작인周作人, 주편主編)이 주체가 되어 발간하기 시작한 사상 · 문학혁명의 월간지 『신조新潮』(※ 채원배蔡元培 북경대 총장이 "신조"라는 제목글씨를 썼다. 진독수, 이대조, 호적胡適, 노신魯迅 등이 이 잡지의 주필들이었으니 얼마나 대단한 논객이 모인 잡지임을 알 수 있다), 제1권 제4호(1919년 4월 1일자)는 5 · 4운동의 선두에 서서 당시 학생대표로 활약한 부사년傅斯年, 1896~1950(나중에 런던대학 · 베를린대학에 유학, 북경대학 총장대리를 역임, 강직한 민족기절民族氣節의 학자. 국립대만대학 총장)의 "조선독립운동이 가르쳐주는 새로운 교훈 朝鮮獨立運動中之新教訓"과 진조주陳兆疇의 "조선독립운동에서 느끼는 바를 말함 朝鮮獨立運動感言,"이 두 논문을 실었는데, 이 글들은 중국인민들도 한국민족의 3 · 1운동을 본받아 궐기할 것을 호소하였다.

특히 부사년의 논문은 한국 3 · 1운동의 전체적 의의와 그 핵심을 파악하고 있다는 점에서 특기할 만하다. 그는 3 · 1운동의 특징을 다음 세 가지 혁명으로 요약하였다.

3 · 1운동은 혁명이다! 혁명인 이유

부사년(후우쓰니엔)은 3 · 1운동의 특징을 세 가지 "혁명"으로 요약하였다.

첫째로 "무기를 갖지 않은 혁명革命"이다

둘째로 "불가능한 것을 알고 한 혁명革命"이다.

셋째로 "순수한 학생혁명革命"이다.

  3·1운동은 인류정신사에 있어서 혁명의 신기원을 열었다고 평가하면서 중국국민과 학생들은 한국민족의 3·1운동에서 새 교훈을 얻어 총궐기하여, 일제日帝의 산동반도에 대한 요구를 분쇄하고 그 세력을 중국에서 몰아내자고 호소하였다. 그가 "순수 학생혁명"이라고 규정한 것은 3·1혁명자체의 성격이라기 보다는 5·4운동을 격발시키기 위한 방편이었다. 그러나 그 만큼 조선의 젊은이들의 참여가 세계사적으로 아필되었던 것도 사실이다.

  부사년은 그 당시 5·4운동의 학생리더였다. 그는 후에 중국 최고의 권위를 지니는 인문학학술기관인 중앙연구원 역사언어연구소를 만들었다(1928년 부사년 소장). 그는 근대적인 역사학의 아버지였다. 이러한 위대한 역사가의 혜안으로부터 3·1운동이 "혁명"의 타이틀을 획득한다는 것을 우리가 경이롭게 바라본다는 것 자체가 얼마나 우리가 우리 자신의 역사적 행위에 대하여 몰지각했는가를 일깨워준다.

  ## 혁명은 단순히 엎는 것이 아니다. 새로움의 요소
  보통 "혁명"이라 하면, "혁革"(갈아엎는다)이라는 말 때문에 기존의 정체政體를 전복시키는 행위의 성공여하에 따라 혁명이라는 말을 배당한다. 그러나 러시아혁명이나 프랑스혁명이 과연 일시에

제4장: 3·1독립만세혁명의 세계사적 맥락

기존의 체제를 전복시켰는가에 관해서는 논란의 여지가 많다. 혁명은 어차피 과정(Process)이다. 그보다는 러시아혁명은 지배계급의 변화뿐 아니라 사회주의이론에 의한 새로운 체제를 제시했고, 프랑스혁명 또한 정치권력이 왕족과 귀족에서 부르죠아계급으로 옮겨지는 전복과 함께, 인권에 대한 새로운 개념을 선포했다고 하는 그 새로움의 요소가 혁명을 혁명답게 만드는 핵심이다.

3·1독립만세혁명은 이 땅의 역사에서 최초로 전 민중이 주체가 되어 일어났으며, 일본제국주의의 반인권적 지배를 근원적으로 부정하였으며, 제국주의라는 세계사의 흐름을 근원적으로 바꾸어 놓는 새로운 민족국가독립운동의 활력을 제공하였으며, 폭력에 의존하지 않고 민중의 승리를 확보하는 새로운 역사의 가능성을 열었다는 의미에서 완벽한 혁명의 자격을 누려야만 한다.

일본에는 혁명이 없다

일본의 역사에는 "혁명"이라는 것이 존재하지 않는다. 명命은 혁革될 수 없는 그 무엇이다. 그 명은, 천황의 존재이며, 절대적인 권력에로의 복속을 통해서만 지속되는 것이다. 시봉만 있고 혁파는 있을 수 없다.

조선의 역사는 혁명에서 시작, 혁명으로 끝났다. 지금도 계속중

그러나 조선의 역사는 이성계·이방원이 고려왕조의 판을 엎는 것으로 시작하여, 동학이 하느님이라는 초월자의 부정, 인간이 곧 하느님이라는 "사인여천事人如天"의 지엄한 개벽명령으로 끝난다. 3·1독립만세혁명 이후 전개된 혁명의 역사를 살펴보자! 6·10만세시위투쟁, 광주학생항일의거, 제주4·3민중항쟁, 여순민중항쟁, 4·19학생혁명, 5·18민중항쟁, 87년 6월민주화항쟁, 촛불혁명, 빛의 혁명…… 이 모든 혁명의 역사는 3·1독립만세혁명이 표방한 모든 혁명의 이념이 구현되는 과정이라고 말할 수 있다.

3·1독립만세혁명이 혁명으로 치립하고 있었기에 향후 1세기의 혁명의 역사가 가능했다. 세계사의 많은 부분이 퇴행의 곡선을 그릴 때 우리 대한민국의 역사는 꾸준히 개벽을 향해 전진했다. 진정한 혁명이 있기 때문에 우리는 진정한 혁명가를 논할 수 있게 되는 것이다.

3·1혁명에서 빛의 혁명까지

3·1혁명이 무엇인지, 우리 스스로 그것에 너무도 무지하기 때문에, 당대 중국의 기라성 같은 지성들이 지척에서 우리를 지켜보고 격려하고 기술하고 있었다는 것도 너무도 몰랐기에 나는 좀 많은 지면을 할애했다. 나 도올이 이제 무엇을 말하려는지 독자들은 어렴풋이 감을 잡았을 것이다. 3·1혁명이나 2024~25년 빛의 혁명은 하나의 기개와 절개로 연결되어 있다. 우리 역사에서 일어나는 한 점의 빛줄기도 모두 세계사의 서광인 것이다.

황금의 꽃 같이 굳고 빛나든

옛 맹서盟誓는 차디찬 띠끌이 되야서,

한숨의 미풍微風에 나러갓슴니다.

날카로운 첫 「키쓰」의 추억은

나의 운명의 지침을 돌너노코

뒷거름 쳐서 사러젓슴니다.

나는 향긔로운 님의 말소리에 귀먹고

꽃다운 님의 얼골에 눈멀었슴니다.

날카로운 첫 키스의 추억 = 3·1독립만세혁명

민족의 양심과 독립과 감성을 지킨 해탈의 시성詩聖, 만해(몽양보다 7살 위)는 3·1독립만세혁명이 처했던 시대의 설움을 이와 같이 읊었다. 황금의 꽃같이 굳고 빛나던 옛 맹서는 차디찬 티끌이 되어, 한숨짓는 미풍에 날아가고 말았다고 한 것은 조국의 멸망, 허탈하게 강탈당하고 만 님의 명운命運을 읊은 것이다. 한숨짓는 미풍에 허망하게 사라져버리고 말았다는 것이다. 느닷없이 닥친 경술국치의 비극은 민중에게는 희·비를 논할 틈조차 없는 "닥침"이었다. 그냥 멍하게 당하고 만 것이다.

"날카로운 첫 키쓰의 추억"이라 하는 것은 흥분의 도래를 말하는 것이다. 멍하게, 병탄된 채, 그냥 살고 있었는데, "키쓰"와도 같은 사랑의 소통이 이루어졌다는 것이다. 달콤하기만 한 키쓰가 아니라, 날카로운 키스, 그것도 의식적인 첫 키스, 만해는 3·1독립만세혁명의 거국적 체험을 "날카로운 첫 키쓰"라고 표현했다. 면도날같이 날카로운 첫 키스, 첫사랑의 체험은 당사자들의 운명의 지침을 혁명시킨다. 그리고 그 님은 어디론가 뒷걸음쳐서 사라졌다.

그 뒤로 님생각에 귀먹고 눈멀어 버렸다고 했다.

날카로운 첫 키스의 추억, 이것이야말로 혁명의 시발이요, 근대적 국가의 출발이었다. 이제 조선민중은 첫 키스에 대한 책임을 통감하지 않으면 안된다. 님은 갔습니다! 그러나 나는 님을 보내지 아니하얏습니다. 이제 우리는 그 님을 불러와야 한다.

몽양의 숙부, 여병현

몽양은 15살 되던 해(1900), 숙부 여병현呂炳鉉, 1867~?(증조부 장섭長燮의 형님, 심섭心燮의 친손자. 몽양의 7촌당숙)의 인도로 상경하여 배재학당에 입학했다. 병현은 1896년 일본 케이오오기쥬쿠慶應義塾에 유학하던 중 미국으로 건너가 주미공사 서광범의 소개로 흑인대학인 하워드대학Howard University(※ 하버드대학으로 잘못 기술하는 예가 많다. 하워드대학은 워싱턴DC에 있다. 1867년 3월에 개교) 특별과 학생으로 입학하였다. 2년을 못 채우고 1897년에 귀국하였다. 여병현은 신세계를 폭넓게 흡수했다. 숙부는 여운형에게 신문명, 신지식, 신사고의 끝없는 자양분을 공급하는 저수지였다. 여병현은 당시 배재학당의 영어교사였다.

배재학당과 협성회

여운형은 배재학당에서 서재필이 조직한 협성회協成會에 참가하여 열성적으로 토론의 기술을 습득했다. 이 토론회에서 몽양은 폐쇄적인 조선사회의 모순에 대해 논리적인 자각을 지닐 수 있게 되었다. 이런 어린시절의 체험이 몽양을 조선 최대의 웅변가로 만드는 밑거름이 되었다.

그러나 3년과정의 배재학당을 1년밖에 다니지 않았다. 배재학당은 선교사학교였고, 반드시 일요일 예배참석을 강요했다. 월요일 아침이면 일요예배에 참석여부를 거수로 확인한다. 천성적으로 운동을 좋아하던 여운형은 일요일, 친구들과 함께 남산에 가서 운동을 하며 실컷 뛰어놀다가 예배에 빠졌다. 운형은 월요일 아침 정직하게 손을 들었는데, 손을 든 학생은 운형 일인이었다. 방과 후에 한 시간의 자습이라는 벌을 받아야 했다.

가벼운 벌처럼 느껴지지만, 운형은 정직하게 실토한 사람은 벌을 주고 거짓말을 한 학생은 눈감아준다는 학교의 교육방침이 근본적으로 위선이라고 느꼈다. 몽양은 어려서부터 동학이든, 기독교든, 불교이든, 종교적 위선은 참지를 못했다.

종갓집 여남식

여운형이 배재학당을 다니던 해 가을, 서울에서 여씨 종중宗中의 대동보를 만들게 되어 조부와 부친이 상경해 있었다. 운형은 부친을 따라 묘동에 있는 종갓집 여남식呂南植의 집을 방문하게 되었다. 여남식은 지위가 대감이고 큰 부자였다. 세도가 있을 뿐 아니라, 그의 집을 보소譜所로 사용하고 있었기 때문에 경향각지에서 모여든 여씨들이 그에게 "대감" "대감" 하며 굽실거렸다.

열다섯 살 소년인 여운형이 부친의 뒤를 따라 방안에 들어갔을 때 종중 어른들이 자리를 가득 메우고 있었다. 위엄을 가득 담은 어른들의 호령이 떨어졌다. "운형아! 주인 대감을 뵈어라!" 절을 하라는 분부였다. 이에 운형은 미소를 지으며 말했다. "대감이 나보다 연상이지만, 항렬은 내가 위이니 서로 비긴 걸로 하고, 절은 하지 맙시다."

"운運"자 밑이 "식植"자였다. 운형의 말에 틀림이 없었다. 그의 당당한 배포와 기개를 나타내주는 일화라 하겠다.

운형은 배재학당을 중퇴했다. 그리고 들어간 곳이 민영환閔泳煥, 1861~1905이 세운 흥화학교興化學校였다. 1901년이었다. 흥화학교에서의 여운형은 수재로 이름났다.

18세 되던 1903년 음력 8월, 결혼한 지 4년이 되는 어린 부인(몽양보다 4살 연상, 진주 류씨)이 몽양의 곁을 떠났다. 그녀는 임신 6개월의 몸이었으니 그 안타까움은 이루 말할 수 없었다. 그리고 그해 10월에는 평생을 가장 존경하고 따랐던 조부가 돌아가셨다. 할아버지 여규신은 괴팍한 신념의 사나이였지만 세속적인 욕망이 없는 정의로운 사나이였다. 18세의 몽양으로서는 견디기 어려운 고통이었다. 몽양은 3년간 다니던 흥화학교를 중퇴한다(1903).

화불단행

어렵게 기운을 차렸을 때 실업實業을 강조하는 7촌숙부 여병현의 권유로 통신원通信院부설 우무학당郵務學堂에 입학했다. 체신

제4장 : 3·1독립만세혁명의 세계사적 맥락 | 143

관련 기술자가 되기 위해서였다. 그러나 1905년 러일전쟁이 끝나고 일본의 제국주의침략이 본격화되면서 통신기관 운영권이 일제의 손으로 넘어갔다. 조선에서의 통신 그 자체가 일본의 소유가 되어버린 것이다.

옛말에 "화불단행禍不單行"이라는 말이 있다. 인생의 비운은 홀로 다니지 않는다는 뜻이다. 같은 해(1905) 음력 9월에 믿고 의지하던 존재의 분신, 어머니가 돌아가시었다.

그해 11월 17일, 이토오 히로부미伊藤博文, 1841~1909(일본의 초대·5·7·10대 내각총리대신)에 의하여 제대로 된 합의문서도 없는 을사늑약이 강제되었다. 그 달 30일, 몽양이 다녔던 흥화학교 교장이자 대한제국의 내무대신, 군법교정총재 등을 역임한 문신 민영환閔泳煥이 자결한다. 역사는 위기의 벼랑으로 달리고 있었다. 몽양은 그나마 고액의 월급이 보장되어 있었던 우무학교를 자퇴해버린다.

시련은 여기서 끝나지 않았다. 다음 해(1906) 3월에는 아버지가 유행성 열병에 걸려 자리에 누웠는데 그대로 일어나지 못했다. 말세를 두 눈으로 목격한 아버지는 더이상 살아갈 기력을 갖질 못했다. 50세도 채 되지 않은 1906년 4월 11일에 세상을 떠났다.

운형은 1903년에 아내와 할아버지를, 1905년과 그 이듬해에 걸쳐 엄마와 나라와 충신 스승을, 그리고 아버지까지 차례차례 잃은 것이다. 그러나 이러한 코스모스의 파괴 속에서 그는 절망하는 것이 아니라 두터운 전통의 허울을 벗어던지고 자유로운 인간으로 다시 태어나는 해탈의 길을 개척했다. 아버지의 대상을 치른 후에 그는 결단을 내린다.

노비해방 단행

이 사건에 관해서는 동생 운홍의 기술을 인용하는 것이 좋을 것 같다.

> 무신년 3월(1908)에는 아버님 대상을 마지막으로 치렀는데 그 일을 끝낸 형님은 일대혁신을 일으켰다. 그것은 가족적인 면에서는 크나큰 변환이었고, 사회적인 면에서도 일대혁신이 아닐 수 없는 큰일이었다.
>
> 형님은 우리 집으로는 9대종손이었는데 형님이 아버님의 대상을 치른 얼마 후 집안에 모신 신주神主를 모조리 땅에 묻어 버리고, 집안에 있는 "터주"니, "성주"니, "군웅"이니 하는 것들을 끄집어내어 깨끗이 불사른 것이다. 뿐만 아니라 노복을 한 자리에 모아놓고 그들의 종문서를 불태운 후, "그대들을 다 해방하노라. 지금부터 자유롭게 행동하라. 이제부터는 상전도 없고 종도 없다. 그런 고로 '서방님'이니 '아씨'니 하는 칭호부터 싹 없애라! 오직 인간은 태어날 때부터 평등이니 주종지의主從之義는 어제까지의 풍습이요, 오늘부터는 그런 구각舊殼을 탈피하고 제각기 알맞은 직업을 찾아가라!"고 했다.

제4장: 3·1독립만세혁명의 세계사적 맥락

이 사실이 양평군 일대는 물론이고, 이것이 알려지는 곳곳마다에서 큰 파문과 충격을 일으켰다. 혹은 편지를 통해, 혹은 직접 달려와서 책망도 하고, 심지어는 시비조로 따지기도 했다.

"여운형은 조상도 모르는 패륜아悖倫兒이다. 그자 때문에 양반이 종을 부릴 수 없다."고 비난했다. ……

수운은 득도 후에 여비女婢 두 사람을 해방하여 한 사람은 양녀로 삼고 또 한 사람은 자부子婦로 삼았다. 동학이 조선사회에 끼친 확실한 영향 중의 하나가 인간평등에 관한 매우 심오한 신념이다. 여운형은 동학집안의 분위기에서 자라면서 인간평등에 관한 신념을 획득했을지는 모르나, 몽양의 행동은 동학을 한다 하는 사람들의 일상적 신념보다 훨씬 더 래디칼하다. 그의 조부나 부모도 가정 스트럭쳐의 근원적 파기를 초래하는 그런 결단은 내리지 못했다.

몽양에게 집안노비해방은 사회적 혁명의 실천이었고, 본능적 결단이었다. 몽양은 태어나면서부터 진정한 모던 맨Modern Man이었다. 종가의 종손으로서 아버지 대상 3년 탈상 후에 카이로스를 잡았다는 것도 격조 있는 행동이다. 이제 그 앞에는 거대한 혁명의 대지가 몽양을 기다리고 있었다.

제5장

몽양의 신한청년당이 3·1독립만세혁명을 주도

제5장

몽양의 신한청년당이 3·1독립만세혁명을 주도

몽양과 조동호, 남경 금릉대학에 입학

몽양은 1915년 2월, 남경에 있는 사립대학인 금릉대학金陵大學에 입학했다(※ 보통 입학연도를 1914년이라 말하나, 그가 조동호趙東祜와 함께 한국을 떠난 것이 1914년 12월이다). 몽양은 노비를 해방시킨 후, 다양한 교육활동·사회활동·교회활동을 했다. 동학집안에서 성장한 그였지만 민족교육의 방편으로 그는 기독교를 택했다.

기독교는 개화의 전위였고, 국제적인 조직을 가지고 있어 자금의 유통이 일본침략자들의 손을 거치지 않을 뿐 아니라, 외국선교사들과의 인간적 유대를 통해 국제적 활동을 할 수 있었고, 신앙을 명분으로 내건 민족교육활동이 어느 정도 활성화될 수 있었기 때문이었다. 선교사 중에도 선교를 위하여 일제와 타협하는 꼴통들도 많았지만 많은 선교사들이 조선청년들의 애국활동을 도왔다.

보통 "평양신학교"라 하면 1940년 4월 11일 채필근 목사에 의하여 설립된 신학교를 말하지만(예장 계열), 1901년 5월, 장로교선교연합공의회에 소속된 미국 북장로교 선교사들이 장로교 신학교육을 위하여 평양에 설립한 "평양신학교"를 그 효시로 삼는다.

여운형은 평양 사대문 밖에 있던 평양신학교(교장 사무엘 모페트 Samuel A. Moffett)에 입학하여 직업전도사의 길을 걸었다. 그런데 "105 인사건"이 터지면서(조선총독부가 허위로 테라우치 총독의 암살모의 누명을 씌우고 기독교, 신민회, 지식층, 양심적 부호를 탄압한 사건) 모든 활동이 제약을 받게 된다.

신학지망생이 영문학도가 되다

여운형의 생애에 있어서 외유外遊 15년의 기점을 금릉대학에 입학한 사건으로 잡는다. 여운형은 면학열이 대단한 사람이라 신학에 뜻을 두었던 그 길을 완성하려고 했다. 허나 조선의 신학대학은 신학 그 자체를 제대로 가르치는 곳이 아니었다. 그래서 신학을 공

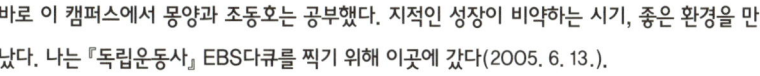

바로 이 캠퍼스에서 몽양과 조동호는 공부했다. 지적인 성장이 비약하는 시기, 좋은 환경을 만났다. 나는 『독립운동사』 EBS다큐를 찍기 위해 이곳에 갔다(2005. 6. 13.).

150 | 새 시대의 새 지도자 몽양 여운형

부하기 위해 금릉대학을 선택했다. "금릉"이란 "남경"의 옛 명칭이며 남경 외에 금릉이 따로 있는 것이 아니다. 금릉대학은 미국의 감리교회 등 몇몇 기독교단체가 연합하여 1888년에 남경에 세운 대학인데 1952년에 더이상 독자적인 운영이 불가능하여 남경대학으로 흡수되었다. 금릉대학 구지舊址만 남경대학의 일부로 남아있다.

유정 조동호는 몽양의 도반, 한겨레신문의 정신적 뿌리

그런데 몽양이 남경에 갔을 때, 금릉대학은 있었지만 남경 그곳은 순수학문을 가르치는 곳이었고 신학대학이 없었다. 그래서 조동호 보고는 중문과(꾸어원시國文系)를 들어가라 하고, 자기는 영어과를 들어간다. 조동호는 몽양보다 6살 아래인데, 몽양의 가장 순

지금은 금릉대학은 사라졌고(1952년에 남경대학에 흡수됨), 그 역사를 말해주는 금릉대학당 구지舊址의 흔적만 남아있다. 여운형은 말한다: "이 때가 내가 열살 아래의 젊은 학생들과 영어 · 중국어를 마음대로 지껄이며 뛰놀던 가장 유쾌한 청춘의 시절이었다."

제5장: 몽양의 신한청년당이 3 · 1독립만세혁명을 주도 | 151

결하고 충직한 도반道伴이었고 친구였다. 조동호는 몽양의 위대함을 들어 알고 무작정 동대문에 거居하고 있던 몽양을 찾아갔다. 이 둘은 눈이 마주치는 순간, 평생지기가 될 인물이라는 것을 서로 알아차린다.

성실하고 자기를 내보이지 않은 유정榴亭 조동호는 몽양의 그림자처럼 행로를 같이하며 몽양을 도왔다. 기실 현금의 한겨레신문의 정신적 뿌리를 더듬으면 반드시 유정을 만난다. 유정은 옥천 사람이고, 송건호宋建鎬, 1927~2001(한겨레신문 초대사장) 역시 옥천 사람으로 어려서부터 대한민국 임시정부 기관지『독립신문』을 창간한 유정을 삶의 모델로 생각하고 컸다.

몽양이 금릉대학에서 영문학을 공부했다는 것은 몽양의 축복이요, 조선민족의 축복이다. 몽양이 기독교신학의 테두리에 갇혔더라면, 그렇게 위대한 인물을 우리역사는 얻지 못했을 것이다. 몽양은 금릉대학 영문과에 3년밖에 있지 않았다. 1년을 더 머물렀으면 졸업장을 받았겠지만 중국에서의 몽양은 진실로 바빴다. 3년에 배울 것을 다 배우고, 영어로 자기표현을 자유롭게 할 수 있을 때 그는 할 일이 너무 많았다.

남경에서 상해로! 역사에서 현세로!
주원장의 도시 남경은 너무 고요했다. 몽양은 상해로 가야만 했다. 상해야말로 지금의 맨해튼보다도 더 번화하고 화려했던, 세계

정치의 모든 정보가 모여드는 센터 중의 센터였다. 몽양의 관심은 워즈워쓰William Wordsworth의 낭만파 싯구절이 아니라 오직 조국의 독립이었다. 1917년 7월, 몽양은 남경을 떠나 상해로 간다.

협화서국 죠지 피치

몽양은 우선 상해의 協和書局協和書局(Mission Book Company)에 취직하여 생활비를 벌었다. 협화서국이라는 곳은 선교에 도움을 주는 기독교서를 중역하여 파는 일종의 출판선교기관이다. 존 번얀John Bunyan이 쓴 『천로역정天路歷程』(*The Pilgrim's Progress*) 같은 책이 나왔다.

협화서국은 북경로 1번지에 있었는데 사장이 미국인 목사 죠지 피치George Ashmore Fitch, 1883~1979(후에 남경안전지대 국제관리위원회 회장으로서 활약했으며, 1937년의 남경대학살자료를 밀반출하여 국제사회에 고발한 양심적인 인물. 몽양의 명분 있는 일들을 많이 도와주었다. 중국어를 모국어처럼 했다)였다.

몽양은 협화서국에서 일하는 동시에 상해거주 교민단장이 되었으며 한국청년들의 구미유학과 도항알선에 힘썼다. 이때 그의 주선으로 구미와 중국 각 학교에 입학시킨 학생이 3백여 명이나 된다.

예관 신규식, 한국독립운동사의 갇파더

우리가 상해를 얘기하게 되면 빼놓고 넘어갈 수 없는 사람이 있다. 한국인들은 상해 하면 "상해임시정부"를 자동적으로 떠올리지만, 대한민국 임시정부가 상해로 오게 되는 동기, 그 저변의 연

제5장: 몽양의 신한청년당이 3·1독립만세혁명을 주도 | 153

기구조에는, 그 구조를 장악하고 있는, 우리로서는 너무도 고마운
한 캐릭터가 있다. 그런데도 우리가 그에 대하여 너무도 모른다.
그러한 양심적이고 헌신적인 고매한 인격이 상해라는 정치판도에
중추적 거물로서 자리잡고 있었던 것이다.

그 이름은 예관晲觀 신규식申圭植, 1879~1922이었다. 그는 뼈대
있는 고령 신씨의 집안에서 태어나 구한말 무관武官으로서 정삼품
에까지 오른 사람인데(단재 신채호와 같은 집안의 사람인데 단재가 그의
조카이다) 한학에 능하였다.

당시 개화에 비젼이 있는 관원들은 모두 외국어학습학원에 다녔
는데 타인들은 모두 영어·불어 등 서양언어를 배울 때 신규식은
관립한어학교官立漢語學校(서울 견지동에 있었다)에 입학하여 중국어
(Spoken Chinese)를 능통하게 익혔다. 한말에 중국어에 능통한 한학
자는 오히려 희소했다.

1905년 을사늑약이라는 국치를 당하게 되자 무인의 기개가 강
해 음독자결을 했는데, 때마침 곁에 있었던 대종교의 창시자 나철
羅喆, 1863~1916에 의하여 목숨을 건진다. 그러나 오른쪽 시신경이
마비되어 사팔뜨기가 되었기 때문에 그는 그의 호를 예관晲觀(흘겨
본다는 뜻)이라 하였다. 항상 짙은 색안경을 쓰고 카이제르 수염을
기르고 짙은 양복을 입고 지팡이를 짚고 다녔는데 독특한 멋과 품
격이 풍겼다.

돈과 이상과 도덕성을 구비한 희대의 거물

1907년 대한제국의 군대를 일본이 강제해산 시키자, 그는 군복을 벗고 금융과 도자기회사를 차려 큰돈을 벌었다고 했는데, 내가 그 집안사람들과 이야기를 나누어본 느낌으로는, 그가 이전부터 광산에 투자를 했는데 그것이 대박이 났다고 했다.

예관 선생의 삶의 특징은 지극히 현실적인 감각과 도덕적 선견지명에 있었는데, 현실을 창조해나가는 재력이 뒷받침해주었다는 사실이 놀라운 것이다. 이상이 있었고 돈이 있었던 사람이 희소한 시대에 예관은 양면을 갖추었다. 우당 이회영과는 관심의 방향이 달랐다.

우선 모든 사람이 북간도, 서간도, 만주지역으로 가서 독립군을 양성한다든가 독립기지를 만든다고 할 때에 신규식은 곧바로 "상해"로 갔고, 상해에서 곧바로 중국혁명의 지사들을 사귀었고, 곧바로 혁명에 참가하였다. 또 곧바로 그들에게 막대한 혁명자금을 제공했고, 곧바로 그들의 존경을 얻었다. 이것은 남들이 미처 생각하지 못한 거물다운 행보였다.

신규식의 교제범위: 미래 대한민국 임시정부의 기반

신규식은 중국의 미래가 곧 조선의 미래라고 생각했고, 중국의 공화혁명이 성공하는 것이야말로 조선에서 일본을 몰아내는 첩경이라고 생각했다. 신규식은 상해로 가자마자 중국동맹회中國同盟會(손문이 영도하는 혁명정당)에 가입하고, 신해혁명 관련자들에게 많은 기금을 희사한다. 신규식은 손문과도 깊은 친교를 맺는다. 송교

제5장: 몽양의 신한청년당이 3·1독립만세혁명을 주도 ┃ 155

인宋教仁, 1882~1913, 진기미陳其美, 1876~1916 등과 깊은 우정을 맺고 무창武昌봉기에 무인으로서 몸소 참여하여 신해혁명의 주류에 가담한 최초의, 유일무이한 한국인이 되었다. 1911년 11월 상해 점령, 1913년 7월의 제2차혁명에도 가담했다.

진기미 · 진독수와 이웃하며

신규식은 상해 프랑스조계에 살았고, 바로 진기미가 사는 집 바로 그 옆집이었다. 그리고 그의 2층방에서 문을 열면 공산당 이론가였던 진독수가 얼굴을 내민다. 그들은 동갑내기였으며 창문으로 이야기를 나누는 것을 즐겼다. 그때 진독수는 나중에『신청년』으로 개제改題한 중국청년들의 우상이 된 잡지,『청년잡지』를 발간하고 있었는데 신규식은 그 잡지의 발간을 재정적으로 후원했으며 교정도 보았다. 그 잡지를 통해 중국의 젊은 사상가들의 아방가르드적인 사유를 심도 있게 수용하였다.

신규식의 비밀결사 조직활동

나는 신규식의 활동범위를 뒤쫓아 가다 보면, 과연 20세기 초기의 한 인간이 어떻게 그렇게 광범하고 효율적인 인맥을 구축하면서 중국대륙에 막강한 영향을 행사할 수 있었는가를 생각하면 오늘의 나 자신의 모습이 부끄럽게 여겨지기만 한다.

아까 몽양이 구미나 중국의 학교로 입학시킨 학생이 3백여 명이 된다고 했는데, 이런 모든 액티비티의 배경에는 신규식이 주관하는 동제사同濟社(한국독립운동가들의 비밀결사), 신아동제사新亞同濟社

(중국인들과 조직한 비밀결사), 박달학원博達學院(한국인들에게 독립정신을 고취하는 교육기관)과 같은 결사조직이 있었다. 몽양이 상해를 갔을 때 몽양이 제일 먼저 찾은 사람이 신규식이고, 신규식은 몽양의 사람됨을 파악하고 친자식을 돌보는 것처럼 그를 지원하고 후원했다. 몽양이 중국의 큰 인물들을 쉽게 접촉할 수 있었던 배경에도 신규식이 있었다.

역사는 연기緣起다. 착종의 인과관계가 동원되지 않고서는 큰일은 이루어지지 않는다. 몽양은 그릇이 컸고, 그 그릇을 키워줄 만한 큰 그릇이 이미 상해에는 있었던 것이다.

위대한 사람을 위대하게 대접해야 위대한 역사가 생겨난다

역사를 기술하는 데 있어서, 역사적 개인에 관한 평론, 즉 공功과 과過를 이야기할 때에 보통 과過에 대해서는 비교적 단순명료한 평評을 내리지만 공功에 대해서는 매우 애매하고 복잡한, 그리고 뜨뜻미지근한 관념사觀念辭들로 말을 흐리는 경우가 많다. 쉽게 얘기해서 "이완용은 나쁜 놈이다"라는 명제만큼 "여운형은 좋은 놈이다"라는 선명한 이미지가 여운형이라는 고유명사를 둘러싸고 있지 않은 것이다.

그것은 아주 쉽게 말해서, "윤석열은 나쁜 놈이다"라는 보편명제에 대하여 그만큼 선명하게 "이재명은 좋은 놈이다"라는 말을 하기를 꺼려하는 것과도 같다. 물론 이재명의 경우는 현재진행형이기 때문에 포폄의 가치평어를 삼가자는 선의도 고려될 수 있겠지만, 기실 현재 몇 달간의 성과만을 보아도 인류사에 족적을 남길

제5장: 몽양의 신한청년당이 3·1독립만세혁명을 주도 | 157

만큼 "좋은" 사업을 남기고 있다는 것을 확언할 수 있다. 그런데도 사람들은 두고보자는 식으로 말을 삼간다.

3·1독립만세혁명의 진원이자 주도자는 몽양이다!

그러나 여운형의 경우, 그의 삶의 족적이 이미 명쾌하게 드러나 있다. 그에 관한 대부분의 논설은 오보이거나 왜곡이 많다. 좌도 아니고 우도 아니라고 하면, 깨끗한 백지와도 같은 개방된 심성의 인간이라 말하면 곧 빨갛게 색칠되어 버리고 만다.

유신론자도 아니요, 무신론자도 아니라고 말하면, 그가 심오한 신앙을 가진 사람이라고 존경하기에 앞서 곧바로 빨갱이 무신론자 새끼라고 못박아 버린다. 인간의 개념적 장난에 우롱당하지 아니한, 오직 조선민족이 독립해서 한마음으로 자유롭게 사는 것만을 희구한 몽양은 대체적으로 좌로 평가되게 마련이다.

신한청년당은 한국 최초의 근대정당, 몽양이 창당

나 도올이 여기까지 몽양을 소개해온 이유는, 3·1운동이 단순히 로컬한 사회운동이 아니라 20세기 초 제국주의시대에 있어서 인류사에 새로운 비전을 던진 세계사의 전기를 마련한 근원적인 혁명거사였다는 것, 그리고 그 혁명거사가 상해에서 활동하던 청년단체에 의하여 시발되고 주도되었다는 것, 그 청년단체가 바로 "신한청년당"이었다는 것, 그리고 "신한청년당"은 실제로 여운형이 신규식의 도움을 받아가며 설립하고 이끌었다는 것, "신한청년당" 이야말로 한국 최초의 근대정당이라는 것을 말하려고 한 것이다.

결국 상기의 논리를 따라가면 우리민족사의 가장 혁혁한 혁명이라 할 수 있는 3·1독립만세혁명의 주도세력이 여운형이라는 탁월한 개인이라는 이 명백한 사실을 명백하게 드러낼 수밖에 없다.

3·1독립혁명의 논리적 필연, 대한민국 임시정부의 수립

3·1독립만세혁명 거사를 계기로 조선이 주권을 가진 "독립국"임과 조선인이 자주민自主民임을 세계만방에 선언하였고, 선언하였기에 독립국가로서의 "정부"를 수립하지 않을 수 없었고, 그래서 세계각지에서 정부수립의 구상이 있었지만 당대 3·1독립만세혁명의 진원지인 상해에 임시정부를 세우게 된 것이다. 대한민국 임시정부를 세운 근거지가 상해 프랑스조계에 있던 "독립임시사무소"였고, 이 사무소를 설치하고 유지한 조직이 바로 여운형을 중심으로 하는 신한청년당이었다.

여운형은 이 사무소를 신규식의 도움으로 마련한 것이다. 신규식이 내실 있게 쌓아온 밑받침이 없었더라면 임시정부가 상해에 들어서는 것은 근원적으로 불가능했다. 왜놈들이 함부로 건드릴 수 없는 권위를 신규식은 중국친구들을 통해 확보하고 있었던 것이다.

이렇게 보면 3·1독립만세혁명의 거사를 매스터마인드to mastermind한 진정한 혁명가는 여운형이다. 이 사실을 명백하게 인지시키기 위하여 나 도올은 이 글을 쓰고 있는 것이다. 이것은 허언이나 과언이 아닌 사실이다.

제5장: 몽양의 신한청년당이 3·1독립만세혁명을 주도 | 159

거대한 역사적 사건에 대하여 그 사건을 어느 개인의 공으로 귀속시키는 것을 "영웅사관Hero-centered view of history"이라 하여 사학계에서는 배척하여 왔다. 그러나 영웅 없는 역사는 너무 차갑다. 새로운 역사를 만들어가는 열정이 부족해진다. 역사는 영웅의 비전과 민중의 변증법적 지향성이 합하여져 불똥이 튈 때 새로운 전기를 맞이하는 것이다.

여운형은 제1차 세계대전이 종료되어 가는 시점에서 세계사의 변곡점을 감지하고 있었다. 그래서 여운형은 정당을 하나 만들기로 결심하게 된다. 앞으로 벌어질 세계사의 장에서 조선을 대표하여 활동을 하려면 명실상부한 타이틀이 필요했던 것이다.

신한청년당의 창당: 6명의 발기

신한청년당은 1918년 8월 20일경, 중국 상해 프랑스조계 빠이얼루白爾路 25호에서 단 6명의 발기로 창당되었다(발기인: 여운형, 장덕수張德秀, 김철金澈, 선우혁鮮于爀, 한진교韓鎭敎, 조동호趙東祜). 이 창당날짜에 관해서도 제설이 분분하나(동생 여운홍 지음 여운형전기에 크레인을 만난 후에 급조한 것으로 기술했는데 근농은 전체 사태를 정확히 파악하지 못했다), 내가 보기에는 신용하慎鏞廈 교수(서울대 사회학과)의 관련논문, "신한청년당의 독립운동"(『한국학보韓國學報』44집)의 견해가 가장 정확하게 이 시국의 정황을 전해주고 있다(※ 한진교는 연세대 신학자 한태동의 부친. 상해에서 해송양행을 설립, 독립운동자금에 보태었다. 한태동은 몽양이 만든 인성학교[교민학교]를 다녔는데 그 학교의 교장이 한글학자 김두봉이었다. 한태동의 훈민정음을 비롯한 다양한 관심을 얘기해 준다).

당강黨綱

1. 대한독립을 기한다.

1. 사회개혁을 실행한다.

1. 세계대동을 촉성한다.

당헌黨憲

제1조 본 당의 명칭을 신한청년당으로 정한다.

제2조 본 당은 인류의 문화를 발전시켜 평등, 자유, 순결 및 박애의 진리를
　　　대지大地에 실현하고, 인생의 천직天職을 완수하는 것을 종지宗旨로
　　　한다.

제3조 본 당은 덕행돈독德行敦篤을 구비하여 전조前條의 이념에 부응하는
　　　20세 이상 40세 이하의 남녀로 조직한다.

제4조 본 당에 좌기左記한 직원을 두고, 이사 10명, 서기 약간 명, 사무원 약
　　　간 명을 임명하며, 이사는 총회에서 선거한다. 이사회는 이사장 1명을
　　　호선하여 이사회를 대표한다. 서기 및 사무원은 이사가 임용한다.

제5조 이사장은 본 당을 대표한다. ……

해산 이유

　신한청년당은 50명 이내의 소규모를 넘지 못하였으며, 1922년
12월 중순에 자진 해산함으로써 그 존속기간도 4년 4개월에 불과
하였다(※ 상해에 임시정부가 수립됨으로써, 목적과 취지가 일치하는 두 개의
조직이 동일한 지역에 존재한다는 것은 불편과 암투를 낳을 수 있다. 그리고 신

한청년당의 대표로서 김규식이 파리평화회의에 파견되었었고, 뒤이어 김규식이 대한민국 임시정부의 요직을 맡게 된 관계상, 대외적으로 신한청년당이 한국민족을 대표하는 단체로 오해될 수 있다. 이러한 이유로 자진 해산하였으니 오로지 독립사업에만 전념하는 매우 양심적이고 도덕적인 조직이었음을 알 수 있다).

신규식이 조직한 신아동제사

신규식은 중국의 저명인사들과 함께 조선의 독립을 돕는 비밀결사인 신아동제사新亞同濟社(중국·한국이 같이 구원의 길을 간다는 뜻)를 만들어 한국과 중국의 혁명운동가를 연결시키고 양 국민간의 우의를 증진시켜 상호협조 속에서 혁명운동을 전개하였다. 이 결사에 기꺼이 가담한 인물들을 살펴보면, 송교인, 진기미, 호한민, 요중개, 추로鄒魯, 대계도, 진과부陳果夫, 서겸, 장부천, 오철성吳鐵城, 은여려, 장계란, 호림, 백문위, 여천민, 당노원, 당소의, 황개민, 양춘시, 장정강 등이니 얼마나 중국근대사를 떠받친 거목들이 참여했나 하는 것을 알 수 있다.

한인들의 결사조직, 동제사

또 신규식이 한국인을 위하여 따로 만든 동제사同濟社라는 비밀결사가 있었는데, 300여 명의 회원을 지닐 정도로 상당한 조직력을 지닌 결사였음을 알 수 있다(간부 상호간에는 암호를 썼다 한다). 신규식이 이사장직을 맡고 총재는 박은식이 담당하였다.

동제사 중견간부로 활약한 사람들을 살펴보면 홍명희, 문일평, 박찬익, 조성환, 농죽農竹, 김용호, 신철, 신무申武, 민제호, 김갑, 정

상해 프랑스조계에 한국의 독립운동 거점을 최초로 만든 거물 신규식! 한시에 능했고 중국말을 중국인처럼 했다. 대한민국 임시정부를 손문 대총통大總統의 광동호법정부廣東護法政府와 정식 국교(1921년 11월 18일)를 맺게 한 것도 신규식이다. 호혜조약에 보면 광동호법정부로부터 500만 원을 빌려 한국독립군을 양성한다고 되어 있다. 신규식의 지원이 없이는 몽양의 활동도 불가능했다. 신규식은 미국에서 건너온 이승만으로 인하여 임시정부가 분열되는 꼴을 보고 낙망하여 곡기를 끊고 세상을 뜬다(1922. 9. 25.). 향년, 아까운 나이 42세.

제5장: 몽양의 신한청년당이 3·1독립만세혁명을 주도 | 163

환범鄭桓範, 김용준, 민충식, 해위 윤보선, 이찬영, 김영무, 이광, 신우창, 한진산, 김정金鼎, 김덕, 변영만(시인 수주 변영로의 큰형), 민필호(나중에 신규식의 사위가 되었다. 민필호의 사위가 고려대학교의 총장을 지낸 김준엽이다), 김규식, 신석우, 여운형, 선우혁, 서병호, 장건상, 정원택 등이었다.

여운형은 신규식의 지도와 비호하에서 컸고, 동제사의 하부조직으로 보다 기민하게 움직일 수 있는 신한청년당을 만든 것이다. 이 신한청년당이야말로 3·1독립만세혁명의 요람이요, 상해 대한민국임시정부가 만들어지는 세계사적 사명을 다하고 산화한 것이다.

우드로 윌슨의 특사, 찰스 리처드 크레인

1918년 11월 11일 독일과 연합국 사이에 휴전협정이 체결되면서 제1차 세계대전이 종료된다. 제1차 세계대전 기간 동안 연합국의 비전을 설계한 미국대통령 우드로 윌슨Woodrow Wilson, 1856~1924(1913~21 대통령재임. 민주당)은 즉각 대통령특사 크레인 Charles Richard Crane, 1858~1939을 중국에 파견하여 파리강화회의에 대한 미국의 입장을 설명하고, 연합국의 일원으로 참전한 중국도 대표단을 파리강화회의에 파견할 것을 종용하였다.

1차대전이 끝났을 때, 상해도시는 폭죽을 터뜨리며 종소리가 울리고 축하행렬이 이틀간이나 계속되었다고 한다. 우리 독립투사들도 이 행렬에 참가했다. 여운형은 장덕수 등 여러 동지들과 함께 전후의 한국문제에 관하여 상의를 하던 중에 윌슨의 특사 크레인이 상해로 온다는 보도를 접하게 된다.

크레인이 상해에 도착한 뒤, 상해외교단上海外交團과 범태평양회汎太平洋會의 합동주최로 상해 영파로寧波路에 있는 칼튼 카페 Calton Café에서 크레인환영회가 개최되었는데, 이 자리에 1천여 명의 많은 관계인사들이 참여하여 성황을 이루었다. 바로 이 자리에 범태평양회의 회원인 피치 목사의 아들(費吾生)의 중개 덕분에 여운형은 신한청년당의 대표의 자격으로 참석하여 크레인의 연설을 듣는다. 회비는 1원이었다.

여운형은 이날 좀 늦게 회의장에 도착했다. 크레인은 윌슨의 뜻을 전하면서 강화회의에 참가하는 중국정부의 입장을 지원할 임무가 자기에게 있다고 말했다. 파리강화회의에서는 윌슨이 제창한 14개조 원칙을 기본으로 해서 세계의 모든 문제가 토의될 텐데, 특히 민족자결원칙self-determination에 의해 세계의 모든 약소민족이 해방된다는 이야기를 힘주어 말했다.

여운형은 크레인의 연설에서 "약소민족의 해방"이라는 주제를 파악해내고 조선인민의 독립의지와 자치능력을 만방에 과시하고 크레인을 통하여 윌슨에게 조선인민의 갈망을 전달할 수 있겠다는 희망을 발견하였다.

이 환영집회가 언제 열렸는지에 관한 정확한 정보가 없다. 일본의 한일관계사의 우수한 학자인 나가타 아키후미長田彰文, 1958~(상지上智대학 교수)는 미국측 자료를 검토하여 11월 28일이라고 추정했다. 크레인이 북경을 거쳐 상해에 도착한 날이 11월 26일이고, 칼튼호텔에서 연설한 것이 11월 28일 아침이라는 것이다.

중국체육인 왕정연과의 우정의 도움을 입다

연회가 해산된 후, 곧바로 여운형은 체육활동을 통해 사귄 친구 왕정연王正延, 1882~1961(절강성 봉화인奉化人. 중국 근현대 정치가, 사회활동가, 중국근대체육의 아버지. 예일대학 박사. 중국YMCA총간사. 중국적십자회 회장. 중국 초대 IOC위원)을 찾아내었다. 그는 아주 친하게 사귀고 있던 왕정연에게 우리민족의 사활이 걸린 중대한 문제라 말하고, 오늘 중으로 크레인을 꼭 만나게 해달라고 간청했다. 왕정연은 이전부터 크레인과 친분이 있었고, 때마침 그는 중국외교부 차장이라는 요직에 있었다. 그리고 왕정연은 파리강화회의에 참석할 중국대표단의 한 사람이었다. 왕정연은 여운형의 간청을 상쾌하게 받아들였다.

그날 밤으로 면담성사

그리고 그날 밤으로 크레인과의 면담을 성사시켰다. 그날 밤 늦게, 여운형은 크레인의 숙소를 두드릴 수 있었다.

"나는 조선인이다. 우리 조선은 일인들의 강압과 악랄한 간계하에 병탄倂呑을 당하고 말았다. 국민들은 결사코 이를 반대하여 유혈의 사투를 계속하고 있는데 일인들의 억압은 날로 심해만 가고 있다. 우리는 세계대전이 종료되는 이 세계사의 전기轉機에 일제의 압박과 지배에서 해방되어야 하겠다. 그러기 위해서는 강화회의에 우리도 대표를 파견하여 민족의 참상과 일본의 야만적 침략성을 폭로해야 하겠는데 구체적인 방안이 서지 않는다. 당신의 원조를 요청하는 바이다."

크레인이라는 휴머니스트

여운형은 금릉대학 영문과 출신이기 때문에 영어를 유창하게 했다. 여운형의 자기소개 겸 호소는 크레인의 가슴을 움직이는 그 무엇이 있었다. 윌슨의 특사로 온 크레인은 매우 특이한 인물이었다. 중동과 동유럽에서 장사를 했던 큰 비지니스맨이었으며, 고미술의 전문가였고, 여행가였으며, 박애주의적 성향을 지닌 휴머니스트였다. 윌슨의 대통령선거 자금을 가장 많이 낸 개인으로서 정평이 있었으며 중동문제 전문가로서 피압박민족의 문제에 관하여 매우 리버럴한 비전을 가지고 있었다.

러시아혁명을 지원했으며, 이스라엘의 탄생을 원하지 않았다. 중동에 있어서의 유대인국가는 오직 무력으로서만 유지될 수 있기 때문에 결국 이스라엘은 세계평화를 해치게 될 것이라고 전망했다. 그는 아랍국가들의 독립을 열정적으로 대변했다. 크레인은 파리강화회의 미국 섹션의 한 멤버였고 훗날 주중미국대사를 지냈다(1920. 3. 22.~1921. 7. 2.).

제5장: 몽양의 신한청년당이 3·1독립만세혁명을 주도 | 167

크레인과 여운형의 만남: 조선역사의 분수령

크레인은 반유대주의적 인물로 비쳐지기 때문에 미국역사에서 그의 평가는 높지 않다. 그러나 크레인은 세기가 전환하는 시대의 로맨티시스트로서의 풍모를 지니는 큰 인물이었다. 하여튼 크레인과 여운형의 만남은 조선역사의 한 분수령이었다.

크레인은 여운형의 호소를 듣고, 여운형이 예기豫期하는 방식의 조선독립은 막막하기 그지없는 판타지에 불과하다며 미국은 한국문제를 언급하지 않을 것이라는 그 정확한 외교의 실상을 먼저 강력하게 이야기했다. 그러나 크레인은 여운형이 호소하는 조선민중의 소리를 못들을 그런 사람은 아니었다.

> "파리강화회의(Paris Peace Conference)라는 것은 종전終戰 이후에 승전국인 영국, 프랑스, 미국, 이태리의 새로운 지정학적 판세짜기에 관한 것이고, 일본은 역시 승전국에 속해 있기 때문에 조선문제를 거론할 이유가 없습니다. 미국이 조선문제에 관하여 파리강화회의에서 어떤 입장을 표명한다는 것은 기대하기 어려운 문제입니다. 그러나 파리강화회의에 대표단을 파견하는 것을 포기할 필요는 없습니다. 대표단을 파견해놓고, 동시에 조선민중이 국제사회에서 주목을 받을 만한 대대적인 독립시위를 한다면 대표단의 발언권이 생길 수도 있습니다."

순간 여운형의 의식에선 새로운 신천지가 열리는 듯했다.

여기 이 "신천지"라는 것은 무슨 뜻일까? 우리는 어려서부터 지금까지 "3·1만세운동"이라 하면 "윌슨 미국대통령의 민족자결주의의 선언에 고무된 민중과 민중의 의사를 대변하는 33인 민족대표가 서명하여 거국적인 만세를 부른 사건"이라는 식으로 그냥 교과서적으로 외우고 넘어가고 만다.

조선민중과 윌슨의 민족자결주의는 아무런 직접적 관계가 없다

그런데 과연 우리 조선 민중이 저 먼 나라 미국 윌슨 대통령의 민족자결주의를 듣고 깨닫고 분기할 수 있었겠는가? 우리 민중에게 "자결自決"을 전하는 매체, 매스컴이 있었을까? 그저 멍하게 두드려맞은 듯이 사라지고 만 조선왕조의 환영, 푸른 산빛을 깨치고 단풍나무숲을 향하야 난 작은 길을 걸어서 차마 떨치고 가버린 조국의 꿈이 이제 가물가물해지는 시점, 병탄이 된 것인지 아닌지, 국권이 살아있는지 아닌지도 모르는 민중이 멍하게 산 지도 열 해가 되는 시점에 갑자기 코 큰 미국대통령의 민족자결이라는 말 한마디로 전 국민이 죽음을 각오하고 분기하여 일제히 "독립만세"를 불렀다구? 그게 도대체 말이 되는가?

역사의 진실은 교과서의 종합적인 기술에 있는 것이 아니라 상하이 칼튼호텔에서 가슴을 졸이다가 구원의 빛을 만난 듯이, 새 세상을 바라보듯이 가슴을 열어 제치는 33세의 청년 몽양의 현해懸解(깊은 깨달음)에 있는 것이 아닐까? 그 만남의 순간이야말로 날카로운 첫 키스가 아닐까? 3·1독립만세혁명이란 바로 이러한 인간의 깨우침, 그 한 사람의 절규와 환희에 있었던 것이다.

사가들이 혁명의 전반부를 빼먹는다

우리역사기술의 비극은 혁명의 전반부를 빼먹고 후반부만 가지고 스토리를 구성했다는 데 있다. 후반부를 가능케 한 전반부의 주인공을 죽여버리고 역사의 장에서 말소시켜 버린 채, 드라마를 꾸미니 맥아리 없는 무생명적 사건의 병풍이 되고 만다. 우리는 여기서 이데올로기 중심의 역사기술의 폐해를 다시금 절감한다. 역사는 영원히 살아있는 인간의 삶(Life)일 뿐이다.

크레인의 레코멘데이션: 조선 민중을 봉기시켜라!

윌슨의 특사 크레인과 신한청년당의 당대표 여운형의 만남, 그 삶의 만남이야말로 세계사의 장場을 바꾸게 만든 혁명의 출발이었다. 순간 몽양은 자신의 역량을 발휘할 수 있는 세계사적 무대에 대한 연출비젼이 번뜩이게 된다.

크레인은 자기도 파리강화회의에 앉아있을 테니깐 한국을 도울 수 있는 대로 돕겠다고 약속했다. 그리고 우선 독립공소장(=독립청원서)을 작성해서 주면 그것을 윌슨 대통령에게 전달하겠다고 약속했다. 그리고 그는 이 모든 것이 **자기 개인의 사적 견해이며, 미국의 공식적 입장이 아니라는 것**을 확실히 했다.

몽양은 생각했다: "오직 민중의 힘만이 이 기회를 혁명으로 만드느냐, 좌절로 끝내느냐, 그 갈림매를 결정지울 것이다." 크레인은 요즈음 반공편견과 인종편견으로 가득찬 저질의 외교관과는

새 시대의 새 지도자 몽양 여운형

차원이 다른 인간이었다.

김규식을 불러 와라!

몽양은 그날 밤으로 장덕수를 만나 거사의 대강을 짰고 그 다음 날 몽양 자신의 숙소에서 신한청년당 회의를 소집하고 파리강화회의에서 한국대표로서 활약할 수 있는 인물은 당시 천진天津에 거주하고 있던 김규식金奎植, 1881~1950밖에는 없다는 데 의견을 모았다.

김규식은 뼈대 있는 청풍 김씨 사족의 후손인데 일찍이 고아가 되어 언더우드의 양자로 자라났다. 미국 버지니아 살렘Salem에 있는 로아노크대학(Roanoke College)에서 학부를 마치고 프린스턴대학교(Princeton University: 신학대학이 아님) 영문학과에서 석사학위를 받고(1904) 귀국하여 언더우드의 다양한 종교·교육활동을 도왔다. 일제의 기독교탄압이 심해지자 그는 중국으로 망명하여 대륙과 몽골을 누비며 다양한 무장투쟁과 상업활동을 펼쳤다.

김규식의 영어실력

김규식은 당대 세계 어느 누구에게도 뒤지지 않는 이디어매틱idiomatic한 영어를 구사했다. 네이티브영어인 동시에 한학의 소양이 깊은 오묘한 어학재능을 지니고 있었다. 내가 헨더슨에게 직접 들은 이야기인데 김규식의 영어는 "오금이 저리도록 아름다운 영어"였다고 했다. 헨더슨도 보스톤의 귀족으로서 영어를 꽤 가리는

제5장: 몽양의 신한청년당이 3·1독립만세혁명을 주도

사람이었다. 하지 중장도 참석하고 미군정의 헤비급 인사들이 다 참석하는 강연장에도 김규식이 연사로 들어오면 다 차려자세를 하고 경의를 표했다고 한다. 오-썸한 그 무엇이 있었던 것이다.

여운형은 프랑스조계에 있었던 장덕수 숙소에서 두문불출, 독립청원서 2통을 작성한다. 1통은 파리강화회의에 제출하는 것이고, 1통은 윌슨 대통령에게 보내는 것이다. 내용이 비슷하지만 맥락을 달리하고 있다. 원문은 장덕수, 조동호, 신석우와 토론을 거쳐 일단 한문 고투의 한국어로 작성되었고, 그것을 영어에 능통한 몽양 자신이 영역하였다. 그 영역한 문장을 다시 협화서국(Mission Book Company)의 사장이었던 미국인 목사 죠지 피치에게 교정을 받아 타자를 쳤다.

그리고 이 청원서가 파리에 도달되지 않을 상황을 예비하여, 당시 상해에서 발간되던 진보적인 월간잡지『밀러드 리뷰*Millard Review*』의 사장인 밀러드Thomas Franklin Fairfax Millard, 1868~1942에게 한 통을 맡기기로 했다. 치열하고도 치밀한 기획이었다.

조선독립청원서 완성의 기한, 눈물겨운 노력

그런데 나가타 아키후미長田彰文 교수의 고증에 의하면 여운형과 크레인이 만난 것은 11월 28일임이 분명하다. 그런데 독립청원서는 11월 28일 날짜로 여운형이 싸인하였다. 그날 밤으로 이 많은 작업을 했다는 것은 불가능하다. 그런데 여운형이 이 서류들과 함께 크레인에게 보낸 영문 부탁 사신私信이 남아있는데 그곳

172 | 새 시대의 새 지도자 몽양 여운형

에서 날짜가 "Shanghai, Nov. 29th, 1918"로 되어 있다(몽양기념관, 『몽양의 길』 p.42. 출처: 컬럼비아대학 버틀러도서관). 그렇다면 몽양은 이 방대한 작업을 11월 29일 하루 만에 완성한 것이다. 그들의 열정과 능력과 애타는 심정이 어떠한 것이었는지를 가늠케 하는 눈물겨운 대목이다.

2통 중 1통의 독립청원서는 크레인이 미국대통령 윌슨에게 전달하기로 한 것이지만, 그 여부는 확인되지 않는다.

상해에서 프랑스로 가는 배편, 아름다운 마음을 지닌 정육수의 도움

여운형은 장덕수를 비밀리에 부산으로 파견하여 3천 원圓을 조달하여 왔고, 김규식은 천진에서 오면서 그동안 모았던 자금 2천 원을 가지고 왔다. 파리에 가는 자금 5천 원이 아쉬운 대로 마련된 것이다. 그런데 파리 가는 선편이 초만원이었다. 상해로부터 프랑스로 가는 선편이 3월말까지 다 차있어 선표船票를 구할 길이 없었다. 여운형은 백방으로 선표를 알아보았으나 도무지 구할 길이 없었다. 그런데 여운형은 평소 중국인 지사들과의 교제범위가 넓었다.

파리강화회의에 파견되는 중국대표단의 일원으로서 동맹회同盟會 회원이며 일본·프랑스에 유학한, 유능하고 미모의 여성이었던 정육수鄭毓秀, 1891~1959(광동 보안인寶安人)를 잘 알고 있었다. 여운형은 그녀에게 찾아가 조선민족 전체의 사활이 걸려있는 중대사태임을 호소했다. 이 여인은 자기는 다음 편으로 뚫어보겠으니 우선 자신의 좌석을 취하라고 선표를 양보했다. 대의大義 앞에는

제5장: 몽양의 신한청년당이 3·1독립만세혁명을 주도　173

이렇게 의로운 지사들이 나타난다. 중국과 또 여러 나라의 뜻있는 대인들이 소리없이 조선의 운명을 도왔다. 기맥힌 우여곡절 끝에 김규식은 상해부두에서 파리행 배에 올랐다. 1919년 2월 1일이었다.

운명의 2월 1일, 3월 1일까지 운명의 한 달

우리는 이 2월 1일 이후 한 달의 상황만을 가지고 3·1만세혁명의 시종始終을 말하지만 기실 김규식이 파리행 선편에 오르기까지의 기구한 인연들의 헌신은 조선민족이 반만년의 역사를 통하여 축적하여온 도덕의 힘, 그 끈질긴 저항정신이 아니면 설명이 되질 않는다. 신한청년당의 활약은 김규식의 파리행 이후로도 눈부신 것이다. 그들이 국제적 네트워크를 활용하여 전개한 만세혁명운동은 세계사에 유례를 보기 힘든 것이며, 약소민족의 국제적 대활약상의 모범적 사례라고 말할 수 있다.

김규식이 떠난 후 신한청년당은 사방으로 흩어져 3·1혁명 거사 계획을 알리고 고무하고 자금을 모은다. 신한청년당은 일본으로 조소앙(제1차파견), 장덕수(제2차파견), 이광수(제3차파견)를 보내 3·1혁명의 획기적 전기를 마련한 2·8독립선언을 가능케 만들었다.

선우혁鮮于爀을 평북 선천으로 보내 이승훈李承薰, 양전백梁甸伯(신민회 동지, 개신교목사, 예장 총회장, 민족대표 33인 중의 한 사람)을 만난다. 정주의 거목인 이승훈은 대세를 파악하고 적극적인 참여의사를 밝힌다.

김철金澈을 서울에 파견하여 천도교天道敎측과 만나 거사자금의 약속을 받는다.

또 국내로 서병호徐丙浩, 김순애金順愛(아름답고 굳센 여인. 열렬한 독립운동가. 김규식의 부인), 백남규白南珪를 파견하여 파리강화회의에 파견하는 민족대표의 독립운동자금을 지원할 것과, 독립운동의 거사를 준비할 것을 종용하였다.

조동호는 상해에 남아 이 모든 네트워크의 활동을 조직하고 연결했다. 이미 신한청년당의 대표로서 김규식이 파리평화회의에 가 있다는 사실의 전제가 독립운동시위를 전 민족적으로 전개해야만 하는 당위성의 근거가 되었고, 그를 지원하는 신한청년당의 호소는 3·1독립만세혁명을 일으키는 데 주요한 동기가 되었다는 것은 더 말할 나위가 없다.

여운형 본인은 만주(길림吉林, 장춘長春)를 거쳐, 노령 연해주의 블라디보스톡으로 가서 이동녕, 박은식, 조완구趙琬九 등과 회견하고 독립운동의 전폭적 지지를 얻고, 자금 5만 원을 모집하여 그 중 3만 원을 김규식에게 직접 보내고, 나머지 2만 원은 외국어 홍보 잡지를 발간하는 데 썼다.

여운형의 만주·노령에서의 활약은 3·1독립만세혁명을 구조적으로 조직하는 데 결정적인 역할을 했다. 만주·노령에서 발표된 『대한독립선언』(통칭 『무오독립선언서』)도 여운형의 이 지역활동과 관련되어 있다.

제5장: 몽양의 신한청년당이 3·1독립만세혁명을 주도 | 175

1945년 8월 16일 오전 11시 서대문형무소 정문 앞의 모습. 나의 어머니님은 말씀하시곤
했다: "내 생애 이날처럼 기쁜 날은 다시 없었다." 일본의 텐노오 히로히토는 8월 15일 정오에
무조건 항복의 선언을 전 세계를 향해 발했다. 그러나 전날 초저녁 조선총독부 정무총감 엔
도오 류우사쿠는 여운형에게 전화로 그 상황을 알렸다. 그리고 두 사람은 8월 15일 아침 8시
필동 관저에서 만났다. 일차적으로 일본인의 안전을 위해 조선의 치안을 전적으로 몽양에게
넘기겠다는 것이다. 당시 일본인이 생각하는 조선의 정치적 주체가 몽양이었음을 말해준다.
수락의 제1조건이 "전 조선의 정치범·경제범을 즉시 석방하시오"였다. 몽양은 오로지 하나
의 민족을 생각했다. 이 땅에 진정한 해방과 독립을 가져오고자 노력했다. 그는 모든 이념을
민족의 삶(=생명) 속에 융합시키려 했다. 이러한 위대성 때문에 그는 그가 지켜온 세상을 비명
에 떠나가야 했다. 새 나라의 건설, 새 지도력의 출현, 이제 우리는 몽양의 정신을 고수固守
해야만 한다!

제6장
동경제국호텔 연설과 타이쇼오 데모크라시

제6장

동경제국호텔 연설과 타이쇼오 데모크라시

미씽링크

오늘날에도 한국역사를 공부했다고 하는 학생들에게 "3·1운동"은 어떻게 일어났냐고 물으면, 곧 윌슨의 민족자결주의에 힘입어 33인의 민족대표가 주동하여 일으킨 독립만세사건이라고 말할 것이다. 신한청년당이나 여운형의 이름은 거론되지 않는다(※ 요즈음 해금된 분위기에서 여운형을 거론하는 사가들이 생겨나고 있지만 그것은 최근의 분위기에 속한다고 보아야 할 것이다).

한국역사의 주체인 한국민중이 21세기에 이른 오늘날에도, 스스로 제대로 된 자기역사인식을 보유하고 있지 못한 지경인데, 민족사적 역사기술이 근원적으로 정착되어 있지 않던 지난날에는 그러한 담론은 미씽링크로만 남아있었다고 보아야 할 것이다.

신한청년당의 촉발에 대한 조선민중의 반응

그러나 3·1독립만세혁명과 관련하여 우리에게 충격적인 각성을 던지는 사실은 조선민중의 놀라운 반응태도에 관한 것이다. 제아무리 신한청년당 사람들이 위대한 봉기의 시그널을 발했다 하더라도 그 촉발에 대한 반응이 미지근했다면 운동은 혁명으로 발전

제6장: 동경제국호텔 연설과 타이쇼오 데모크라시 179

되지 않는다.

나라를 병탄당한 후에도 여전히 조선왕조에 로얄한 사람도 적지 않았고, 새로 등장한 지배세력에 아부하여 새로운 개화의 길을 모색하는 친일파들도 있었고, 또 서구적 관념에 의지하여 민주의 새 역사를 구가하는 사람도 있었겠지만, 이 여러 갈래의 진로들은 모두가 촛점이 없이 불투명한 상태였다.

그럼에도 불구하고 대한민국 임시정부의 헌장을 보면 얼마나 민중의 민주의식이 비약적으로 투철했는가를 고찰할 수 있다.

제1조 대한민국은 민주공화제로 함.
제2조 대한민국은 임시정부가 임시의정원의 결의에 의하여 이를 통치함.
제3조 대한민국의 인민은 남녀 귀천 및 빈부의 계급이 무無하고 일체 평등함.
제4조 대한민국의 인민은 종교·언론·저작·출판·결사·집회·신서信書·
　　　주소이전·신체 및 소유의 자유를 향유함. ……

플레타르키아의 갈망, 홍익인간의 염원은 내재적

조선민중의 평등의식이나 자주권을 향유하려는 의식은, 조선 유교의 민본의식(플레타르키아)으로부터 시작하여 동학의 인내천사상에 이르기까지, 그것은 서구적 데모크라시와는 다른 가치계보선상에서 형성된 조선역사에 내재하는 고유한 그 무엇이라고 나는 생각한다. 내가 지금 말하고자 하는 것은 3·1독립만세혁명의 거사는 비록 여운형의 혁명적 각성과 활동에 의하여 시발된 것이라 해도 그 바톤을 이어 전개된 거국적 사태는 쉽게 설명이 되지 않는 그 무엇이 있다는 것이다. 병탄된 지 10년 정도 멍하게 당하고만 있던 민중이 그토록 일시에 세계사를 움직일 수 있는 거대사건을 합심해서 일사불란하게 전개시켰다는 것은 충격이라 해도 그것은 너무도 큰 충격이었다.

일본의 충격, 사전에 눈치채지 못했다

일본의 제국주의 통치자들에게 가장 통렬하게 다가온 사실은 이 만세사건이 사전에 전혀 드러나지 않았다는 사실이다. 전 국민이 하나의 비밀결사조직처럼 치밀하게 움직였고, 치열하게 일시에 길거리로 쏟아져 나왔다는 사실은 군국주의 통치의 물샐틈없는 지배력에 대한 최대의 도전이었다.

어떻게 이런 일이 가능할 수 있는가? 조직 없이 의분義憤으로만 가능한 일인가? 조직적 행동이라면 그 조직을 잘 가동시킨 궁극적 그 사람, 기인其人은 누구인가?

조선총독부를 구성하는 여러 분야의 사람들이 이 문제를 놓고 치열하게 탐색해 들어갔다. 과연 그 사람은 누구인가? 6개월 정도의 정보취합 끝에 모든 탐색이 도달한 궁극점은 단 한 사람에게 집중되었다. 우리 한국사람들은 21세기에나 와서 도달한 역사의 결론을 일본제국통치자들은 당년에 현장의 구조 속에서 찾아내었다. 여운형이다! 여운형을 데려와라!

제6장: 동경제국호텔 연설과 타이쇼오 데모크라시

여운형을 데려와라!

물론 여운형은 조선땅이 아닌 상해의 치외법권에서 살고 활동하고 있기 때문에 국내의 범죄자들을 체포하듯이 체포할 수는 없었다. 암살을 할 수도 있었을 것이다. 그러나 그것은 독립만세혁명을 처리하는 방식이 아니다. 혁명을 처리하는 방식은 반드시 혁명적이어야 한다. 여운형은 이미 그들 눈에 자이언트였고, 최초정당의 당수였고, 중국의 거물들과 어깨를 나란히 하는 혁명아였다. 그들 식민통치판에 최초로 등장한 별종이었던 것이다. 여운형이 일으킨 만세혁명은 여운형 일인을 제거한다고 해서 제압되지 않는다. 여운형은 이미 독립을 갈구하는 민중 전체의 에너지와 착종되어 있다.

이이제이: 혁명가 집단 자체내의 분열

여운형은 어떻게 제거되어야 하나? 그들이 구상한 가장 현명한 방법은 "이이제이以夷制夷!" 조선의 혁명가 집단 자체의 분열을 초래하는 것이다. 그 가장 좋은 방법은 혁명의 수뇌를 수뇌로서 대접하여, 국빈의 초청을 하여, 일본국내에서 대담, 강연할 기회를 줌으로써 그 혁명세력 내부에 균열이 가게 만드는 것이다. 그들은 이러한 방법으로 너무도 많은 조선의 지식인들을 무력화시켰다.

대일본제국의 압도적인 모습을 직접 눈으로 볼 수 있도록 최상의 대접을 하면, "독립"이 아닌 "자치권" 정도의 요구로써 자신의 생각을 비하시키고, 동료들에게 "배신"의 낙인이 찍혀지는 그런 허점을 반드시 드러내게 된다는 것이다. 몽양을 시기·질투하던 사람들로 하여금 "그러면 그렇지! 제깟놈이 별 수 있나?"하고 등돌리게 만들 수 있다는 것이다. 그것은 조선의 양심이 일본제국의 위용 앞에 무릎을 꿇는 초라한 광경이 되고 만다는 것이다. 몽양을 정신적으로 격하시키지 않고서는 조선민중의 프라이드를 꺾을 수 없다고 생각한 것이다. 일본의 제국주의는 진실로 우리가 생각하는 수준의 차원을 넘어가고 있었다.

테이코쿠 호테루帝國ホテル는 1890년에 낙성된 대일본제국을 상징하는 동경 한복판의 가장 딜럭스한 호텔이었다. 그 호텔의 수트룸에 숙식을 하게 하고, 컨퍼런스룸 대회장에 대일본제국을 부정하는 식민지나라의 혁명가를 최상의 국빈으로 대접하고 세계각국의 언론인들이 모이는 자리를 만들어 주고, 정견을 발표하게 한다는 것, 그것이 당시의 일본지배자들에게는 시도해 볼 만한 낭만으로 여겨졌다.

타이쇼오 데모크라시

이 불안한 모험이 시도되는 분위기를 알기 위해서는 일본역사의 주요개념의 하나인 "타이쇼오 데모크라시大正Democracy"라는 용어를 좀 이해할 필요가 있다. 이 말은 당대에 쓰인 말은 아니고, 후대의 역사학자이며 정치학자인 시노부 세이자부로오信夫清三郎, 1909~1992가 1954년에 지어낸 말이라고 한다. 타이쇼오라는 연호가 커버하는 시기는 정확하게 1912년부터 1926년에 이르는 14년간의 시대이며 일본역사 시대구분에서 가장 짧은 시기이다.

제6장: 동경제국호텔 연설과 타이쇼오 데모크라시

메이지천황시대는 쿠로후네黑船(서양제국의 침략을 상징)의 위압에서 벗어나 쿠로후네를 제압하는 군국주의적 팽창의 시기였다면, 타이쇼오천황시대는 메이지시대의 군사적·문화적 축적이 성숙하여 각 방면으로 민주주의, 자유주의적 의식이 개화하는 시기였다. 우리나라 해인사 고려대장경의 위용을 세계학계에 알린 "대정신수대장경"도 대정大正시대의 작품이다. 거대한 문화사업이 각 방면에서 진행되었다.

타이쇼오 로맨스

내가 동경대학에서 학위과정을 하고 있을 때 법학부의 친구들이 많았는데(동경대학에는 일본사상사가 법학부에 들어가 있다) 그들이 잡담을 나눌 때도 "타이쇼오 로맨스"라는 말이 자주 오갔다. 타이쇼오시대에는 일본 부자들이 자기 개인소유의 배를 영국이나 프랑스 항구에 정박시켜 놓고 골동품들을 시장에서 싹싹 쓸어담았다는 것이다. 지금도 그때 긁어모은 골동품 중에서 귀한 것들이 종종 발견된다는 것이다. 에두아르 마네가 일본 게이샤 여인의 그림을 그리던 그런 일본유행풍이 타이쇼오 로맨스를 구가하던 사람들의 의식세계를 덮고 있었다. 일본이 문화강국으로서 자신만만한 호기豪氣를 내뿜을 시기였다.

"그까짓 쵸오센 놈쯤이야!" 일본의 권력핵심은 자기들이 주체적으로 몽양을 초청하여 연설의 기회를 주면, 분명 허술한 구멍이 있을 것이고, 그 허점을 붙잡아 세계만방에 일본의 너그러움, 타이쇼오 데모크라시의 위대함을 과시하게 되리라고 낙관하고 있었다. 누가 와도 자치청원自治請願 이상의 메시지는 발하지 못할 것이라고 자신하고 있었다. 당시 하라 케이原敬(제19대 내각총리대신. "하라 타카시"라고도 불림)내각이 그토록 간절하게 몽양을 동경으로 부르려 했다는 사실 자체가 몽양이 3·1독립만세혁명의 진정한 주체세력이라는 것을 인정한 것이다. 인류역사에 3·1독립만세혁명의 확고한 진실을 남기는 작업을 역으로 혁명이 타도하고자 했던 대상인 일본측이 스스로 감행한 것이다.

쿠미아이 기독교회와 척식국

몽양을 포섭하는 창구는 일본조합(쿠미아이組合)기독교회와 척식국拓殖局(척무성拓務省의 전신)이었다. 당시 척식국 장관이었던 코가 렌조오古賀廉造, 1858~1942(일본의 재판관, 검사관, 형법학자, 대심원검사, 판사, 법학박사)는 여운형의 유치공작에 가장 적극적으로 나섰다.

코가는 몽양에게 직접 장문의 전보를 보내어 "조선정치에 대한 의견을 교환하고자 하니 만나자. 신변의 자유와 기타 자유를 보장하겠다"고 말했다.

상해에 주재하고 있던 일본영사 야마자키山崎가 프랑스영사 윌덴에게 여운형을 설득하도록 의뢰하였다. 윌덴은 몽양에게 "신변보장의 책임을 지겠으니 동경에 가라"고 하였다.

찬반 양론이 팽팽

한편 상해의 교민사회에서도 여운형의 동경행을 놓고 찬반의 양론이 팽팽했다. 여운형은 동경행의 결행이 조선의 독립문제에 깊은 영향을 줄 수 있는 절호의 챤스라고 판단했다. 일본의 수뇌부를 만나게 된다는 것은, 조국의 독립을 위하여 세계여론을 환기시킬 수 있는 둘도 없는 기회라고 생각했다. 그리고 자신의 의지, 신념, 신조, 자질, 위인爲人의 실력을 스스로 검증해 볼 수 있는 멋있는 모험의 장이라고 자각했다. 죽으면 죽었지, 나의 신념의 배신이란 있을 수 없다. 굳게 다짐하고 또 다짐했다.

이동휘를 중심으로 한 임시정부의 원로들은 모두 반대를 했다. 그러나 안창호, 이광수, 윤현진 등 시대감각이 있었던 사람들은 찬성했다. 안창호는 여비 3백 원까지 마련해주었다. 안창호는 생각이 깊은 사람이었다. 그는 『독립신문』에 이런 글까지 남기고 있다: "여운형씨가 다수 동지의 반대와 만류를 거절하고 도일을 단행하는 것은 그 동기가 성誠과 충忠에서만 나온 것이다. 여씨의 이번 행동은 정부나 기타 단체와는 아무 관계가 없다. 단지 개인의 결단에 의한 행동일 뿐이다. 국민들은 이에 대해 과도하게 경동驚動할 바가 아니다."

여운형이 내건 4개의 조건과 장덕수

여운형은 일본측 교섭단에게 1)신변보장, 2)언론과 행동의 자유, 3)통역은 장덕수 4)귀로는 조선경유를 요청했다. 일본측은 이네 가지 조건을 모두 수락했다. 장덕수를 통역으로 내세운 것은 그가 와세다대학 전교웅변대회에서 1등을 한 연설솜씨를 가지고 있다는 사실 이외로, 그가 신한청년당의 비밀활동 과정에서 일본경찰에 검거되어 지금은 목포 앞바다의 하의도荷衣島(목포에서 남서쪽 50.76km)에 감금되어 있기 때문에, 이 기회에 그를 석방시키고자 하는 심산이었다. 여운형은 항상 주변 인물들에게 의리를 지켰다.

우여곡절 끝에 여운형은 3·1독립만세혁명 당년, 1919년 11월 14일 오전 8시 상해를 출발하여 나가사키로 가는 여객선에 올랐다. 11월 16일(일요일) 오전 9시 여운형 일행은 나가사키에 도착, 약한 시간을 휴식한 후 모지門司(북큐우슈우北九州에 위치한 역사와 문화가 교차하는 아름다운 항구거리)로 향했다. 오후 6시에 모지에 도착하여 코가몬古賀文이라는 여관에 투숙했다. 헤어진 지 10개월 만에 장덕수를 얼싸안고 감동적인 재회를 했다.

여운형이 토오쿄오역에 도착한 것은 11월 18일, 오후 8시 25분이었다. 토오쿄오 기차역 홈에 코가 렌조오 척식국 장관을 비롯하여 30여 명이 마중 나왔다고 하니 그 대접이 얼마나 융숭한 것이었나를 알 수 있다. 여운형은 당대최고의 호텔 동경제국호텔에 투숙했다.

13일 동안 동경에서 만날 인물들

그러니까 다음날 아침 11월 19일부터 12월 1일 서울로 향발할 때까지 13일 동안 그는 놀라운 일정을 조금도 구김 없이 다 소화했다. 그 중 핵심은 11월 27일 오후 3시에 열린 제국호텔 연설이었다.

1919년 토오쿄오 방문 일행. 좌로부터 최근우崔謹愚(1897~1961, 2·8동경독립선언 대표), 여운형, 신상완申尙玩(만해의 중앙학림 제자. 승려로서 만세운동 주도, 상해로 망명, 임시정부 가담), 장덕수. 몽양이 서거했을 때 신상완이 쓴 만장이 남아있다. 槿邦運否夢陽去(근역의 운이 비색하니 태양이 가는구나), 漢水含悲似淚流(한강물도 울럭울럭 슬픔을 머금고 눈물을 흘리는듯 하구나), 四十年間鬪爭史(사십년에 걸친 투쟁의 역사가), 三千萬衆留心頭(삼천만 민중의 가슴에 새겨져 있다). 참 잘 쓴 만장挽章이다. 4명 다 상해임시정부 수립에 기여했고, 모두 신한청년당 당원이다.

188 │ 새 시대의 새 지도자 몽양 여운형

여운형이 2주 동안 동경에서 면회·대담하기로 되어있는 인물들은 다음과 같다. 일본제국의 위용을 과시하는 인물들이 총망라되어 있다.

1) 코가 렌조오古賀廉造(1858~1942), 척식국 장관(조선, 대만 식민지 사무총괄). 4차례.

2) 타나카 기이찌田中義一(1864~1929), 육군대신, 2차례.

3) 미즈노 렌타로오水野錬太郎(1868~1949), 조선총독부 정무총감政務總監, 1차례.

4) 토코나미 타케지로오床次竹二郎(1867~1935), 내무대신內務大臣, 1차례.

5) 노다 우타로오野田卯太郎(1853~1927), 체신대신(체신부장관), 1차례.

6) 하라 타카시原敬(1856~1921), 수상, 1차례.

7) 요시노 사쿠조오吉野作造(1878~1933), 동경제국대학 정치학자, 사상가, 타이쇼오 데모크라시의 설립자, 민본주의단체 여명회黎明會의 설립발기인, 수 차례.

8) 그 외로도 다양한 단체와의 회담·연설이 있었으나 대외비로 진행될 예정.

몽양의 동경일정에 관해서는 재일교포학자 강덕상姜德相의 『여운형 평전』이 매우 상세하다. 훌륭한 역사책이다. 사건중심으로 기술되어 있다. 나는 여운형의 풍모와 사상을 전하는 핵심적 주제만 전하려 한다.

여운형과 코가

여운형이 지속적으로 만난 사람은 코가였다. 어떤 기록에는 "매일 오전부터 7~8시간 동안을 7~8일 계속해 만났다"고 쓰여있다. 결국 그 만남의 내용은 코가는 "자치운동을 하시오"라고 말했고, 몽양은 "독립운동을 하겠다"라고 말했다로 요약된다.

20일 오전 9시 30분, 여운형·장덕수·최근우·신상완申尙玩 일행 4명은 두 대의 자동차에 분승하여 코가의 저택으로 갔다. 코가는 비교적 금도襟度를 갖춘 온후한 사람이었다.

"나는 조선의 우국지사들을 성심으로 동정합니다. 그러나 조선의 지사들이 먼저 해야 할 일은 조선인들을 부富하고 강强하게 만드는 일입니다. 부는 민부국부民富國富요, 강은 지강체강智强體强이니 교육을 개량하고 사업을 발달시켜 민족의 삶을 개선해야 합니다. 현재 현실적으로 그것을 달성할 수 있는 가장 효율적인 방법은 총독부와 협력하는 것입니다. 한일합병에 대해 나 개인은 반대였습니다. 그러나 양 정부가 합병한 이상 내 개인의견은 의미가 없습니다. 조선의 실력이 충분해진 후에는 자치를 요구할 수 있겠지만, 지금의 현실은 조선을 부강하게 만드는 것이 최우선입니다. 한일합병은 두 회사의 합병과 같습니다. 실력이 조금 부족한 회사와 실력이 충분한 회사가 쌍방의 이익을 위하여 합한 것과 같습니다. 그러면서 서로 같은 권리를 공유하고 동시에 합하여진 힘을 가지고 경쟁력을 얻게 되는 것이지요."

"당신이 당신의 나라를 위하는 마음을 보니 기쁩니다. 말씀 잘 들었습니다. 하지만 조선을 부강케 하라는 말씀과

한국과 일본이 합병되어야 한다는 말씀은 양자간에 논리
적 필연성이 전무합니다. 나는 이에 답하기 전에 우리 독
립운동의 필연성을 말할 수밖에 없습니다."

몽양은 코가가 일제강점을 회사합병에 비유하는 논리의 부당성
을 통렬히 비판했다. 그의 눈은 빛났고 카이제르 수염은 쏘는 듯
움직였다. 몽양은 말한다:

조선병탄과 회사합병의 비유는 가당치 않다

"한일합병을 회사 합병에 비유하는 것은 억지논리입니다. 한
일합병은 우리 민족의 의사로 된 것이 아니요, 일본의 총칼의
위협하에서 소수의 당국자, 즉 열 명도 안되는 매국노 역적들의
소행이었습니다. 당시 주권자의 참된 의사가 아니었습니다. 일
본인은 합병이 두 국민의 호의로 된 것이라고 말하나 조선국민
은 합병에 대한 원한이 뼈에 사무쳐 있습니다. 병탄 이후 각처
에서 봉기한 의병운동과 최근 3·1독립만세운동이 이를 잘 증
명해 주고 있습니다. 한일합병은 강제요, 정치적·경제적 불공
평입니다. 우리민족의 앙화요, 수치입니다. 동양의 환란과 열
강의 시기가 모두 여기서 생겨난 것입니다.

국가에게는 이익 이상의 것이 필요

회사는 이익만으로 성립될 수 있는 것이나, 국가는 그렇지 않
습니다. 국가에겐 반드시 이익 이상의 것이 필요합니다. 맹자도
'어찌하여 이익만을 말씀하십니까? 인의가 있을 뿐이라'고 말

제6장: 동경제국호텔 연설과 타이쇼오 데모크라시 | 191

씀하시지 않았습니까? 국가를 유지하고 국가를 개량하는 것은 우리 선조에 대한 의무입니다. 그러므로 국가를 위하는 것은 의무요, 이익이 아닙니다. 국가를 위하여 이익을 희생하는 것입니다.

회사합병은 작은 회사는 큰 회사에 비하여 반드시 손해를 입게 마련입니다. 우리 민족은 자손만대의 번영과 행복을 위해, 그리고 동양평화를 위해 기필코 독립을 쟁취할 것입니다. 잊지 마십시오! 실력을 양성하는 데는 자유발전이야말로 최대요건이요, 최속의 성공을 보장하는 것입니다."

몽양은 독립운동의 기초적 당위성을 다음과 같이 천명했다.

"첫째, 우리민족의 복리를 위해서 조선은 독립해야 합니다. 조선은 단군의 건국 이래 자주로 다스렸고 자주로 발전하였습니다. 일본에 그 많은 위대한 기술과 예술품을 전해준 것도 자주성이 풍부한 까닭입니다. 우리는 과거의 역사를 계승하고 현금의 발전을 도모하고 세계문화에 공헌하여 자자손손의 행복을 영속시키기 위해 독립을 주장하는 것입니다.

둘째, 일본의 신의를 살려주기 위해서 조선은 독립해야 합니다. 일본은 조선에게 많은 문화의 빚을 졌습니다. 그런데 일본은 항상 무력으로 빚을 갚으려 했습니다. 청일 · 노일 두 전쟁을 조선의 독립을 위하여 한다고 말해놓고 조선을 병합했으니 이

거야말로 사기가 아니고 무엇이겠습니까? 일본은 영토를 넓히는 것으로 기쁨을 삼을지 모르지만 사실은 극히 위험한 처지에 자신을 빠뜨리는 것입니다. 그러므로 일본이 조선의 독립을 승인하는 것은 일본의 신의를 국제적으로 회복하는 것입니다. 조선의 독립은 결국 일본의 국익으로 돌아가는 것입니다.

셋째, 동양평화를 위해서 조선이 독립해야 합니다. 일본이 한일병합의 형식을 지속한다면 두 민족은 끊임없이 다투어 앙숙이 될 것이며, 중국의 배일열排日熱도 식지 않을 것입니다. 중국의 배일의 근인近因은 산동문제 21개조약이지만 원인遠因은 한일합병에 있는 것입니다. 청일전쟁 후 시모노세키조약에서 조선독립을 승인하여 놓고 합병해 버린 것은 중국에 대한 사기가 아니고 무엇이겠습니까? 한일병합은 동양의 평화를 파괴한 우매한 소치입니다.

넷째, 세계평화, 세계문화의 번영을 위하여 조선은 독립해야 합니다. 동양 내부의 쟁투가 멎지 않는다면, 필경 서력西力은 동東으로 올 것입니다. 그러므로 동양 자체의 평화는 세계 대세의 균형을 보전합니다. 동양이 단결해야 세계문화는 발전할 것입니다. 세계평화의 핵이 조선의 독립입니다."

코가는 몽양의 포괄적인 세계사인식과 확고부동한 세계평화작전의 깊은 뜻을 이해하는 듯, 자기의 주장을 일단 굽히는 제스처를 썼다:

"일한합병으로 인하여 세계열강의 일본에 대한 시기가 생겨난 것은 나도 알고 있습니다."

그러면서 그는 한일합병 그 자체가 본래의 일본의 의도가 아니었다고 주장했다. 조선통감부 초대통감인 이토오 히로부미伊藤博文, 1841~1909(쵸오슈우한長州藩의 하급무사로서 요시다 쇼오인吉田松蔭의 사숙에서 배움)의 의견도, 일본이 조선의 울타리노릇을 하면서 그 발달을 원조하여 조선이 자립하도록 만드는 것이 일차목표였다고 말했다. 그렇게 하여 일본의 방패노릇을 해주기를 원했다고 말했다. 그래서 청나라와 러시아 등등의 나라에게 조선독립의 보장을 주장했던 것이다. 그런데 국제정세가 그렇게 흘러가지 않아 부득이하여 조선을 일본의 것으로 합병한 것에 대하여 코가는 적지않은 유감을 품고 있다고 말했다.

"자유발달이 실력양성의 최대요건이라는 것은 저도 동의하는 바입니다. 그러나 인위적으로 발달을 조성造成하는 것도 동시에 필요하다고 생각합니다. 방어력이 없는 조선을 독립한 채 방임하여 두는 것은 열대나무를 추운 곳에 옮겨 심고 그대로 방치하는 것과 같은 결과를 초래하지 않을까요? 일본의 발전은 지난 50년간의 부단한 노력의 결과입니다. 조선이 독립하면 최소한 일본의 3분의 2가 되는 병력을 구축해야 할 텐데 지금의 납세능력으로 그것이 가능하겠습니까?

영국이 인도를 대하는 것, 미국이 멕시코를 대하는 것을 보면 세계판세의 실상을 잘 알 수 있을 것입니다. 그들은 동양을 서양화해 나가면서 박해를 계속할 것입니다. 국력이 부족한 조선이 독립하면 동양의 평화를 파괴할 염려가 있습니다. 그러므로 지금이야말로 일본과 조선이 일치단결하여 서양세력을 방어하는 것이야말로 우리 일본과 조선의 세계사적 사명이라고 생각합니다. 평화는 신의 선물이 아닙니다. 신의 사명과 정치적 상황은 전혀 차원이 다른 이야기입니다. 평화의 보장은 오직 국력입니다. 지금은 실력양성의 때입니다.”

코가는 몽양보다 나이가 28세 위이다. 그러니까 아버지뻘 되는 사람이다. 이 사람이 얘기하는 것을 보면 조선이라는 나라의 운명을 사과궤짝 던지듯이 한손에 쥐었다 폈다 하고 있다. 그러나 이에 맞서는 몽양의 담론의 수준이 조금도 뒤지지 않는다. 코가의 담론의 핵심적 내용은 “대동아공영”의 논리이다. 동양인은 구미열강의 침략의 태풍 앞에 선 풍전등화와도 같은 존재들이다. 이들이 병합하지 않으면 평화는 없다. 일한의 합치만이 평화의 근본이라는 것이다.

코가의 말을 잘 살펴보면 조선을 객화시켜 수중에 가지고 놀고는 있지만 조선이 얼마나 공포의 대상인가, 그들의 경계심 또한 만만치 않다는 것을 알 수 있다. 과연 오늘의 정치인들이 이런 수준의 담론으로 의견을 주고받고 있을까? 옛날의 논의이지만 오늘 우

제6장: 동경제국호텔 연설과 타이쇼오 데모크라시 | 195

리에게도 리얼한 담론이다. 구한말의 우리나라 정치가들이 몽양과 같은 세계정세 이해와 담력을 가지고만 있었어도 조선은 멸망하지 않았을 것이라는 생각이 든다.

몽양의 일대 반격

침략을 얼버무리는 코가의 연설에 몽양은 그의 담론의 핵심인 "동양평화론"과 "실력양성론"의 문제의 핵을 폭파하면서 일대 반격에 나선다.

> "현실에 맞지 않는 이상理想은 아무리 좋은 것이라도 공상이 될 뿐이요, 또한 이상이 없는 현실은 사물死物에 불과할 뿐이외다. 정치를 논하는 자는 반드시 실제적 세밀을 필요로 하는 것이요, 공상적 개괄槪括을 허許하지 않습니다.
>
> 끊임없이 지속되는 일본인의 오해는 다음과 같습니다:
> 첫째, 한일병합은 합의로 이루어진 것이다.
> 둘째, 한인은 동화가 가능하다.
> 셋째, 한인은 선정善政에 열복悅服한다.
>
> 오늘날까지 이 미몽에서 깨어나지 못하고 일본인과 한국인의 일체주의니 동화주의니 하는 비어蜚語를 뇌까리고 있습니다. 이는 현실에 맞지 않는 공상일 뿐입니다. 세밀한 현실에 맞는 것을 논의하여 봅시다.

평화의 진수는 정신의 융화입니다. 일체의 쟁투, 시기, 분동忿動, 원한 등 불평등의 산물을 깨끗이 씻어버려야 합니다. 새 울고 꽃 피는 일난풍화日暖風和의 천지, 살아 움직이는 자연적 자유의 기상은 결코 사해死海의 평정平靜과 같은 것이 아닙니다. 평화는 생존의 희망·희락·자유·평등·존귀에 있습니다. 결코 위구危懼·절망·압박·차별 밑에 있는 것이 아닙니다."

추상과 구상의 비빔밥

몽양의 논리의 위대성은 상대방의 논리를 같은 평면에서 따라가지 않으면서 그 논리의 핵을 논파하는 실력에 있다. 몽양은 차원을 바꾼다. 구상과 추상을 마음대로 비벼대는 비빔밥이라 말할 수 있다.

"자존심과 독립성이 풍부한 우리민족으로서는 국가가 병탄된 것에 대한 원한이 크고, 몸이 망국민이 된 것에 대한 비탄이 깊어, 부끄러움을 참고 10년을 은인隱忍해오다가 이제 거족적으로 한때에 들고 일어난 것입니다. 우리민족의 자존심과 독립성은 세계사적으로 유례가 없는 것입니다. 이 자존심과 독립성이야말로 인겨의 중추요, 진화의 근본이거늘, 당신들은 잔혹한 무력으로 진압하고 있으니, 어찌 인류의 죄악이 아니고 무엇이겠습니까?"

이어 몽양은 코가의 열대식물 비유에 대한 반문을 던진다.

제6장: 동경제국호텔 연설과 타이쇼오 데모크라시 | 197

"본시 조선은 일본의 침략이 없었으면 하등의 위협이 부재하오이다. 설혹 어떤 불행이 있다손 치더라도 국가의 실력은 족히 외타外他의 보호를 의뢰치 아니하고 자립하여 발전해 나갈 것이외다. 열대의 초목을 한대에 옮겨놓고, 유리창 수증기 속에서 억지로 그 생명을 유지한다고 해봅시다. 그것은 이미 생명의 가치와 의미를 잃은 것입니다.

한풍냉설, 십사일생, 강권의 시대는 이미 지났다

자연공기 속에서 우로雨露의 혜택을 받을 기회를 다시 얻을 수 없다면, 차라리 한풍냉설寒風冷雪 속에 십사일생十死一生의 곤란을 받아가며 사는 것이, 타인의 보호를 받아 자기생존의 의의를 잃고 구차하게 기생하는 것보다는 더 즐겁지 아니하겠나이까?"

"조선이 자유갱생의 실력도 없이 독립하게 되면 제3국의 침략에 더 크게 당하지 않을까?"라는 코가의 우려에 대해, 몽양은 병자수호조약 이후 신사유람단 파견, 갑신정변, 청일·노일 전쟁을 거쳐 경술년 병탄에 이르는 과정을 역사적으로 고찰하면서 일본이 국제간 약속을 어기고 신의 없음을 지적하고, 병탄의 부당성을 다시금 주장했다. 그리고 현금의 세계정세로 보아 일본 외에는 중국이나 러시아나 독일이나 그 어떤 나라도 조선을 침략하려는 의도를 가지고 있지 않다고 단언했다.

이번 대전(제1차세계대전)의 교훈에서 각국이 전쟁의 무익함을 배웠으며, 이제 시대가 변하였으니 일본은 옛날의 악몽을 씻는 것이 좋을 것이라고 말했다. 강권시대는 이미 지나갔다고 말했다.

국제관계는 무력으로만 승패가 결정나는 것이 아니다

다음으로 실력문제를 언급하면서, 이번 세계대전에서 독일이 패한 것은 군사적 실력부족 때문만은 아니라고 말했다. 정치적·군사적·경제적·외교적 다방면에서 종합적으로 분석하면서, 조선이 군사적 실력 없이 독립하는 것은 위험하다고 말하는 것은 한갓 기우에 불과하며, 전혀 근거 없는 허위정보임을 밝혔다.

"우리 겨레는 침략적 야심이 없는 민족입니다. 정의와 인도人道에 입각하여 세계평화의 선두에 서서, 오직 문화의 전위로서 세계에 웅비하는 모습을 보이려는 것이올시다. 우리가 일본의 기반羈絆(억압의 굴레)에서 벗어나 자유로운 독립국가를 건설하게 된다면 그 전망은 세계 어느 나라보다도 밝소."

몽양은 꼭 1세기 이전에 이미 K-컬쳐를 예견하는 듯한 이야기를 하고 있다. 몽양은 비전의 인간이었다. 코가와의 여러 차례에 걸친 회담에서 몽양은 언제나 공세요 통박의 기세를 과시했고 코가는 번번이 수세의 변에 골몰했다.

코가의 달콤한 제안

한 번은 코가가 이런 제안을 해왔다.

제6장: 동경제국호텔 연설과 타이쇼오 데모크라시 **199**

"진실로 한국은 자치를 하도록 그대가 인도하는 것이 좋겠습니다. 만일 당신이 자치운동을 한다면 필요한 자금은 얼마든지 대줄 수 있습니다. 그리하면 현재 투옥되어 있는 정치범은 모두 석방될 것입니다."

몽양은 이러한 권유에 대해 명료하고 꿋꿋한 자세를 밝혔다:

"정치범문제와 자치는 하등의 관련이 없소! 나는 자유독립 이외에는 자치고 뭐고 아무것도 용납할 수 없소. 정치범은 무조건, 그리고 당장 석방하시오."

몽양은 그릇된 논리적 연상을 근원적으로 무화無化시키면서 연루될 수 있는 고리를 다 끊어가고 있었다. 코가는 다시 화제를 돌려 여운형을 회유했다.

"만주는 조선보다 몇 배나 큽니다. 당신은 그릇이 큽니다. 당신이 활동하기에 만주는 알맞게 넓은 장소입니다. 그대의 조상들의 온기가 남아있는 땅이기도 하오. 만주의 척식拓殖사업을 맡아 해볼 생각은 없습니까? 내가 아쉬운 대로 30만 엔을 마련해 놓았소. 당장 드리겠소."

몽양은 추상같이 단호했다.

"내가 할 수 있는 사업이란 오직 우리나라의 자주독립을 위한 투쟁일 뿐입니다. 그 외에는 아무것도 없습니다."

코가의 저택연회

코가는 여운형을 회유하려고 무척 애를 썼다. 그러나 그것이 근본적으로 불가능하다는 것을 깨달았다. 회담과정을 통해서 몽양의 인품과 격식과 학식과 신념을 확인했다. 몽양 일행을 위한 저택연회는 순일본 고전식으로, 품위 있고 융숭한 것이었다. 작별에 임하여 그는 몽양에게 다음과 같이 말하였다.

> **"그대의 의지와 지조에 나는 동의합니다. 내가 만일 조선에 태어났더라면 나도 당신과 같은 의지를 불살랐을 것입니다. 내 계책이 먹히지 않았다는 것, 그 점에 대하여 나는 깊은 경의를 표합니다."**

코가는 몽양이 동경을 떠날 때에도 친히 배웅 나와서 두 손을 번쩍 들면서 만세를 부르는 듯 격려의 제스츄어를 했다. 타이쇼오 데모크라시의 긍정적 한 측면을 말해준다 할 것이다. 몽양은 대적하는 사람들과 한 치의 양보 없는 신념을 과시하지만 그 이면에는 깊고 따스한 인간의 진실과 정감이 흘러넘쳤다. 코가는 그 인간의 온기에 매료당하지 않을 수 없었던 것이다.

타나카 기이찌 육군대신

다음으로 그가 만난 사람은 일본군부의 최고 수장이라고 할 수 있는 타나카 기이찌田中義一였다. 육사출신의 정통군인이었으며, 계급은 육군대장, 직위는 육군대신, 나중에 제26대 내각총리대신

제6장: 동경제국호텔 연설과 타이쇼오 데모크라시 | 201

이 되었다(1927~29). 몽양보다 나이가 22세 위였다. 타나카는 11월 22일 오후 12시 30분 육군대신관저로 여운형을 초대했다.

육군대신 타나카 기이찌는 신문지상과 코가의 입을 통해서 여운형이 담대하고 만만치 않은 인물이라는 것을 사전에 숙지하고 있었다. 여운형을 초대하였던 애초의 목적과는 달리, 자칫하다가는 도리어 여운형에 의해 역선전될 것을 염려하였다. 일본 군국주의의 총수요, 무단정치의 심볼인 그는 정의나 사리로 따져서는 이야기가 되지 못하리라는 판단을 내렸다. 그래서 그는 비상수단을 쓰기로 했다. 위협적인 분위기에서 몽양을 제압하려 했다. 타나카는 당대의 최고 권력자들을 소집하여 열석시키고 그렇게 장엄한 분위기를 조성하여 여운형을 맞아들였다.

열석한 사람들

조선군사령관 우쯔노미야 타로오宇都宮太郎, 대만군사령관 시바 고로오柴五郎, 관동군사령관 타찌바나 쇼오이찌로오立花小一郎, 청도青島수비군사령관 유히 미쯔에由比光衛, 군무국장軍務局長 스가노 히사이찌菅野尚一(육사출신. 최종계급은 육군대장), 척식국 장관 코가 렌조오古賀廉造, 조선총독부 정무총감 미즈노 렌타로오水野錬太郎(동경대학 출신 내무관료, 문부대신文部大臣에 이름)가 번쩍이는 정복을 입고 착석해 있었다.

이 정도의 문무관료 현역 인물들이 한자리에 열석했다는 것은 여운형에 대한 놀라운 대접이 아닐 수 없었다. 일본정부는 그만큼 3·1독립만세혁명에 대하여 충격을 받았고, 어떻게 해서든지 그 주동자인 여운형을 통해 조선민중의 기운을 꺾으려 했던 것이다. 아마 그 누구도 이런 자리를 다시 대면하지 못했을 것이다.

만 33세의 혈혈단신 맨주먹의 양평 사나이, 여운형! 그는 들어가자마자 장내를 일별했다. 여운형은 심상치 않은 기운을 감지하고 응분의 기세를 갖추지 않을 수 없었다. 당당한 풍채, 준수한 용모, 널찍한 이마, 단정한 넥타이에 영국신사 같은 복장, 하늘을 찌르는 듯한 카이제르 수염, 여운형은 단신으로 세계최강의 하나인 일본제국주의의 병풍을 대하고 앉았다. 먼저 타나카 육상陸相이 입을 열었다.

> "우리 대일본제국은 천하무적인 막강한 3백만의 병력이 있다. 대해大海를 휩쓴 8·8함대가 사해를 제압하고 있다. 조선은 이런 천하무적의 군대와 일전一戰을 해볼 용기가 있는가? 만일 조선인들이 끝까지 반항한다면 2천만 정도의 조선인쯤이야 일시에 없애버릴 수도 있다."

긴장했던 여운형은 좀 맥이 풀렸다. 첫마디부터 위협적인 언사를 토하는 육상陸相의 자세는 심약자에 불과했다. 그 허세를 꿰뚫어 보고 흉중적수胸中敵手가 못된다고 판단했다. 그의 허장성세와 억지음성은 부자연스럽기 그지없었다.

제6장: 동경제국호텔 연설과 타이쇼오 데모크라시 | 203

"그대도 글을 읽을 줄 안다면 삼군지수三軍之帥는 가탈可奪이
언만 필부지지匹夫之志는 불가탈不可奪이라는 말의 뜻을 알 것
이다. 2천만 명을 일시에 다 죽일 수도 있고, 나 여운형의 목도
일순에 벨 수도 있을 것이다. 그러나 여운형의 마음은 벨 수 없
다. 하물며 여운형이 지닌 군은 조국애의 일편단심과 독립정신
까지 벨 수야 있겠는가?"

갑자기 장내는 물을 끼얹은 듯 조용했다. 몽양의 첫마디에 잠시
침묵을 지키다가 타나카는 다시 입을 열었다.

"조선은 자치를 하여 일본과 제휴하는 것이 제일 현명한
일이다. 나의 타나카플랜에 귀를 기울이는 것이 옳다. 조선
이 일본과 제휴하면 부귀를 누릴 것이요, 그렇지 아니하면
무자비한 탄압이 있을 뿐이다. 만세를 불러서 독립이 될 줄
아는가? 대일본이 그렇게 허약한 만세소리를 듣고 조선인
에게 독립을 허락할 줄 아는가?"

타아타닉호는 무엇 때문에 침몰하였나?

여운형은 이런 분위기에서 합리적인 논리전개가 무의미하다고
생각했다. 그러나 그의 용솟음치는 울분은 억제될 길이 없었다.

"호화롭기 그지없는 세계최대의 여객선 타이타닉호가 얼마
전 대서양에서 침몰하였다 (1912년 4월 15일 사건: 제임스 카메론James

Cameron이 영화화한 그 사건, 디카프리오와 윈슬렛 주연). 물 위에 100분의 9밖에 보이지 않는 빙산덩이를 작다고 업수이 보고서 돌진하다가 배 전체가 침몰하고 만 것이다. 그대들은 이와 같은 만용의 우를 타산지석으로 삼아야 할 것이다. 조선인이 부르짖는 독립만세는 물 위에 나온 소부분의 빙산이다. 모시侮視할 수 없는 것이다. 모시하면 세계인류의 정의에 부딪혀 일본은 멸망의 구렁텅이에 빠지고 말 것이다."

타나카는 발끈하여 내뱉는다:

"일본이 망하면 동양 전체가 망한다."

초가삼칸 다 타도 빈대만 탈 수 있다면 …
이에 몽양은 차분하고 냉랭한 목소리로 쏘아붙인다.

"조선 속담에 초가삼칸이 다 탄대도 빈대 죽는 것이 시원하다는 말이 있다. 동양이 다 망하여도 일본이 망하는 것만을 볼 수 있다면 그것을 통쾌히 생각하는 것이 우리 조선민족의 솔직한 심정이다."

이 자리를 수행하였던 최근우崔謹愚, 1897~1961(동경유학생 2·8선언에 서명한 11명 중의 한 사람. 대한민국임시정부 임시의정원 의원, 해방 후 건국준비위원회에서 활동. 1960년 사회당 창당. 박정희군사정권 하에서 옥사)는 후일 이 대담에 대한 느낌을 술회해 놓았다.

정의의 싸움의 강력함

"몽양과 타나카를 비교해보면 저쪽은 연장자요, 주권국 대신이요, 군국 권위의 총수이다. 그런데 이쪽은 나이 젊고, 식민지의 한민寒民이요, 피압박민이다. 그러한 형국에도 불구하고, 그 자리는 몽양 혼자서 압도적인 힘을 발산하고 있었다. 나는 정의正義의 싸움의 강력함을 처음 느껴보았다. 또한 정의가 얼마나 무서운 것인지를 그때 두 눈으로 실감했고 그 흥분은 지금까지 내 마음을 설레게 한다. 몽양의 호담명쾌豪膽明快한 응변제압應變制壓은 수도 없이 이어졌다."

24일 오전, 몽양은 아카사카 이궁離宮을 관람하였다. 이곳은 국빈이 아니면 외국인에게도 공개하지 않는 곳이었다. 일본에서도 대신급이 아니면 참관할 수 없는 황궁이었다. 오후에는 조선총독부 정무총감 미즈노水野錬太郎를 만났다. 그때 미즈노는 일본의회 예산회의에 참석차 동경에 와있었다. 3·1독립만세혁명에서 크게 얻어맞은 일본은 10년간의 무단정치를 수정하지 않으면 안되었다. 경무총감이 정무총감으로 바뀌면서 초대 정무총감으로 미즈노가 사이토오 총독과 함께 취임하였다.

미즈노와의 인삿말

이런 미즈노를 만난 몽양은 악수를 하면서 인사를 겸하여 단도직입적으로 물었다.

"경성역에서 강우규姜宇奎, 1855~1920(평안도 덕천 출신의 한의사, 독립운동가. 1919년 9월 2일, 신임하는 총독 사이토오에게 폭탄을 던지다. 3·1혁명 이후의 최초의 의열투쟁. 1920년 11월 29일 서대문감옥에서 교수형당함) 동지의 폭탄이 무섭지 않았소?"

미즈노(18년 연상)는 얼굴이 벌개지면서 어쩔 줄 모르고 한참 동안 어물거리더니 대뜸 물었다.

"그대는 조선을 독립시킬 자신이 있소?"

몽양은 그의 말이 끝나기도 전에 반격했다.

"그대는 조선을 통치할 자신이 있소?"

몽양은 일본이 결코 조선을 통치할 수 없다는 것을 절절히 설명했다. 그리고 조선이 자주독립하지 않으면 안되는 까닭을 역설했다. 이는 우주자연의 불변의 법칙이며, 신神이 명하는 민족의 권리라고 말했다. 미즈노는 조선독립을 부인하고, 몽양은 조선독립을 주장하는 공방전에서 미즈노는 거듭 수세에 몰릴 수밖에 없었다. 그러자 영어로 말을 바꾸어 이야기하기 시작했다. 몽양은 옳다구나 좋다 하고 영어로 맞받아쳤다.

"일본이 조선을 병탄한 것은 동양평화를 파괴하는 죄악의 시작입니다."

제6장: 동경제국호텔 연설과 타이쇼오 데모크라시 | 207

체신대신 노다 우타로오

체신대신 노다 우타로오野田卯太郎, 1853~1927는 당시 일본각료 중에서 머리가 좋기로 유명하였다. 그는 후쿠오카현縣 사람인데 좋은 학교를 다닌 것도 아니고 평민으로서 잡화상을 하다가 중의원 총선거에서 당선되어 하라내각의 체신대신에까지 오른 입지전적인 인물이었다. 노다는 타나카 육상과의 회담 때도 자리를 같이 했던 까닭에 몽양이 어떤 인물인가 하는 것을 대강 알고 있었다. 노다는 몽양일행을 초청하여 오찬을 함께 한 후, 몽양에게 한마디 건넸다.

> "솔직히 말하자면 그대의 하는 일은 쓸데없는 일이다. 일본이 조선을 병탄倂呑한 것은 일본이 살려고 먹은 것이다. 조선을 내놓으면 일본은 죽는다. 일본의 생사가 달린 조선을 일본이 그대로 내놓을 수 없다. 그대의 사업은 망상妄想이다. 그대의 연설이 아무리 위대하여도, 그대의 이론이 아무리 치밀하여도 일본은 조선독립을 승인할 수 없다. 조선이 독립을 하려거든 실력으로 싸우라. 생명을 희생해서 찾으라, 거저는 안 준다!"

몽양은 즉석에서 돈지頓智의 응변을 서슴없이 토했다.

> "내가 동경에 와서 오늘까지 실망의 빛을 감출 수 없었다. 아무것도 볼 만한 것이 없어서 허행虛行을 하였구나 하였더니, 오늘 이 자리에서 비로소 인물 하나 건지게 되는 것 같아, 내가 동

새 시대의 새 지도자 몽양 여운형

경에 온 보람을 느낀다. 그대는 인물이다. 일본인 중에 오직 그대가 과연 인물이다. 일본인 중에 오직 그대가 거짓 없는 참말을 하였다. 내 마음이 상쾌하다."

노다는 기가 막혀서, "내가 졌다" 하며 머리를 흔들었다.

동경제국호텔 연설의 성대한 분위기

1919년 11월 27일 오후 3시, 동경제국호텔에는 5백여 명의 세계 각국의 특파원, 기자, 각계각층의 저명한 인사들이 운집했다. 몽양의 개별회담이 진행되면서 그 기세를 감지한 관료층에서는 제국호텔 기자회견을 취소하고 싶어하는 움직임도 있었다. 몽양은 이러한 사태에 대비하여 동경에 있는 한국유학생들에게 제국호텔강연을 열심히 선전하게 했다. 벽보도 붙이고 다양한 미디어를 통해 선전도 하게 했다. 몽양은 많은 사람이 모일수록 취소도 어렵고, 또 진실의 왜곡이 최소화된다고 생각했다. 하여튼 제국호텔연설의 파장에 대해서는 고위관료들에게 별 문제가 아니라는 식의 판단이 들어섰고 강연은 예정대로 진행되었다.

3·1독립만세혁명의 피날레: 크레인 면담에서 제국호텔까지

이 연설의 본론은 몽양이 우리말로 한 것을 장덕수가 일본말로 통역했다. 마지막 외국기자와의 문답에는 영어로 직접 응답이 이루어졌는데, 도중 박수갈채가 그치지 않았다. 다음날 28일자 각 신문에 경시청 특별승낙으로 번역보도되자 일본 조야 정계는 발칵

뒤집혔다. 이 연설로 몽양은 하룻밤 사이에 국제적 인물로 부상되었다. 몽양에게 이 연설이야말로 3·1독립만세혁명의 피날레였다. 크레인과의 면담에서 시작하여 여기까지 도달하게 된 한 해의 파랑이야말로 모택동의 장정長征에 못지않은 국민적 어드벤쳐였다.

3·1독립만세혁명은 외형적으로 보면, 그 혁명운동이 소기한 파리평화회담에는 한 줄의 정식의제로도 상정되지 못했지만, 그 실상을 살펴보면 그 만세의 문제의식이 새로운 민족국가의 건설을 위한 철학적 신조로서 내면화되는 혁명을 달성한 것이다. 여운형의 제국호텔연설은 실제로 파리강화회의에서의 의제상정보다 몇억만 배 소중한 민족의식의 자산이 되었고, 모든 질서의 법통이 되었고, 오늘날 "빛의 혁명"에 이르기까지의 모든 혁명의 젖줄이 되었다. 우리나라 헌법 전문에 "3·1운동으로 건립된 대한민국 임시정부의 법통"이라 말한 것은 결코 동떨어진 말이 아니다. 연설요지는 다음과 같다.

연설요지

내가 이번에 온 목적은 일본 당국자와, 그 외 식자識者들을 만나 조선 독립운동의 진의를 말하고 일본 당국의 의견을 구하려고 하는 것이었다.

다행히 지금 각원閣員들과, 식자 제군들과 간격 없이 의견을 교환하게 된 것은 유쾌하고 감사한 일이다. 나에게는 독립운동이 평생의 사업이다.

여기 첫머리에 "나에게는 독립운동이 평생의 사업이다"라고 말한 것은 몽양이 동경에 체류하고 있는 기간 동안에 동경에서 또 상해에서 또 국내에서 그를 "독립이 아닌 자치를 구걸하러 갔다"는 식의 왜곡기사가 많았기 때문에, 처음부터 자기존재의 존재이유를 확고히 밝히는 발언이다. 나에게는 "독립운동" 이외의 사업이라고는 있을 수 없다는 뜻이다. 전체 연설의 성격을 처음부터 "독립"이라는 이 한마디로 규정하고 들어간 것이다.

구주전란이 일어났을 때(※ 제1차세계대전 발발. 이 해에 몽양은 유학을 갔다) 나와 우리 조선이 대전에 참가치 못하고 동양 한 모퉁이에 쭈그리고 앉아 우두커니 방관만 하고 있는 것이 심히 유감스러웠다. 그러나 우리 한민족의 장래가 신세계 역사의 한 페이지를 차지할 시기가 반드시 오리라고 자신했다. 그러므로 나는 표연飄然히 고국을 떠나 상해에서 나그네로 있었다.

작년 11월에 대전이 끝나고 상해의 각 사원에는 평화의 종소리가 울리었다. 우리는 신의 사명이 머리 위에 내린 듯하였다. 그리하여 활동을 시작하였다. 먼저 동지 김규식을 파리에 보내고 3월 1일에는 내지內地에서 독립운동이 돌발하여 독립만세를 절규하였다. 곧 대한민족이 전부 각성하였다. 주린 자는 먹을 것을 찾고, 목마른 자는 마실 것을 찾는 것은 자기의 생존을 위한 인간자연의 원리이다.

독립: 자기 생존을 위한 자연의 원리인 동시에 인간의 원리

여기 이 단의 마지막 부분에서 "독립"에 관한 자신의 철학을 제시

한다. 몽양의 사상은 정치적 현상을 앞세우지 않는다. 정치적 현상의 배후에 있는 인간을 말하고 인간의 삶을 말하고, 삶의 본능을 말한다. 그는 우주의 본질이 생명(Life)이라고 보고, 그 생명의 생존능력을 본능이라 규정하고("본능"은 "본래적 능력"이며 결코 서양심리학이 말하는 "인스팅트instinct"가 아니다. 본능은 삶의 원리이다), 그것은 우주의 원리라고 본다. 이 생명의 원리를 "독립"이라고 부른다. 그러므로 독립은 우주의 보편적 원리가 된다. "독립만세"를 절규한 것도 자신의 공으로 돌리지 않았다. 민중의 생존을 위한 자연의 원리라고 보았다.

이것을 막을 자가 있겠는가! 일본인에게 생존권이 있다면 우리 한민족에게는 홀로 생존권이 없을 것인가! 일본인에게 생존권이 있다는 것은 한인이 긍정하는 바이요, 한인이 민족적 자각으로 자유와 평등을 요구하는 것은 신이 허락하는 바이다.

일본 정부는 이것을 방해할 무슨 권리가 있는가? 이제 세계는 약소민족 해방, 부인 해방, 노동자 해방 등 세계개조를 부르짖고 있다. 이것은 일본을 포함한 세계적 운동이다. 조선의 독립운동은 세계의 대세요, 신의 뜻이요, 한민족의 각성이다. 새벽에 어느 집에서 닭이 울면 이웃집 닭이 따라 우는 것은, 다른 닭이 운다고 우는 것이 아니고 때가 와서 우는 것이다. 때가 와서 생존권이 양심적으로 발작된 것이 조선의 독립운동이다.

일본인에게 생존권이 있다는 것을 한국인은 인정하고 존중한다. 우리는 타민족을 침략하고 억압하지 않는다. 우리 한국사람이 일본인의 생존권을 존중하는 것처럼, 일본인들도 한국인의 생존권을 존중해야 할 것이 아닌가? 한국인이 민족적 자각으로 자유와 평등을 요구하는 것은 보편적 하느님의 소명이다.

"때"의 철학: 독립은 때의 요구: 천국이 임하는 것과 같다

새벽에 닭이 우는 것은 옆집에서 닭이 울기에 따라 우는 것이 아니라, 때(카이로스kairos)가 와서 우는 것이다. 그것은 생존권이 양심적으로 발작된 것이다. 예수도 "때가 찼다The time is fullfilled."라고 말했다. 하나님의 나라가 가까웠으니 회개하라고 외쳤다. 닭이 때가 와서 운다고 말한 것은 몽양의 보편철학의 한 측면이다.

> 결코 민족자결주의에 도취한 것이 아니다. 신은 오직 평화와 행복을 우리에게 주려 한다. 과거의 약탈, 살육을 중지하고 세계를 개조하는 것이 신의 뜻이다. 세계를 개척하고 개조로 달려나가 평화적 천지를 만드는 것이 우리 사명이다. 우리의 선조는 칼과 총으로 서로 죽였으나 이후로는 서로 붙들고 돕지 않으면 안 된다. 신은 세계의 장벽을 허락하지 않는다. 이때에 일본이 자유를 부르짖는 한인에게 순전히 자기 이익만을 가지고 한국 합병의 필요를 말했다.

우리의 독립혁명은 미대통령의 민족자결주의와 상관없다.
민족자내의 요구일 뿐

여기 "결코 민족자결주의에 도취한 것이 아니다"라는 몽양 자

제6장: 동경제국호텔 연설과 타이쇼오 데모크라시 | 213

신의 언급이 매우 중요하다. 3·1독립만세혁명은 결코 민족자결주의의 산물이 아니다. 그러한 외래적 이념의 결과물이 아니다. 삶의 기본권을 지키려는 양심의 발로이지 어떠한 이념의 개념적 산물이 아니다. 그것은 생명의 본능이며 삶의 원리이다. 우리민족 모두의 자내적自內的인 요구인 것이다.

첫째, "일본은 자기방위를 위하여 조선을 합병하지 않을 수 없다"고 한다. 그러나 러시아가 차제此際에 무너진 이상 그 이유가 성립되지 않는다. 조선이 독립한 후라야 동양이 참으로 단결할 수 있다. 실상 일본의 의도는 이익을 위했던 것이었을 뿐이다.

둘째, "조선은 독립을 유지할 실력이 없다"고 한다. 우리는 과연 병력이 없다. 그러나 이제 한민족은 깨었다. 열화 같은 애국심이 이제 폭발하였다. 붉은 피와 생명으로써 조국의 독립에 이바지하려는 것을 무시할 수 있겠는가. 일본이 조선의 독립을 승인하면 조선에는 적이 없다. 서쪽 이웃인 중화민국은 확실히 조선과 친선할 것이다.

일본이 솔선하여 조선의 독립을 승인하는 날이면 조선은 마땅히 일본과 친선할 것이다. 우리의 건설국가는 인민이 주인이되어 인민을 다스리는 국가일 것이다. 이 민주공화국은 대한민족의 절대적 요구요, 세계 대세의 요구다.

조선민중의 국가비젼, 일본과 다르다!

여기 결론적 부분에서 한국이 지향하는 국가형태를 확실히 밝히고 있다. 일본은 천황제국가이다. 천황에로의 절대적 복속을 전제로 하여 국민의 자유는 제약된다. 민주나 혁명은 근원적으로 불가능한 정신구조를 지니고 있다. 그러나 한국인이 건설하려는 국가는 인민이 주인이 되어 인민을 다스리는 국가이다. 이 주권재민主權在民의 민주공화국이야말로 대한민족의 절대적 요구요, 세계대세의 요구이다. 몽양은 일본제국의 센터에서 대한민국임시정부의 헌장을 선포하고 있었던 것이다.

평화란 것은 형식적 단결로는 성취하지 못한다. 이제 일본이 아무리 첩첩이구喋喋利口로 일중친선日中親善을 말하지만, 무슨 유익이 있는가. 오직 정신적 단결이 필요한 것이다. 우리 동양인이 이런 경우에 서로 반목하는 것이 복된 일인가? 조선 독립문제가 해결되면 중국문제도 용이하게 해결될 것이다. 일찍이 조선독립을 위하여 일청전쟁과 일로전쟁을 했다고 하는 일본이 그때의 성명을 무시하고 스스로 약속을 어겼으니, "한·화" 두 민족이 일본에 대해 원한을 품지 않을 수 있겠는가. 조선독립은 일본과 분리하는 듯하나 원한을 버리고 동일한 보조를 취하여 함께 나가고자 하는 것이니 진정한 합일合一이요, 동양평화를 확보함이며 세계 평화를 유지하는 제일의 기초이다. 우리는 꼭 전쟁을 하여야 평화를 얻을 수 있는가? 싸우지 않고는 인류가 누릴 자유와 평화를 못 얻을 것인가?

일본 인사들은 깊이 생각하라! (몽양기념관에서 나온 『몽양의 길』과 이기형의 『여운형 평전』을 참고하였다).

여운형의 제국호텔연설이 일본정가에 던진 임팩트는 실로 거대한 것이었다. 멕시코 유카탄반도를 때린 운석과도 같은 충격이었다. 본시 하라 타카시 수상, 타이쇼오 천황과의 면담도 예정되어 있었으나 취소되었다.

요시노 사쿠조오 교수와의 해후

일본의 양심이며 타이쇼오 데모크라시의 추동자인 요시노 사쿠조오 교수는 제국호텔강연장에 와서 직접 몽양의 강연을 들었다. 그리고 감동을 받았다. 그리고 29일 오후 제국호텔로 여운형을 찾아갔다. 그리고 여운형의 연설내용에 포함되어 있는 세계질서에 관해 매우 진지한 토론을 했다. 다음해 1월 『중앙공론中央公論』이라는 월간잡지에 "소위 여운형사건에 관해서"라는 시론을 발표했다. 양원兩院 의원들이 여운형을 초청한 정부측을 공격하고 나서자, 초청자측을 옹호하는 입장을 개진한 것이다. 글 중에 다음과 같은 구절이 있다.

"여씨가 주장하는 것들 가운데는 확실히 하나의 침범할 수 없는 정의의 섬광이 있다. 이렇게 말할 수 있는 까닭은 내가 그와 직접 회담할 수 있는 기회를 가졌기 때문이다. 그는 일개 젊은 신사로서 별다른 경력을 자랑하지 않으나, 품격과 견식의 측면에서 나는 드물게 보는 존경할 만한 인격을 그에게서 발견했다. 중국, 조선, 대만 등지의 많은 사람들과 회담의 기회를 가졌지만, 교양 있는 존경할 만한 인격으로서 여운형씨는 가장 뛰어난 한 사람임을 단언한다. 그가 아무리 제국에 대하여 용납할 수 없는 계획을 하고 있었다고 해도, 그를 도덕적으로 비하하고 욕하는 것은, 아무래도 우리의 양심이 허락하지 않는다.”

여기 "가장 뛰어난 한 사람"이라는 말의 일본어 표현은 "呂運亨氏の如きはその最も勝れたる一人である”이다. 영어의 "one of"를 따른 관용구적인 표현인데, 결국 자기가 만난 사람 중에서 가장 뛰어난 인물이라는 뜻이다.

몽양이 상해에서 동경행을 승낙한 조건 중에는 "귀로 조선 경유"가 들어 있었다. 꿈에도 잊지 못하는 고국에 들러 옛 친구와 동지들을 만나고 싶었기 때문이다. 일본정부도 그 약속을 지키려고 노력했다. 그러나 몽양의 귀국에는 엄청난 환영인파와 소요가 예상되고 있었다.

시모노세키의 복어횟집
몽양은 더이상 상해의 청년이 아니었다. 몽양 일행이 시모노세키에 당도했을 때 거기에는 뜻밖에도 조선총독부 고등경찰과장 시라카미 유우키찌白上佑吉, 1884~1965(일본경찰관료)가 기다리고 있었다.

"귀하가 조선을 통과하면 다시 만세소요가 날 듯하니 바로 상해로 돌아가시오."

몽양과 장덕수는 복어횟집에서 석별의 잔을 나누었다.

몽양은 장덕수의 손을 잡고 말했다.

"그대를 국내로 보내는 것은 화염 속으로 보내는 것 같다. 국내의 일을 그대에게 부탁한다."

장덕수가 대답했다.

"그대를 해외로 보내는 것은 망망대해로 보내는 것 같다. 해외의 일을 부탁한다."

한 사람은 상해로, 한 사람은 국내로 떠났다.

— 2025년 7월 25일 밤 9시 탈고 —

— 2025년 7월 2일 밤 10시 쓰기 시작 —

몽양 여운형 연표

몽양夢陽 여운형呂運亨 연표

― 몽양시대의 사건과 인물들 ―

1886년 4월 22일(양 5월 25일, 정오)_몽양, 경기도 양평군楊平郡 양서면楊西面 신원리新院里 묘꼴妙谷에서 출생(태양을 치마폭에 감싸는 태몽으로, 조부가 "몽양夢陽"이라는 아호 작호). 본관은 경남 함양咸陽, 경파 9대 종손(본적: 경성부 연지동蓮池洞 136번지): "나의 고향은 경기도 양주楊州다. 나는 풍광風光이 명미明媚한 양주 땅에서 소년시대를 순전히 조부祖父의 사상적 감화를 밧으면서 자라낫다."(「자서전 1 ─ 나의 청춘시대」『삼천리』 1932년 9월) / 1713년(丁亥)부터 신원리 묘꼴 정착. 여운형의 8대조 할아버지 여필용呂必容이 선친 여규제呂奎齊의 묘를 관리하기 위해 양평 묘꼴에 영회암永懷庵을 짓고 정착했다(9대조 여규제의 둘째 형이 숙종 때 영의정을 역임한 운포雲浦 여성제呂聖齊[1625~1691]이다).

1891년(6세)_몽양, 고향에서 6년간 사숙私塾에서 사서오경 등 한학을 수학. 조부 여규신呂圭信으로부터 한학·역사·지리 등을 수학했다(~1900년).

1894년 1월 10일(양 2월 15일)_조병갑趙秉甲 고부군수 학정에 대해 고부농민봉기. 제1차 동학농민혁명 발발 / 3월 20일(양 4월 25일)─전라도 무장기포(〈동학포고문〉) / 3월 25일(양 4월 30일)─고부 백산기포. 호남창의소 설치(〈격문檄文〉) / 4월 7일(양 5월 11일)─정읍 황토현 대첩 / 4월 23일(양 5월 27일)─장성 황룡촌 대첩 / 4월 27일(양 5월 31일)─동학농민군 2만여 명, 전주성 무혈입성 / 5월 7일(양 6월 10일)─전봉준全琫準(1855~1895) 창의대장 ─ 홍계훈洪啓薰 초토사, 전주화약全州和約 체결(21개조 폐정개혁안 수락). 전라도 53개 군현 집강소執綱所 설치.

1894년 6월 21일(양 7월 23일 새벽 4시)_동학군과 평화조약을 맺고, 평온을 찾은 조선에서 청나라의 동시철병을 거부하고, 조선의 내정개혁을 주장하던 일본육군은 경복궁 무력난입·불법점령약탈·고종가족을 연금시켰다.

1894년 6월 22일_친일 김홍집내각 수립(일본인 고문관이 정부 각 부서에 포진된 실질적인 **일본군정체제**. 김홍집내각을 구성한 친일관료들은 일본공사관에서 추천).

1894년 6월 23일＿일본해군, 선전포고도 없이 아산만 풍도 앞바다의 청국군함 기습공격. 청일전쟁 발발(~1895년 3월). 청나라와 일전을 호시탐탐 노렸던 일본은 조선땅을 청일전쟁의 참혹한 전쟁터로 전락시켰다.

1894년 9월 12일＿전국 동학지도부(동도대장: 전봉준), 전주 삼례 동학창의대회에서 전국적 항일무장항쟁 재기 결정(일본육군의 경복궁 무력난입·점령과 친일괴뢰정권 수립에 격분). **제2차 전국적 항일抗日 동학농민혁명 발발** / 7월－성두한成斗漢 청풍 대접주, 신당장에서 기포. 일본군 군용전선을 끊고 군수물자운반 방해 활동 / 8월 1일－충청도 동학농민군, "관민이 힘을 합쳐 항일전에 나서자." / 9월 2일－진주동학군, 73개 이임里任에게 항일전 집결 〈통문〉 발송 / 9월 4일－평창에 집결한 동학농민군(지휘: 성두한 대접주) 수천명, 강릉부 진격·점령. 강릉부 동문에 방문榜文 부착: "고치기 어려운 삼정의 폐단을 고쳐 바로잡자! 나라의 잘못된 것을 고치고 백성을 편안하게 살게하자! 矯革三政之弊癏! 輔國安民!" / 9월 10일－김인배 순천 영호대접주, 동학군 7천여 명을 진주성에 보냄. 〈보국안민〉 깃발 들고 진주성 입성(9월 18일) / 9월 18일－해월 최시형 법헌, 전국 동학도유들에게 항일무력봉기 총기포령 / 9월(중순)－친일개화당정부, 동학초멸정책 결정. 일본 히로시마 대본영, 동학당 모조리 살육할 것을 결정(9월 29일). 동학토벌대 파견(일본군 후비보병 독립 제19대대[지휘관: 미나미 코시로오南小四郎 소좌]), 인천항 도착(10월 9일) / 10월 21일－충청도 목천 세성산細城山 전투·강원도 홍천 장야촌長野村 전투 / 10월 23일－제1차 공주전투 승리(~25일) / 10월 24일－충청도 서부지역 동학농민군, 당진 승전곡에서 일본군 격퇴. 홍주성 전투(28일~29일) / 11월 3일－해주 동학농민군, 취야장터 시위 / 11월 4일－고종, 동학군초토화 목표를 위해 일본군을 적극 도우라고 〈칙유〉를 전국적으로 발함 / 11월 8일－제2차 공주전투 참패(~11일) / 11월 17일－무안·함평 동학군 수만명 고막포 집결 / 12월 5일－장흥동학군, 장흥도호부 점령. 강진성 점령(7일). 강진병영 접수(10일). 동학군 수만 명, 석대들·옥산·월정 최후 결전(~18일). **동학농민군을 조선침략·대륙진출의 가장 큰 장애로 파악한 일본군은 동학농민군을 가혹하게 학살했다** / 1895년 1월 24일(양 2월 18일)－동학농민군의 고산현 대둔산(전북 완주군) 최후항전 / 1895년 3월 30일(양 4월 24일)－동학농민혁명 지도부, 교수형에 처해짐(전봉준[41세]·손화중[35세]·김덕명[51세]·최경선

[37세]·성두한[48세]) / 8월 20일(양 10월 8일) ― 을미사변(일본작전명: 여우사냥). 미우라 코로오三浦梧樓 일본공사 지휘하에 조선왕비 민중전 살해. 단발령 실시 (11월 15일[양 12월 30일]) → 항일 을미의병 전국적 봉기.

1894년(9세)_몽양의 온식구들, 청일전쟁과 전국적인 항일 동학농민항쟁으로 단양丹陽 샘골泉洞로 피난(~1895년) / 1881년(辛巳) 6월 ― 해월, 충청도 단양군 샘골 여규덕呂圭德(몽양의 작은 할아버지)의 집에서『용담유사』한글동학경전 간행.

1895년(개국 504년) 11월 17일(양 1896년 1월 1일)_태양력 시행.

1899년(14세)_몽양, 경기도 용인의 진주 유씨 유세영柳世永의 장녀(1882~1903)와 혼인. 함양 여씨 족보에 이름올리다("나의 본관은 경남 함양으로 문중은 주로 경기도 양평에 있고 14세에 족보를 만들 때에 내 이름을 실은 일을 기억하고 있다. 호적에도 실려있지만 15세 이전, 즉 어렸을 때 이름을 **천리구千里駒**라고 불렀다." 〈여운형 신문조서 제5회〉, 경성지방법원 검사국, 1929년 8월 5일).

1900년(15세)_몽양, 신학문에 뜻을 두고 배재학당培栽學堂에 입학(배재학당의 교사였던 7촌 당숙 여병현呂炳鉉의 권유): "이러케 시골구석에 초목으로 더부러 썩을 것이 아니라고 각오하고 **상투 튼 몸이 일조一朝에 여장旅裝도 업시 서울을 차저 올너왔다."(「자서전 1─나의 청춘시대」. "그래서 좌우간 이 모양으로 산속에 파묻힐 때 아니라는 생각으로 하루는 담뱃대 하나만 들고 그야말로 폐포파립敝袍破笠으로 나는 표연漂然히 집을 나와 서울이 있다는 서북방면을 향하여 도보徒步하기 시작하였으나. … 「나는 왜 중이 되었나」. 만해 한용운 19세[1897년]). 완고한 기독교 교육과 선교사들의 우월의식이 체질에 맞지 않아 1년만에 배재학당 자퇴**(주일날 운동을 해서 성수주일聖守主日 위반 벌점을 받는 것을 용납못함) / 1933년 9월 ― 몽양, 『현대철봉운동법』(1934년 간행. 지은이 서상천徐相天은 중앙체육연구소·휘문고보 교사로 몽양의 친구)의 〈서序〉 쓰다: "내 일즉이 유년시기에 체질이 가히 약하고 또 다병하다가 **거금距今 34년 전 처음으로 경성에 왔을 때에 각병영各兵營에서 군인들의 철봉운동에 힘쓰는 것을 보고 나 역시 유희遊戲삼아 나의 처소에 철봉을 가설하고 조석朝夕으로 운동을 계속하였든바 의외의 효과를 얻게되야 약간若干의 잔병이 다 없어지고 신체도 강장强壯한 이 쾌태快態로 되어졌다." / "나는 14세 때 고향을 떠나 해내海內, 해외海外로 방랑생활을** 하는 동안 아직 일두락一斗落의 토지나 한 초간옥草間屋을 가져본 일이 업다. 그리고도 나는 지금까지 살아왔다. 이제

새삼스럽게 내가 6,7십원짜리 집한채에 욕심을 낸다면 그것은 망영妄靈이다."(『비판』, 1938년 10월호).

1901년(16세)_몽양, 흥화학당興化學堂 입학: "흥화학당이 창설되엇슴으로 다혈질의 여러 학우들과 함께 나는 그 학교에 입학하였다. 미국공사로 가잇든 충정忠正 민영환씨閔泳煥氏가 귀국하여 설립. … 구라파에 유학갓다가 도라온 신진학자들을 초빙하여 생전 들어도 못보든 물리화학이나 영어 등을 가르키엇다. … 학생들과 선생들은 서로 통곡하고 갈라젓고 학교는 폐교되고 말엇다."(「자서전 1-나의 청춘시대」).

1902년(17세)_몽양, 관립우체학교官立郵遞學校(우무학당郵務學堂·우정학당郵政學堂·전무학당電務學堂) 전학(~1905년). "만국우편공법萬國郵便公法을 불란서 원문대로 배우고 또 새로 제정된 우무규정郵務規程을 순한문으로 배웠다."(「자서전 1-나의 청춘시대」). 1905년 4월 러일전쟁에서 승승장구한 일본은 한국의 우편기능을 일체 일본에 위임한다는 〈한국통신기관 위탁에 관한 약정서〉 체결(여운형 등 수십 명의 학생들은 궁궐앞 시위하다가 쫓겨났다. 몽양은 아버지의 만류에도 불구하고 우무국郵務局 고액 기술관[월급 27원]에 예정된 취직을 거부했다).

1903년(18세) 8월_몽양, 상처喪妻 / 10월-"불우不遇의 혁신가革新家" 조부 여규신呂圭信 별세. 몽양의 할아버지는 유학 소양이 운양雲養 김윤식金允植에 떨어지지 않은 강개지사慷慨之士로 몽양의 소년시대를 순전히 조부의 감화로 사상을 닦았다("조부의 사상은 중국을 치자함이다. 중국은 우리 반도를 속국인 듯이 자부自負하고 모든 정치상 테제를 보낼뿐더러 사사건건이 간섭하며 조공을 강요하며, 통상무역에 자기네편 편리만 주장하는 등 우리족속을 전통적으로 무시하여왔다. 당당한 국가로써 이렇게 큰 모욕이 어대 있느냐 하야 몸소 중국 정토征討의 장문長文의 건의建議를 조정에 올릴뿐더러 뜻을 같이 하는 재야在野의 정객들과 서로 손을 맞잡고, 크게 일을 이루기 위하여 무슨 결사結社를 만들고 동분서주하고 계시었다. 그러다가 일이 아직 열매를 맺기 전에 그 비밀이 탄로되어 평안도 영원寧遠이란 산고곡심山高谷深 무인지처無人之處로 수년간 정배定配로 갓든 터이다. 몇해만에 돌아오신 날 우리들이 동구밖에 나가보니, 그리 좋던 풍체는 이미 간 곳이 없고 이마에는 헤아릴 수 없는 주름살이 여러 가닥이 흘렀으며 기력도 몹시 쇠하셨다. 우리들은 풀밭에서 소리놓아 울었다."「중국경륜中國經綸이 발단發端되어」『삼천리』 1933년 9월).

1904년 2월 8일 _ 일본군, 선전포고도 없이 러시아 조차지 요동반도 여순항 기습 공격. 러일전쟁 발발(~1905년 9월 5일). 중립선언도 무시된 대한제국 땅은 러일전쟁의 병참 기지로 전락.

1905년(20세) _ 모친 경주 이씨(1854년생 이항복의 10대 손녀) 별세. 진상하陳相夏와 재혼.

1905년 11월 17일 _ 을사늑약乙巳勒約. 이토오 히로부미伊藤博文(1841~1909) 전 내각 총리대신(초대·5대·7대·10대, 8년간 일본제국 국정장악), 대한제국 대신 8명 중 5명의 찬성(을사오적: 학부대신 이완용·내부대신 이지용·외부대신 박제순·군부대신 이근택·농상공부대신 권중현)을 도출시켜 〈한일외교권 위탁조약안〉 가결 선언: "대한제국의 외교권 박탈 및 일본국 통감부·이사관理事官 설치"

1906년(21세) 4월 _ 부친 여정현呂鼎鉉(1857년생) 별세. 귀향. 삼년상 / "나는 항상 현실의 조그마한 집안일에 매여 달려 있으려는 소극적이고 타협적인 아버님을 위하야 조혼 아들이 될 수는 없었다. 그 보담도 **남아의 의기와 기개를 고취鼓吹하기에 게을르지 않는 어머니와** 뜻이 맞았으며 항상 무릎우에 나를 안고서 중원의 천하를 론하고 중국에의 길을 가르켜 주시는 **불우의 혁신가인 조부의 감화가 나를 많이 지배하였든 것이다.**"(「나의 회상기回想記」『중앙』, 1936년 3월).

1906년(21세) _ 몽양, 기독교 입교. 미국선교사 찰스 알렌 클라크Charles Allen Clark(郭安連)가 경기도 양평에 묘곡교회 설립. 몽양은 클라크 목사와 교류하며 이즈음에 기독교 입교(기독교를 신문물의 창구로 인식했고, 기독교를 통해 민족자강운동이 가능하다고 인식) / 1905년 1월 ‾ 만해 한용운(27세), 강원도 설악산 백담사로 입산·출가.

1907년 4월 _ 항일비밀결사 신민회新民會 발기·총회(총감독: 양기탁, 총서기: 이동녕, 재무: 전덕기, 집행원: 안창호). 애국계몽운동그룹·독립협회 청년회원들·남대문 상동감리교회·장로교회 교인들·서울평양 서북지방의 실업가 중심으로 결성된 항일비밀결사단체(1910년경 회원수 800여 명). 향후 민족교육계몽운동(평양 대성학교, 정주 오산학교, 강화도 보창학교 설립), 국외 독립군기지 건설(신흥·동림·밀산무관학교)을 저변으로 한 독립운동지사들의 요람(국권회복과 민주공화정체제의 근대 국민국가 수립 목표) → 조선총독부, 날조된 105인 사건(신민회 사건)으로 신민회 민족지사들 700여 명 일망타진(1911년 1월. 105인에게 형 언도[1912년 9월 28일]. 99명 〈105인 사건〉 무죄석방[1913년 7월] → 몇몇 고위급 매국노로 인해 불법적으로 강탈당한 국권을 신민회 항일민족지사들은 대중을 각성시켜서 합법적으로 국권을 회복하려고 노력했다. 이에 공포감을 느낀 조선총독부는 사건을 날조하여 민족지사들을 "예비검속" 차원에서 3년간 구금시켰다).

1907년 7월 20일_헤이그밀사 파견으로 대한제국 고종황제, 강제로 퇴위당함 / 7월 24일─한국통감의 전적인 한국통치를 인정하는 〈정미7조약〉 체결 / 7월 31일─ 대한제국군 해산당함 → 을사의병(동학농민군+유생)에 이어 강제해산된 대한제국군들이 합세하여 3년간 정미의병(1907~1910)의 투쟁은 계속된다.

1907년_몽양, 양평 자택 사랑방에 기독사립 광동학교光東學校 설립(문중을 설득하여 학교설립 기금마련. 김용기 · 여운혁 등이 졸업생) / "집 사랑방에 인근 청소년을 모집하여 지리, 역사, 산술 등 이른바 신학문을 가르치기 시작했다. 얼마 후 형님은 장로교의 미국인 선교사인 곽안련C. A. Clark 목사의 도움을 받아 기독 광동학교를 설립했다. 정식 간판을 내걸고 학생도 모집하여 교과목도 수신, 이과, 성경을 추가하는 한편 매주 일요일에는 예배를 보게 하여 본격적인 기독교학교로 운영하기 시작했다. 그때 근처의 학생들은 통학했으나 2, 30리 떨어져 있는 학생들은 음식을 가지고 와 기숙을 하며 공부했다. 근대적 신학문을 가르치는 학교로서 동대문 밖으로는 이것이 처음이라고 생각된다."(여운홍, 『몽양 여운형』, 1967).

1907년(22세)_몽양, 양평에서 국채보상운동 전개. 각지로 순회 연설. 단연동맹斷煙同盟 조직. 양평장터에서 담배를 끊어서 국채를 보상하자고 호소: *"여러분은 담배를 피우며 노예로 살겠습니까! 아니면 담배를 끊고 자유롭게 살겠습니까! 담배는 나라를 되찾은 뒤 다시 피울 수 있으나 빼앗긴 나라를 찾을 기회는 쉽게 오지 않습니다."*

1908년(23세) 4월_몽양, 3년상을 마치고 집안의 노비해방(노비문서와 빚문서 소각): "오직 인간은 낳을 때부터 평등이니 주종지의主從之義는 어제까지의 풍습이요. 오늘부터는 그런 오래된 생각을 탈피하고 제각기 알맞은 직업을 찾아라. 그대들은 다 해방한다. 지금부터 저마다 자유롭게 행동하라. 이제부터는 상전도 없고 종도 없다. 그런고로 '서방님'이니 '아씨'니 하는 칭호부터 싹 없애라." 노비를 해방시킨 뒤 비난하는 사람들에게 몽양이 한 말: "인간은 날 때부터 자유롭고 평등하며 생존권은 신성한 것이다. 시대의 조류는 조만간 인간 세계의 여러 모순을 그대로 두지 않을 것이다. 서둘러 이 과거의 껍데기를 벗지 못하면 국

몽양연표 | 225

가도 개인도 이내 망하고 말 것이다."(몽양에게는 일찍이 동학의 인내천사상이 몸에 배어있었고, 기독교의 인간평등사상도 일조했다) / 1891년 5월 ─ 해월, 신분타파에 대한 강한 의지 피력: "天은 無處不在하신지라. 天이 어찌 門地로서 人의 差別을 定하엿스리오."(『천도교서』). "수운 대선생께서는 일찍이 여비女婢 두 사람을 해방하여 한 사람은 양녀로 삼고 또 한 사람은 자부子婦로 삼았다."(『천도교창건사』).

1908년(23세)_몽양, 서울 동대문 창신동으로 이사. 인사동 승동勝洞교회 전도사로 활동(~1914년). 서울 인사동 승동교회(담임목사: 곽안련Charles Allen Clark[1878~1961]) 의 조사助事(전도사)에 적을 두고 생활을 하다(~1913년). 황성기독교청년회 YMCA와 남대문 상동교회청년학원에서 이상재・이회영・여준・김규식 등 기독인사들과 폭넓게 교류(신민회新民會 회원) / 1908년부터 측량測量학교를 다니던 조동호趙東祜(1892~1954. 해월 최시형 법헌이 동학대소도를 마련했던 옥천 청산면이 조동호의 고향)는 창신동에 살고있는 저명한 동학도 집안의 자제로 알려진 몽양 여운형을 찾아 뵙고 서로 의기투합하다.

1909년(24세)_몽양, 신민회 활동의 일환으로 강릉 초당의숙草堂義塾의 교사로 초빙됨(~1911년). "나는 마흔일곱을 먹은 오늘에 안저 과거 청소년시대를 회상할 때 가장 감개가 깁든 것은 초당의숙의 수삼년간이엇다. … 학도들은 모다 삼십사오세의 선비들로 한문은 사서오경급의 창달한 한학자들이엇다. 나는 여기에서 학술에 주력하기보다 추이推移하는 세사世事를 말하여 주기에 급하엿다. 그래서 자리 편 방안에 그 학원學員들이 쭉 들너안고 나도 그 틈에 껴서 국가의 현상과 동양의 대세를 논급論及하엿는데 논급하고 나면 학도들은 모다 격하야 울엇다. 그때는 사제師弟의 구분이 업시 서로 팔을 붓들고 울고는 이약이하엇다. … 명치연호明治年號사용문제로 조선총독부와 정면충돌하여 학교 폐쇄(1911년 여름. 단기檀紀・서기西紀 연도 못쓰게 하고 명치연호 강요에 굴복하지 않은 초당의숙을 포함한 강릉의 31개 사립학교 폐교)."(『자서전 1 ─ 나의 청춘시대』, 1932년). 몽양이 초당의숙 학생들에게 가르친 노래: **"무쇠골격 돌주먹 소년남아야 애국의 정신으로 분발하여라"**(여연구, 『나의 아버지 여운형』).

1910년 8월 29일(庚戌國恥日)_조선 27대 왕 순종, 대한제국의 종말을 고하는 〈칙유勅諭〉 발표.

1911년 6월 3일_조선총독부, 〈사찰령〉 공포. 전국 사찰의 인사권과 재정권 장악.

1911년 8월 23일_조선총독부, 〈조선교육령〉 공포. 우리민족에게 이성이 발달할 수 있는 교육기회를 주지않고 단지 일본신민화臣民化의 토대조성이 조선총독부의 교육방침이다.

1911년(26세)_승동교회 전도사 여운형, 황성기독교청년회 전도집회에 성가대로 참석(성가부르는 여운형 사진이 연세대학교 이승만 연구원에 소장). 황성기독교청년회YMCA(1903년 10월 28일 창설. 배재학당 교사인 여병현[미국유학생] 당숙은 YMCA 설립에 주도적 역할) 운동부장으로 청년운동 전개.

1911년 10월 10일_중국 신해혁명辛亥革命 / 1912년 1월 1일─중화민국 성립선포(왕조에서 공화국으로). 중국 신해혁명을 이끈 손문孫文(1866~1925), 중화민국 임시대총통 취임(남경) / 1912년 2월 12일─청나라 마지막 황제 부의溥儀(1906~1967) 퇴위 / 1912년 8월 15일─손문, 북경에서 중국국민당 결성(중산 손문은 현재도 중국과 대만 양쪽에서 국부國父로 모시고 10년마다 기념대회를 개최한다).

1912년(27세)_몽양 여운형, 평양 장로교회 연합 신학교 입학.

1912년_몽양, 황성YMCA야구단 단장으로 일본 동경 원정 야구경기 참가.

1913년(28세)_여운형 승동교회 전도사, 경성중앙기독교청년회 제1회 학생연합 하기夏期 대사경회大査經會(성경공부) 강사로 참석(1913년 8월 1일 몽양도 함께한 단체사진이 한국기독교역사박물관에 소장. 황성기독교청년회YMCA가 1913년부터 경성중앙기독교청년회로 명칭변경).

경성중앙기독교청년회 제1회 하기 대사경회

여운형

1913년(28세)_몽양, 신민회의 중국대륙 활동무대인 서간도西間島 답사(서간도의 기근을 위무하기 위해 파견되는 클라크 목사와 동행. 우당 이회영·석주 이상룡 등의 만주무장투쟁독립기지 현장답사. 만해 한용운은 1912년 7월에 서간도 시찰 중 오인 피격당함). 몽양은 세계대세를 파악하는 책원지策源地는 문화가 앞서고 인문이 개발되고 교통이 편해야 한다는 판단하에 최종적으로 상해─남경을 택하게 된다(이때 동생 여운홍呂運弘[1891~1973]은 미국 우스터대학교College of Wooster로 6월에 유학) / "나날이 쇠망하여 가는 조토祖土의 암담한 형세와 다만 개인적 영달이외에는 아무런 리상도 없이 공연히 국민의 지도권을 붓잡고 있는 당시의 부패한 정치가에 대한 불평과 분노는 일즉부텀 나의 마음속에 외국에의 동경을 씨뿌려 주었든 것이다." (「나의 회상기回想記」『중앙』 1936년 3월) / 4월 ─ 우사尤史 김규식金奎植(1881~1950), 양부養父 언더우드Horace Grant Underwood元杜尤(1859~1916) 목사의 추천서를 갖고 상해로 망명.

1914년 7월 28일 ─ 제1차 세계대전 발발(~1918년 11월 11일).

1914년(29세) ─ 몽양, 평양 장로교 신학교 중퇴. "평양장로교 신학교에 약 3년간 다녔다. 그러나 우리 조선인에 대한 서양인의 무시(서양인의 태도가 하나같이 광포狂暴했다)를 참을 수 없어, 해외로 나가 신학을 연구하고 조선에 돌아온 후 크게 전도의 계획을 기할 욕심으로 1914년 가을 무렵 조선총독부로부터 여권교부를 얻어 중국 난징 진링대학을 목표로 중국을 건너갔지만, 공교롭게도 그곳에는 신학과가 없었던 까닭에 할 수 없이 영문과에 입학. …" (〈여운형 신문조서 제7회〉, 경성지방법원 예심괘, 1930년 3월 6일).

1914년 12월(하순) ─ 몽양, 중국유학. 추천서를 써준 언더우드 목사로부터 유학자금을 변통하고 평생동지 옥천사람 유정榴亭 조동호趙東祜(1892~1954)와 함께 중국유학행(서울[조선총독부 여권발급] ─ 개성 고려병원[절친 이만규 집에서 하루 유숙] ─ 압록강변 단동丹東[이륭양행怡隆洋行 배타고] ─ 청도靑島[독일조차지. 1차세계대전 와중에 영일연합군에게 점령된 곳. 1주일간 유숙하며 급변하는 세계정세 파악] ─ 상해 ─ 남경 도착).

1915년(30세) 2월 초 ─ 몽양, 중국 남경南京 **금릉대학金陵大學**(현 남경대학) **영문과 입학**(~1917년 봄 중퇴. 영문학과 철학·서양역사를 힘써 공부함. 미국기독교 재단. 교수는 미국인. 학생은 미국인 1명, 중국인 600여 명, 조선인 3~4명. 조동호는 금릉대학 중어중문학부에 입학). "유쾌한 시일"로 회상하는 늦깎이 금릉대학생 몽양은 삼년간 20대 초반의 중국청년들과 운동으로 어울려 노는 한편 **주야로 필사적으로 공부를 하여, 난해難解하게 여겼던 영어와 중국어를 자유롭게 말할 수 있게 된다.**

1915년 ─ 몽양, **여름방학 때 일시 귀국.** 마포 한강에서 헤엄쳐 오갈 때 만난 경기고등보통학교 3학년 학생 이범석李範奭(1900~1972)의 열망에 따라 상해로 망명시켜서(1915년 11월 25일. 이범석은 몽양의 동지인 신석우申錫雨의 처남), 항주군관杭州軍官예비학교에 입학시킴(예관 신규식의 주선). 이범석은 중국인으로 위장해서 중국운남육군강무학교에 입교(12기. 손문孫文의 추천·당계요唐繼堯[운남성

군벌]의 신원보증). 기병과騎兵科 수석졸업 후, 서간도 신흥무관학교의 교관으로 독립군을 양성하고 청산리대첩에서 혁혁한 공을 세웠다(1920년 10월). 대한민국 임시정부 광복군 육군소장에 취임(1940년 9월 17일). 대한민국 초대국무총리 겸 국방부장관 취임(1948년 8월).

1916년(31세)_여운형 · 조동호, 예관 신규식을 통해 상해 독립지사들과 교류. 상해 프랑스조계에 독립활동의 기반을 둔 예관眺觀 신규식申圭植(1879~1922)의 주선으로 동제사同濟社 · 신아동제사新亞同濟社 등 독립운동단체에 가입하여 한국독립지사들과 교류. 중화기독교청년회 · 한인교회를 통해 재중교포 · 구미인 · 중국인들과 폭넓게 교류하면서 한국독립운동의 국제적 토대 마련 / *대한제국이 일본제국에 병탄당하고(1910년 8월) 중국은 신해혁명(1911년 10월)이 성공함에 따라 한국의 독립지사들이 본격적으로 상해로 망명. 중국 동맹회에 일찍이 가입하여(중국혁명의 수뇌부인 손문孫文 · 진기미陳其美 · 송교인宋教仁과 친교) 신해혁명에도 적극 참여했던 예관 신규식의 집(불란서조계: 일본의 행정력이 미치지 않는 곳)을 거점으로 해서 한국독립지사들이 포진되어 있었다(김규식, 문일평, 신채호, 한기악, 박은식, 홍명희, 선우혁, 신석우, 조소앙, 박찬익, 한진교, 민충식, 한흥교, 민필호 등).

1917년(32세) 1월_몽양, 상해의 협화서국協和書局Mission Book Company(北京路 18호)에 취직(미국인 피치Fitch 선교사[장남은 항주대학교 교장, 차남은 상해 YMCA 총무]가 경영하는 서적위탁판매부 주임. 해외 여권수속도 겸임. 우무학당의 탄탄한 배움으로 탁월한 실력발휘). 가족들(부인과 아들 봉구)과 함께 상해 정착. 상해한인교회 전도사로도 활동하며 상해교민들과 조직한 친목회는 〈상해교민단〉으로 확장시켜 상해대한민국임시정부의 기반을 구축했다. 한문과 중국어가 능통한 조동호는 『구국일보救國日報』 기자가 되어 상해지역에 있는 한국인의 반제항일反帝抗日 운동을 고취하는 날카로운 필봉을 드날리기 시작했다.

1917년 2월_몽양, 상해 인성학교 설립. 상해교민들이 중심이 되어 자녀들을 위해 상해공립인성仁成학교 설립(10년간 교장재임. 여운홍, 김두봉, 선우혁 등 교장역임. "인성학교는 내가 단독으로 1917년 봄 창설했다. 당시 조선인 취학 아동이 5명이었지만 어학 관계로 중국학교에는 입학할 수 없어 곤란해했기 때문에 나는 혼자서 교사를 고용하여 보통학교 정도의 교육을 하고자 하였다."). 지덕체智德體를 바탕으로 한국어와 한국사 교육에 심혈을 기울여 민족성을 배양시켜 상해 교포사회에서 점점 더 존경받는다. 몽양은 상해거류민단의 단장으로 활동하면서 상해교민들로 하여금 민주주의 사회를 겪어가며 대한민국임시정부의 든든한 버팀목 역할을 하는 데 일조한다.

1917년 7월_**몽양, 손문과 첫 만남**. 진한명陳漢明 기자(『노스차이나 데일리뉴스』)의 주선으로 손문과 만남. 이때부터 몽양과 손문은 수 차례 만나 세계정세를 논의하고 신한청년당 창당과 파리강화회의에 대표파견 등에 대해 토론을 했다.

1917년 11월 7일_**레닌의 러시아혁명**. 소비에트정부 수립(노농勞農정부. 노동자·농민·병사의 평의회. 정책과 대표를 수차례 회의를 통해 표결로 결정). 이미 같은 해 2월혁명으로 로마노프 차르(1613~1917) 러시아제국은 몰락되었다.

1918년(33세) 8월 20일_**몽양과 그의 친구들, 상해에서 신한청년당新韓靑年黨 조직** (프랑스조계 몽양의 집[白爾部路 25호]. 조선의 독립을 도모할 목적으로 상해에서 청년학생[20~40세]을 교양하고 그 당원을 독립운동에 헌신토록하기 위해 신한청년당 결사 조직). **여운형·장덕수**張德秀(1894~1947)**·조동호·선우혁**鮮于爀(1882년 평북 정주생. 신민회)**·김철**金澈(1886~1934. 전남 함평생. 메이지대학)**·한진교**韓鎭敎 (1887~1973. 평남 중화생. 해송양행海松洋行 경영. 독립운동자금 헌납). 매주 토요일 여운형의 집에서 세계 정세 토론 / *"**3·1운동을 기획한 진원지는 중국의 상해요, 그 주체는 신한청년당이다.**"(신용하, 〈3·1독립운동 발발의 경위〉『한국근대사론 Ⅱ』).

1918년 9월_**몽양, 상해고려교민친목회**(한인교민단) **조직**(회원 100여 명[상해한인 400여 명]. 단장: 여운형. 1925년까지 교민단 단장으로 활동) / 9월‾몽양, 평북 선천에서 열리는 기독교 노회 참석(남강 이승훈과 만남. 서울에서 월남 이상재 만남).

1918년 11월 11일_**제1차 세계대전 휴전 협정**(패전한 동맹국[독일·오스만·불가리아·오스트리아–헝가리 제국]과 승전한 협상국[영국, 프랑스, 러시아, 미국, 일본, 이탈리아]). 승전국, 파리세계평화회의(파리강화회의) 개최 결정.

1918년 11월 27일_**몽양 상해한인교민단장, 찰스 크레인**(1858~1939. 미국 윌슨 대통령의 특사, 주중대사 예정자. 미국의 자산가로서 윌슨의 선거비용 부담) **상해방문 환영 오찬회 참석**(재상해 범태평양회의 주최. 상해 칼튼Calton 카페, 중국 식자識者 천여 명 운집. 조선인으로서는 몽양이 유일하게 참석). 크레인 연설: "이번 파리에서 열리는 세계평화회의는 각국 모두 중대한 사명을 갖는 것으로 그 영향 또한 큰 것이다. 다시 말하자면 각국간의 감정, 오해 등을 제거하고 진정한 세계평화를 초래하고 또한 피압박민족에 대해서는 그 해방을 강조하게 됨에 따라 피압박민족에 대해서는 그 해방을 도모하기에는 최적의 기회이다. 중국에서도 대표를 파견하여 피압박 상황을 말하고 그 해방을 도모해야 한다." 이에 감격한 몽양, 피로연의 해산 직후 카페 거실에서 직접 소개없이 크레인Charles R. Crane과 별도 면담: "조선인도 피압박 민족이다. 부디 이 기회에 해방을 꾀하고 싶다. 따라서 조선대표를 파견하여 조선의 사정을 개진하여 각국의 동정을 얻고 조선문제를 해결하고 싶다. 대표파견은 해도 좋은가?" 이에 크레인은, "해도 좋다. 자신도 충분히 원조하겠다." 몽양, 장덕수 · 조동호 · 신석우와 토론해가며 〈조선독립청원서〉 초안 2통 작성에 들어갔다(영문): "본래 조선은 사천년의 역사를 지니고 동방문화에 공헌한 바가 컸는데도 불구하고 불합리한 일한병합에 의해 조선민족은 그 진로를 저지당하여 피압박하에 침륜하기에 이르렀으며 과거 10년간 국제생활과 교섭이 끊겨 일본에 유린당하고 있다. 그런데 이번 세계평화회의는 종래의 불합리한 불평등에 대해 모든 해결을 하기로 하였기 때문에 조선문제에 대해서도 상당한 원조를 해주기 바란다. 원래 조선은 소국이기는 하지만 공히 극동평화에 대해서는 중요한 지위를 지녔기 때문에 이번 세계평화회의에서 모쪼록 모두 그 해방을 도모해 다시 조선으로 하여금 국제생활의 생명을 부활시키게 해달라."

1918년 11월 28일 _ **신한청년당 정식으로 창당**(장소: 프랑스조계佛租界 패륵로貝勒路 길익리吉益里 장덕수의 집. 총무: 몽양 여운형. 1919년 이후 당원수가 30여 명으로 급증하고 체제를 갖춘다. 이사장: 신규식, 서무부 이사: 서병호, 재무부 이사: 김인전, 교제부 이사: 여운형. 손정도 · 이광수 · 이유필 · 김순애 · 김병조 등) / 1922년 12월 ‾ **신한청년당 해산결의**("이유로는, 파리평화회의에 김규식을 신한청년당 대표로 보냈던 관계상 대외적으로 신한청년당은 조선민족을 대표로 하는 단체로 생각되기에 이르렀고, 임시정부의 비난이 계속 높아지고 있었기 때문에 마침내 해산하지 않을 수 없게 되어 해산했던 것이다." 〈여운형 피의자신문조서〉, 경기도경찰부, 1929년 7월 18일).

1918년 11월 29일 _ **몽양, 영문 〈조선독립청원서〉 작성.** "재상해 조선청년당The New Korean Young Men's Association in China(신한청년당) 총무 여운형Secretary W. H. Lyuh" 명의로 〈조선독립청원서〉 1통을 크레인 통해 월슨대통령에게 전달토록 요청(크레인에게 부탁하는 편지는 컬럼비아 대학 버틀러도서관의 크레인 가족문서에서 발견. 또다른 1통은 평론잡지『밀라드 리뷰*Millard Review*』의 주필 밀라드Tomas F. Millard를 통해 세계평화회의에 전달 부탁[밀라드에게 전달된 1통은 요코하마에서 일본스파이에게 탈취당함. 그래서 몽양은 훗날 하라 타카시原敬 내각(1918년 9월 29일~1921년 11월 4일)의 회유대상이 되어 동경제국호텔로 가게 됨]. 국한문본은『신한청년新韓青年』창간호에 게재).

1919년 1월 18일_파리강화회의 개최(~1919년 6월 28일. 베르사유 조약 체결).

1919년 1월_**신한청년당, 김규식을 조선민족대표로 파리강화회의에 파견 결정**(조선 대표단 단체사진 속에는 김규식, 조소앙, 이관용, 황기환, 여운홍 등. "김규식은 파리에 도착하여 청원서를 미국 대표자를 통해서 제출하였지만, 토론은 물론 회의의 의제로 되지 않았으므로 하등 효과는 없었다."〈여운형 신문조서 2회〉, 경성지방법원 검사국, 1929년 8월 1일). 국내외로 신한청년당원 파견, 조소앙·장덕수를 통해 동경 2·8독립선언 도출해내다(〈2·8독립선언서〉[대표집필: 이광수]. 재일본동경조선청년독립단 대표: 최팔용, 윤창석, 김도연, 이종근, 이광수, 송계백, 김철수, 최근우, 백관수, 김상덕, 서춘. 일본에서 국내로 잠입한 **장덕수**는 인천에서 긴급 체포. 전남 하의도로 유배. **선우혁**은 평북 선천에서 양전백梁甸伯[1869~1933] 목사를, 정주군 곽산의 이승훈李昇薰[1864~1930]을, 평양의 길선주吉善宙[1869~1935] 장대현교회 목사와 해외독립활동 보고와 향후 국내 독립선언 계획 공유. **김철·서병호**徐丙浩[1885~1972. 경신학교, 금릉대학]는 서울로 파견. 손병희·최린 등 천도교 유력자들과 협의·독립만세운동 촉구. 최종적으로 3월 1일 합동운동 계획 세움. 민족대표 33인으로 선정 확대). 중국어에 능통한 조동호는 상해에서 언론인(『중화신보中華新報』기자)으로 활동하며 세계에서 활동하는 신한청년당의 상황을 종합하여 지면을 통해 시시각각 세계 각지로 연결했다.

1919년(34세) 1월 20일(음 1918년 12월 19일)_**거사의 자금조달이 필요했던 몽양, 만주·연해주 일대를 순회함**(~3월 중순. 장춘에서 길림의 명사 여준呂準[1862~1932. 간도 무오독립선언서 서명자]과 일찌감치 조선독립의 방략을 서신으로 교환).

1919년 2월_**몽양, 장춘과 하얼빈을 거쳐 블라디보스톡에 도착**(우스리스크·니콜스크 등지에서 2주간 체류하며 각지에서 강연하면서 이동녕·문창범·박은식·조완구·원세훈·강우규 등과 독립운동 방략에 대해 토론하면서 의기투합한다. 그리하여 추후, 연해주 독립지사들은 상해 대한민국임시정부 수립에 참여하게 된다).

1919년 3월_**신규식과 신한청년당의 활동이 국내외 3·1독립만세시위로 확산**(3·13 만주 용정 서전벌 독립만세시위, 3·17 블라디보스톡 연해주 독립만세시위,

4·14 필라델피아 한인대회 및 시가행진 등 1년 이상 세계 곳곳에서 전국 방방곡곡에서 수백만 민중이 "조선독립만세" 시위에 목숨걸고 참여했다[사망-7,500여 명, 부상-15,000여 명, 구금-45,000여 명. 박은식, 『한국독립운동지혈사』]. 3~4월경부터 『우리소식』 신한청년당의 소식지(등사판)를 주간으로 발행했다.

1919년 3월 2일＿국제공산당(코민테른Communist International) 결성(~1943년 5월 15일).

1919년 3월(하순)＿예관 신규식, 여운형·선우혁·한진교·김철·현순 등 신한청년당과 함께 상해 프랑스 조계 하비로霞飛路에 독립임시사무소 설치.

1919년 4월(1일 경)＿각지의 대표 29인 독립지사들이 상해 프랑스조계 하비로霞飛路 주택에 모여들어 중앙독립기관의 조직 토론(동경대표: 최근우·이광수, 미주대표: 위임대표 선우혁, 노령대표: 이동녕·조성환·조완구, 동삼성대표[만주대표]: 김동삼·이시영·조소앙·이회영·김대지, 상해대표: 여운형·신석우, 국내대표: 김철·서병호·최창식·현순·손정도·김구·홍진). 임시정부 조직이냐? 독립당 조직이냐? 표결 결과 다수가 임시정부 조직을 지향. 대한민국임시의정원 구성) / *의정원의 역할: ①정부 감독 기관 ②헌법관제의 제정권 ③대통령 이하의 임면 권한.

1919년 4월 10일＿제1회 대한민국임시의정원 회의 개최(29명 참석 중 9명 의원이 신한청년당원. 몽양 여운형, 외무부 위원장에 지명됨[국무총리: 이승만, 내무총장: 안창호, 내무부 위원장: 조완구, 재무부 위원장: 김철]).

1919년 4월 11일＿대한민국임시의정원, 대한민국임시정부 수립. 대한민국임시정부, 〈대한민국 임시헌장 10개조〉 공포. 제1조: 대한민국은 민주공화제民主共和制로 함. 제3조: 대한민국의 인민人民은 남녀男女 귀천貴賤 및 빈부貧富의 계급이 無하고 일체 평등平等임.

1919년 4월(중순)＿몽양 대한민국임시의정원 외무부위원장, 상해 주재 프랑스 영사 윌덴에게 대한민국정부의 보호를 간원懇願 / "대한민국임시정부의 명칭 결정 후, 상해주재 프랑스영사에 서면으로 교섭했더니 프랑스정부는 임시정부의 공식발표에 반대하고 또 임시정부가 문패를 다는 것은 불가하다는 회답이었지만, 사적으로는 원조한다는 양해를 얻었다."(〈여운형 신문조서 제7회〉, 경성지방법원 검사국, 1929년 8월 8일) / "영사는 대한민국임시정부는 각국의 승인을 얻은 것이 아니므로 공공연히 보호하는 것은 일본제국과의 국제관계상 난처하지만 프랑스조계 내에 사는 조선인 망명가에 대해서는 끝까지 보호하겠다고 언명하였고, 프랑스정부도 영사에게 전보로 같은 취지의 명령을 내렸다고 하였다."(《여운형 신문조서 제3회》, 경성지방법원 예심괘, 1930년 2월 28일).

1919년 5월 4일＿중국 5·4운동 발발. 북경대 학생들이 촉발한 항일抗日운동.

1919년 5월＿**몽양, 동생 여운홍을 재차 파리강화회의에 파견.**

1919년 6월 28일＿도산島山 안창호安昌浩(1878~1938), 상해임시정부에 합류(불란서 조계 하비로에 미주 국민회의 성금으로 마련한 정청政廳에서 매일 정무政務를 보기 시작). 점차적으로 관제개혁에 돌입해서 〈한성정부 내각구성안〉에 대체적으로 의거하여 수뇌부를 9월에 확정, 11월 취임(대통령: 이승만[부재], 국무총리: 이동휘, 외교부총장: 박용만, 내무부총장: 이동녕, 재무부총장: 이시영, 군무부총장: 노백린, 법무부총장: 신규식, 학무부총장: 김규식, 교통부총장: 문창범). 안창호는 한직인 노동국 총판으로 물러나서 임시정부 옹호를 위해 "이승만·이동휘 두 분을 절대로 지지해야 한다"고 주변을 설득했다.

1919년 8월 18일＿몽양 의정원 의원, 제6회 대한민국임시의정원 참석(~9월 17일. 임시헌법개헌안 통과후, 대통령을 선거하자는 여운형의 동의動議와 김병조의 재청再請으로 가결. 9월 6일 16표를 얻은 이승만이 대통령으로 선출됨. 9월 17일 32인 기념단체사진 [백범김구기념관 소장]: 안창호, 손정도, 여운형, 김구, 조동호, 김진우, 최근우, 조소앙, 최창식, 홍진, 장붕, 조상섭, 윤기섭, 신익희, 유자명, 김인전, 송병조, 이강, 김붕준, 조완구, 김병조, 서병호, 이유필, 김철, 한진교, 윤현진, 이춘숙, 정인과 등). **몽양 여운형은 대한민국임시의정원 9대 의장을 역임했다(1924년 5월 8일~5월 14일).**

1919년 8월 21일＿대한민국임시정부의 기관지 『獨立』 창간. (국한문 활자신문. 한글활자는 인쇄기술에도 식견이 있는 조동호가 이미 기독교 성경에서 본떠 중국인을 시켜 한글자모字母를 주조鑄造. 5월부터 『독립신보』를 독자적으로 준비해온 조동호와 안창호 내무총장의 언론에 대한 안목이 결합. 창간동인: 조동호[기자], 박은식[사장], 이광수[편집국장], 주요한[출판부장], 이영렬[영업부장], 옥관빈[총무], 최근우, 백성욱, 박현환, 고신호, 차관호, 김득형, 김차룡, 유병기, 나재민, 장만호. 1919년 10월 15일 제22호부터 『獨立新聞』으로 제호가 바뀌었다. 1924년 1월 169호부터는 한글로 『독립신문』으로 발행되었으며, 상해를 중심으로 중국 각지와 동3성만주지방, 미주 하와이 등 해외동포들에게 송부, 국내에도 비밀리에 상당한 부수가 반입되었다).

1919년 8월 26일＿**『獨立』신문 기사: "여운형이 크레인에게 보낸 청원서가 첫 발단이 되었으며, 신한청년당에서 김규식·장덕수·여운형 등을 프랑스 파리와 일본 도**

쿄를 비롯해 간도·연해주 및 국내로 파견한 것이 **정숙하던 한토韓土 삼천리에 장차 일대 풍운이 일어날 징조였다."**

1919년 9월_**몽양, 코가 척식국 장관을 통해 하라原 일본총리의 초청편지를 받다** (조선독립운동의 주창자 몽양에게 간구: "조선문제에 관해 상담하고 싶으니 제발 와달라."). 코가 장관이 몽양의 신변보증을 책임지겠다는 다짐을 받고 일본행 결정.

1919년 11월 14일_**몽양 여운형, 일본 동경행.** 신상완申尙玩(1891~1951)·최근우崔謹愚(1897~1961)·후지타 큐고藤田九皐 목사와 함께 동지 10여 명의 기도를 받으며 상해 양수포산 부두에서 카스가이루 우편 배를 타고 출발. 전남 하의도荷衣島 유배중이던 장덕수를 석방·일어통역자(와세다대학 정치경제학부 졸업생)로 동행 요청. 나가사키에서 재회(16일. 17일 동경 제국호텔에 도착 숙박. 17일간의 일본체류일정을 최근우『독립신문』기자가 상세히 기록한 것을 발췌하여 〈여운형씨 일행 도일기渡日記〉를『독립신문』에 연재[1920년 1월]). "순결열렬純潔熱烈한 성충誠忠" 몽양 여운형, 일본언론을 통해 대한의 독립의지를 세계에 알릴 기회로 포착하고 다수 동지의 반대와 만류를 거절하고 도일渡日을 단행했다(일제 당국은 3·1운동의 발발과 임시정부 수립의 주역으로 몽양을 지목하고 회유하려는 의도였다).

1919년 11월 15일_국무총리 이동휘, 〈국무총리 포고〉를 발함: "여운형, 최근우, 신상완 등 3인의 도일渡日이 순전히 독단적 행동이고 대한민국임시정부와는 아무 관계가 없음을 성명聲明한다." 이동휘의 별도의 포고문을 통해, "여운형 일행은 독립 이외의 무엇을 구하는 듯하여 '민족의 수치' '독립의 독균'이라고 극언." 여비 300원까지 찬조해 준 안창호 노동국 총판과 이동녕 내무총장은 몽양지지.

1919년 11월 20일_**몽양 일행, 일본 척식국拓殖局 장관 코가 렌조오古賀廉造(1858~1942)의 사저 방문**(코가는 "만주에서 척식회사 설립해서 재만주조선인 구제사업해라, 적극 원조해주겠다." 이에 몽양은 일언지하에 거절). 3시간 동안 담화(한일합병이 서양세력을 방어하고 조선과 일본의 이익이라는 척식국 장관의 교설에, 몽양의 응수: "한일합병은 결코 우리 민족의 의사가 아닙니다. 소수 당국자 즉, 매국노의 짓이며 또 당시 주권자의 진정한 의사도 아니었고 일본인은 합병이 양 국민의 호의好意로 되었다 하지만 조선백성들은 이에 대하여 원한이 뼈에 사무쳐 있습니다. 이것은 강제로 된 정치적 불공정 즉, 합병이 아니라 병탄이오. 일본인은 한일합병을 한인의 행복, 동양의 평화라 하나 실상은 한인의 재앙이요, 수치요, 동양의 환란과 시의猜疑를 얻은 것입니다.")

몽양연표 │ 235

1919년 11월 22일_**몽양 일행, 육군대신 타나카 기이찌**田中義一 **대장**(1864~1929. 1927년 26대 총리대신)**의 관저에 초대받다.** 척식국 장관 코가, 조선총독부 정무총감 미즈노 렌타로오水野錬太郎(1868~1949), 조선주차군 사령장관 우쯔노미야 타로오宇都宮太郎(1861~1922. 3·1독립만세시위 무력진압), 중국청도 수비군 사령관 유히 미쯔에由比光衛(1860~1925. 청일·러일전쟁 참전) 등 장교 4인 참석. 몽양의 조선의 문제에 대한 논리정연한 논지를 펼침: "조선문제에 대하여서도 근본적으로 천의와 민의에 순응하여 원만한 평화를 구하지 않고 무력과 정략으로 임시적인 평화를 얻으려니 그것은 소극적이고 절대로 성공하지 못할 것입니다."

1919년 11월 25일_**몽양 일행, 육군대신 타나카의 초대 연회에 참석.**

1919년 11월 27일(오후 3시)_**몽양 여운형, 동경제국호텔에서 조선독립의 정당성을 설파하다.** 500여(50? 100?) 명의 청중과 내외신 기자들·저명인사들이 모인 동경제국호텔에서 연설, 〈독립운동은 양심의 발작〉: "내가 이번에 온 목적은 일본 당국자와 그 식자識者들을 만나 조선 독립운동의 진리를 말하고 일본 당국의 의견을 구하려고 하는 것이다. 다행히 지금 각원閣員들과 식자 제군들과 간격 없이 의견을 교환하게 된 것은 유쾌하고 감사한 일이다. … 작년 1918년 11월에 대전이 끝나고 상해의 각 사원에는 평화의 종소리가 울리었다. 우리는 신의 사명이 머리위에 내린 듯 하였다. 그리하여 활동을 시작하였다. 먼저 동지 김규식을 파리에 보내고 3월 1일에는 내지內地에서 독립운동이 발발하여 독립만세를 절규하였다. 곧 대한민족이 전부 각성하였다. 주린 자는 먹을 것을 찾고, 목마른 자는 마실 것을 찾는 것은 자기의 생존을 위한 인간자연의 원리이다. 이것을 막을 자가 있겠는가! 일본인에게 생존권이 있다면 우리 한민족에게는 홀로 생존권이 없을 것인가! … 때가 와서 생존권이 양심적으로 발작된 것이 조선의 독립운동이다. 결코 민족자결주의에 도취한 것이 아니다. … 우리의 건설국가는 인민이 주인이 되어 인민을 다스리는 국가일 것이다. 이 민주공화국은 대한민족의 절대적 요구요, 세계 대세의 요구다. … 우리는 꼭 전쟁을 하여야 평화를 얻을 수 있는가? 싸우지 아니하고는 인류가 누릴 자유와 평화를 못 얻을 것인가? 일본 인사들은 깊이 생각하라."(장덕수의 열정적인 일어통역. 연설 후, 외신 기자들과의 문답은 영어로 직접 답변. 동경호텔 연설은 몽양의 요청에 의해 마련된 자리) / 1920년

1월호 ─『중앙공론中央公論』에 몽양과 회담했던 요시노 사쿠조오吉野作造 (1878~1933, 동경제국대학 교수)의 글 게재: "여운형씨의 주장 가운데는 분명히 침범할 수 없는 정의의 번뜩임이 보인다. 그 품격에 있어서나 그 식견에 있어서 나는 드물게 보는 존경할 만한 인격을 그에게서 발견했다. 우리들이 그가 갖고 있는 일편의 정의를 포용하지 않는다면 일본의 장래의 도덕적 생명은 결코 신장되지 않을 것이다." / 12월 ─ 몽양일행, 상해로 되돌아 옴(이동휘 왈: "당신이 일본에 간 당시까지 나는 당신이 일본에 매수된 것으로 믿고 있었는데, 그 후 그렇지 않다는 것을 알았고, 우리의 활동 상황을 일본민중에게 알릴 필요를 느꼈던 당신의 이번 계획에 대해 나는 부끄러움에 견딜 수 없다"고 하면서 그 전의 잘못을 사과하였다) / 1919년(대한민국 원년) 12월 1일 ─ 신한청년당 기관지『新韓青年The Young Korea』 창간호, 상해에서 발행(주필: 이광수. 1920년 3월 호까지 출간). 신한청년당이 제출한 〈독립청원서〉를 수록.

1919년 12월 25일_몽양의 동경제국호텔 연설이『獨立新聞』에 기사화: "우리가 건설하는 나라는 인민을 주인으로 하고 인민이 다스리는 국가이다. 이 민주공화국은 조선민족의 절대적 요구일 뿐만 아니라 세계 대세가 요구하는 것이다." → 대한민국 헌법 〈제1조1항〉 "대한민국은 민주공화국이다." 〈제1조2항〉 "대한민국의 주권은 국민에게 있고, 모든 권력은 국민으로부터 나온다."

1919년 12월_국무총리 이동휘李東輝, 몰래 한형권韓馨權만 노농정부(소비에트 모스크바 정부)에 대표로 파견(원래는 노농정부에 대해 조선독립운동의 원조 및 교섭을 위한 대표파견에 부쳐, 임시정부 최고간부회의 개최[1919년 10월. 참석자: 안창호, 이동휘, 이동녕, 이시영, 신규식, 여운형]. 몽양・안공근・한형권 3인 파견 최종결정[1920년 1월 출발예정]). 노농정부와 수호修好를 맺고 조선독립자금 받음(한형권은 임시정부 원조금을 모스크바 정부로부터 일부 60만원을[총 200만원 결정] 카라한을 통해 받았으나 당시 임시정부에 곧바로 전달하지 않고 이동휘가 은밀히 파견한 김립金立과 통역자 박진순朴鎭淳과 함께 착복[20만원을 지참한 한형권은 이후 행방이 묘연했다가, 1922년 겨울 윤해尹海와 함께 20만원을 고스란히 가지고 상해로 왔다. 1923년 1월 상해 대한민국임시정부 국민대표대회 개최비용으로 전용]. 1920년 12월 김립이 7천원만 소지하고[1만원 교부받아 3천원 경비사용했다는 허위보고] 상해에 와서 그 7천원도 임시정부가 아닌 고려공산당에서 사용해야 한다고 주장함[이동휘의 책임비서 김립은 추후 임시정부원에게 상해에서 살해당함]. 임시정부 및 고려공산당 사람들이 〈자금 부정소비〉

에 관해 이동휘에게 보고를 강요하자, 이동휘는 분리를 선언하고 **상해파 고려공산당**을 조직 하였고, 상해파에 속하지 않는 자들은 이르쿠츠크에서 대회를 개최, **이르쿠츠크파 고려 공산당**[안병찬, 김만겸, 여운형, 조동호, 박헌영, 김단야, 인원근, 최창식, 김원경, 양헌, 안공근 등]을 조직했다[시간이 흘러 "상해파 고려공산당은 김립, 박진순 등이 지참했던 40만원 중 최팔용을 통하여 조선 내의 선전비로 8만원을 교부하고, 일본공산당원 성명 미상인 모씨를 상해로 불러들여 선전비 2만원을, 중국공산당원 황각黃覺이란 자에게 2만원을 교부하는 등 활발하게 활동하고 있었다." **국제공산당은 이동휘 일파가 임시정부 선전비 40만원을 사취한 것으로 파악했고, 잔금 140만원도 더 이상 보조않겠다고 임시정부에 통지했다**]. 1922년 10월 20일 국제공산당, 우딘스크에서 양파 화합종용. 결국 극렬한 대립에 처한 고려공산당 해산 결정[1923년 1∼2월 경]: "고려[조선] 공산당은 조선 내지에서 그 민중의 지지에 의해 조직되어야 하고, 국외에 있는 조선인이 공산당을 조직해서 서로 세력을 더 강화하기 위해 싸우는 것은 하등 의의가 없으므로 양파 가 조직한 공산당은 즉시 해산해야 한다." "공산주의의 원칙인 일국일당一國一黨에 의거하 여 조선공산당은 조선내에서 조직하여야 하며 해외에서의 조직은 필요없다." 이후 1925년 4월에 서울에서 조선공산당 창당).

1920년 1월_이동휘 · 김만겸 · 이한영 · 현정건 등, 상해에서 고려공산당 창립(목 적: 조선의 독립. 사유재산제도를 부정하고 공산제도를 실시).

1920년 3월 5일_『조선일보朝鮮日報』 창간(초대 사장: 조진태趙鎭泰. 1875년 무과급제, 일제강점기 경제계의 3대 거상巨商) / 4월 1일ー김성수 · 장덕수 · 송진우(3인 모두 와세다대학 정치경제학부), 『동아일보東亞日報』 창간(초대 사장: 박영효朴泳孝, 초대 주간: 장덕수) / 1920년ー『시사신문』 창간.

1920년(35세) 5월(상순)_**몽양 여운형, 상해에서 코민테른 극동부장 보이친스키** (30세) · **진독수陳獨秀 · 오오스키 사카에大森榮와 회합**(상해 불란서 조계 김만겸의 집). 보이친스키, 몽양에게 고려공산당 가입을 간절하게 권유: "국제공산당 은 조선독립운동을 원조할 의사가 있으니 그대와 같은 유력자가 참가하기 를 바라오." 이때 몽양은 김만겸의 도움을 받아 입당하고 고려공산당의 번 역위원으로서 맑스의 『공산당선언문』(강한택의 오역을 교정)과 부하린의 『공산 주의 ABC』, 영국노동당의 『직접행동Direction Action』을 한글로 번역했다(〈여 운형 신문조서 제6회〉, 경성지방법원 검사국, 1929. 8. 6. 이 시기에 몽양은 맑스에 관 한 자료는 영문으로 쓰여진 책을 보았다: 마르크스 『자본론』[Marx's Capital], 『레닌주의』

[Leninism], 카레츠키의 『계급투쟁』[Karetsky's Class Struggle], 맥도날드의 『노동과 사회주의』[Macdonald's Socialism at Work], 구추백瞿秋白의 『러시아혁명사俄國革命史』. 애독서는 웰즈의 『세계역사』[H.G. Well's World History], 윌슨의 『연설집』[W. Wilson's Speeches and Address]).

1920년 6월 25일_천도교청년회(방정환方定煥·이돈화李敦化·김기전 등), 월간종합지 『개벽開闢』창간. 방정환의 〈어린이 노래: 불켜는 이〉(1920년 8월호, "어린이" 용어 최초 등장), 현진건의 〈貧妻〉(1921년 1월호), 염상섭의 〈標本室의 청개구리〉(1921년 8월호), 현진건의 〈술 勸하는 社會〉(1921년 11월호), 이광수의 〈民族改造論〉(1922년 5월호), 이상화의 〈빼앗긴 들에도 봄은 오는가〉(1926년 6월호) / 1926년 8월 ─ 폐간(통권 72호).

1920년 8월 24일_도산 안창호(임시정부 대표)**·몽양 상해교민단장**(안창호의 임시통역사), **미국 의원단**(외교위원장: 포터) **일행을 상해에서 북경까지 전송. 북경호텔에서 회견:** "미국은 일찍이 한국과의 수호조약에서 한국의 독립을 보장했으면서도 러일 양국이 포츠머스조약을 맺을 때 미국대통령 루즈벨트 씨가 은근히 한일합병에 찬성하여 한국이 오늘날과 같은 상태에 빠졌으므로 이에 대해 미국도 상당 부분 책임이 있으니 이번의 시찰을 이용하여 조선에 갈 때는 이상재, 장덕수 등을 회견하여 그들의 입에서 직접 한일합방이 조선민족의 뜻에 기초한 것인가 아닌가를 캐내어, 귀국 후 의회에 보고하고 미국이 조선독립운동을 원조하려 할 때 진력하게 하라고 탄원했다."(〈여운형 신문조서 제3회〉, 경성지방법원 예심괘, 1930년 2월 28일).

1920년 10월 2일_만주 훈춘조작사건(1920년 6월 만주 화룡 봉오동에서 홍범도독립군부대에 어이없이 패배당한 일본군이 설욕하기 위한 방편). 일제에 매수된 마적단, 훈춘일본영사관 습격·방화(일본인 인명살상) → 함북 나남 19사단, 자국민보호 명목으로 두만강 건너 불법파견 → 일본정부, 〈간도지방불령선인초토계획〉 승인(10월 7일) → 친일성향의 장작림 만주군벌의 묵인하에 일본군은 두만강을 건너 간도출병. 일본군 25,000여 명이 한국독립군 토벌을 위해 간도에 집결했다.

1920년 10월 9일_간도間島 경신참변庚申慘變(~1921년 5월). 일제의 훈춘조작사건으로 "자국민보호"라는 명목으로 간도에 출병한 일본군 25,000여 명이 한국독립군의 하부구조로 여긴 수많은 한인마을에 출몰하여 살인·체포·강간·방화로 초토화시켰다. 대한민국임시정부 외무부 간도지역 피해상황 발표 (1920년 10월 9일~11월 30일): 피살−3,469명. 체포−170명. 강간−71명. 민가전소−3,209건. 학교전소−36건. 교회당전소−36건. 곡물전소−54,045석.

1920년 10월 13일 _ 독립군 부대, 이도구 북하마탕에서 대표자회의 소집. 홍범도부대, 국민회군, 신민단, 의민단, 한민회군 등의 대표들이 모여 일본군의 간도출병에 맞선 "홍범도연합독립군부대" 결성에 합의를 하고 독립전쟁에 대비했다 → 7개 부대, 병력 1,400여 명 / 9월에 서대파를 출발한 북로군정서 (지휘: 김좌진 장군), 화룡현 삼도구 청산리靑山里에 집결(2,000여 명의 병력. 10월 12~13일) → 홍범도부대와 김좌진부대, 대일항전 연합작전 전개 합의.

1920년 10월 20일 _ 연길현 의란구義蘭溝 학살사건(~11월 5일). 홍범도독립군부대가 주둔했고(7~8월), 간도국민회·의군부·사관훈련소가 있었던 의란구는 일본군의 주 타켓이 되어 "불령선인不逞鮮人"으로 지목된 농민들이 수차례 지속적으로 살육당하고 곳곳의 민가들이 소각되었다.

1920년 10월 20일 _ 일본군, 명동학교 벽돌건물 방화. 명동학교 졸업생들이 독립군으로 맹활약한 보복의 일환.

1920년 10월 21일 _ 북로군정서 **김좌진金佐鎭**과 대한독립군 **홍범도洪範圖** 장군의 **청산리독립전쟁**(~26일). 청산리독립전쟁은 독립군을 소탕하기위해 출병한 일본군 아즈마지대東支隊를 상대로, 청산리 백운평白雲坪 전투−천수평泉水坪(샘물골) 전투−이도구二道溝 완루구完樓溝 전투(22일 새벽. 홍범도연합부대 승첩: 일군사상자 300여 명. 총−240자루·탄환−500발 노획)·어랑촌漁郞村 승첩 (22일 아침 9시~오후 7시. 874m 고지를 점령한 북로군정서부대가 화력과 수적으로 우세한 일본군에게 포위되어 고전하고 있을 때 홍범도연합부대가 지원하여 대승. 일본군전사자 300여 명)·천보산天寶山 전투(24~25일)−고동하곡古洞河谷전투 (25~26일. 홍범도부대가 육군 소장 아즈마 마사히코東正彦 부대장이 직접 지휘하는 부대와 격전. 100여 명 섬멸) 등 10여 회 혈전을 전칭한다. **승전대서특필:** ①『독립신문獨立新聞』, "김좌진씨 부하 6백명과 홍범도씨 부하 3백여명은 대소전투 10여회에 왜병을 격살한 자 1천2백54명 중 일군이 자상사격自傷射擊한 자 4백명." ②『요동일일신문遼東日日新聞』, "일병 사망이 2천명, 단장 1명이 포로가 됐다. 한인은 1천여정의 무기와 기관총을 노획했다." / 일제강점기에 독립군이 있는 곳에는 늘 울려퍼졌던 〈독립군가〉: *"신대한국 독립군의 백만 용사야, 조국의 부르심을 네가 아느냐, 삼천리 삼천만의 우리 동포들, 건질 이 너와 나로다. 나가 나가 싸우러 나가. 나가 나가 싸우러 나가. 독립문의 자유종이 울릴 때 까지 싸우러 나아가세."* 1980년대 전두환 군부독재시절 학생시위 현장에서도 목터져라 불렀다.

1920년 10월 30일(새벽 6시 30분)_용정龍井 장암동獐巖洞(노루바위골) 학살사건. 홍범도부대를 물심양면으로 지원하는 간도국민회와 의군단과 관련있는 기독교도가 많은 한인마을인 장암동이 청산리독립전쟁에서 대패한 일본군(지휘: 14사단 스즈키鈴木 대위)의 화풀이 대상이 되었다. 주민 전체를 협박하여 교회 앞마당에 집결시킨 후 청장년 33명을 독립군부대와 내통했다고 단정하고, 교회당 안에 가두고 불을 질렀다. 다음 날 일군이 다시 와서 시체를 한곳에 모아 석유를 붓고 시체를 소각하고 마을 전체를 태워버렸다(일본의 삼광三光작전: 태우고燒光·죽이고殺光·빼앗고搶光. 이승만정권초기의 일제군경출신들이 자행했던 지리산 기슭 마을의 참변과 제주 한라산 중산간 "잃어버린 마을"과 같은 유형) → 간도지역에서 독립전쟁을 벌여 일본군이 패할수록 한인마을에 가서 살육·방화를 자행하여 분풀이를 해대니, 독립군부대는 군수품(식량·무기·탄약)과 주둔지를 제공한다는 러시아 노농정부勞農政府(소비에트 혁명정부)의 산하에 집결하게 된다 → 밀산密山 집결(1920년 12월 하순) → 시베리아 자유시 집결(1921년 6월).

1920년 11월 10일_조선총독부, 조선교육령 개정. 한국의 역사·지리를 교과과정에서 폐지.

1920년 12월 8일_이승만 임시 대통령, 상해 도착. 이동휘 국무총리와 의견대립으로 불화, 이승만은 미국으로 되돌아갔다(1921년 5월 20일) / *(문)* 대한민국임시정부는 무엇 때문에 내분이 생겨 두 파가 서로 다투게 되었는가? (답) "대통령 이승만이 미국에 체재하는 관계로 미국정부의 위임통치를 받으려고 획책한다는 소문이 상하이에 나돌자, 대한민국임시정부 내에서 이승만을 대통령에서 쫓아내고 새로운 대통령을 뽑자고 주장하는 **이승만 배격파**가 나왔고, 동시에 그것은 황당무계한 말이고 기우에 불과하니 대통령 개선은 필요없다는 **이승만 옹호파**가 나와서 내분이 생겨 서로 싸우게 된 것이다."(〈여운형 신문조서 제5회〉, 경성지방법원 예심괘, 1930월 3월 4일).

1920년 **12월(초순)** _ 홍범도 – 김좌진 공동명의로 〈독립군 재소집 권고서〉 반포: "지금 러시아 노농정부와 약정하여 군수를 충분하게 또 무기와 탄약은 제한없이 무료로 공급을 받게 되었다. 이후로 와신상담하며 산과 들을 누비면서 목우즐풍沐雨櫛風에 쉬는 날 없이 상하가 서로 피를 마시고 맹약한 것을 지켜야 할 것이다. ……"

1920년 **12월** _ 밀산密山(중·소 국경부근)에 집결한 12개의 독립군 세력(북로군정서·대한독립군·서로군정서·대한국민회 등)이 대한독립군단大韓獨立軍團으로 통합했다(총재: 서일徐一). 러시아 시베리아로 근거지를 옮겨 장기항일전 결정(대한국민의회의 간부진인 문창범文昌範·한창해韓滄海·오하묵吳夏黙 등이 안내).

1921년**(36세) 3월** _ **몽양, 상해에서 한중호조사韓中互助社 조직**(평의장: 오산, 부의장: 몽양. 한국인은 여운형·조동호·윤현진·노백린·김규식·최창식·이유필·신익희·조덕진, 중국인은 고 황흥黃興 부인, 황종한黃宗漢·오산吳山·황경완黃警頑·주검추周劍秋 등 7인). 조선인은 중국혁명을 원조하고, 중국인은 조선독립운동을 원조하며, 또한 일보진전하여 경제, 상업, 교육 방면에 대해서도 서로 원조한다는 유기적 한중韓中 연대 항일투쟁 단체.

1921년 **4월 19일** _ 이광수 독립신문 사장, 돌연 귀국. 안창호의 만류("지금 압록강을 건너는 것은 적에게 항복서를 바치는 행위다")를 뿌리쳤다. "변절자"로 지탄받자, 〈민족개조론〉(1922년)을 논파하면서 점차 친일의 길에 들어서게 된다.

1921년 **5월 12일** _ **몽양·도산 안창호, 임시정부 개조파 입장에서 국민대표회의 소집 주장.** 신한청년당 주최로 연설회 개최(**몽양 연설**: "지금 문제 중에 있는 대통령은 일체의 분규를 자진하여 받아들이고 간절한 글로써 해외 동지에게 사죄하고. …" 이승만은 사죄를 거부하고 5월 20일 상해를 떠나 미국으로 갔다).

1921년 **5월(하순)** _ **몽양, 국민대표대회주비籌備위원회 조직**(프랑스조계 포석로蒲石路 14호 서병호의 집). 임시정부의 내분을 수습하기 위해 안창호·김위택金偉宅·박건병朴健秉·윤현진尹顯振·이진산李震山등과 함께 국민대표회의 개최를 알리는 격문을 국내외 민족주의운동 단체에게 발송(114명의 대표자 소집).

1921년 **6월 28일** _ 러시아 제야강변 스바보드니 자유시참변(黑河事變). 군정의회측(깔란다리시윌리, 오하묵·김철훈 전로파全露派 공산당), 자유대대와 러시아 적군

29연대의 무력행사 지시. 러시아 아무르 주 스바보드니 시 제야강이 군정의회 체제와 무장해제를 거부한 (상해파에 선) 사할린의용대(지휘: 박일리아)와 한국 독립군의 피로 물들었다(상해파 주장: 사망 – 272명, 익사 – 37명, 행방불명 – 250여명, 포로 – 917명. 포로 가운데 다수는 시베리아 강제수용소에서 벌목작업에 동원되었다).

1921년 7월 23일_중국공산당 제1차 전국대표대회 개최(코민테른의 보이친스키 기획. 상해 망지로 106호. 전체 당원 53명 중 모택동·장국도 등 13명 참석. 중국공산당 창당).

1921년(여름)_박헌영·김단야·임원근, 상해에서 고려공산청년회 조직.

1921년_몽양, 늦가을부터 이르쿠츠크 원동피압박민족대표자 대회참석 준비("나는 조선, 일본, 중국, 몽골, 자바 등에서 이 대회에 참가할 극동 피압박 각국 대표들을 위하여 여권의 수속 기타의 모든 주선의 사명을 맡고 있었다. 그리하여 이들의 동지들을 차례차례로 다 출발시켜 보내고 나서 마지막으로 상해를 떠나 만주 경유로 러시아에의 잠입을 계획하고서 마침내 천진에 도착한 것은 11월 초였다."[『중앙』, 1936년 3월호]. 김규식·김철·김애라 등과 동행). 신한청년당 자격으로 비공식 변장 잠행. 상해 – 천진(11월 초) – 봉천을 통한 모스크바 행로는 밀정추적으로 변경. 북경 – 장가구張家口(5일간 머물면서 준비물 챙김) – 외몽골 고비사막(11월 말 고비사막의 10일간 야숙. **여행매니아 몽양은 고비사막 여정을 최고로 꼽는다**: "11월 하순이라 영하 30도나 되어 춥기도 여간이 아니지만 밤이면 푸른 별들이 누구를 부르는 듯 반짝그리고 그 아래는 나홀로 누어있는 듯 쓸쓸한 사막의 밤은 가장 즐겁고도 유쾌합니다. 낮이면 약대[낙타]로 사막을 지나가고 밤이면 양¥의 가죽을 쓰고 그날 그날을 지나든 나의 생활은 그야말로 영원의 표랑객漂浪客과 같아서 퍽이나 유쾌하두군요."[「꼬비沙漠과 上海生活」 『신인문학』, 1935년 6월]) – 외몽골 고륜庫倫(몽골인 화류병 절멸에 공헌하여 몽골인으로부터 "거룩한 조선청년 의사"로 숭앙받는 이태준[1883~1921. 세브란스의전 졸업한 독립운동가]의 묘 참배) – 바이칼 호수 – 이르쿠츠크(자유시 참변 재판. 군법회의 재판장: 홍범도 의병대장. 배심원: 몽양·김규식 등 조선대표단. **"이 재판은 말할 수 없이 안타까운 애석의 정과 암담한 우울로 나의 마음을 몹시 눌른 사건이었다."** 12월 하순까지 대회준비 중, 뜻밖의 명령: "이르쿠츠크에서 열릴 예정이었던 극동피압박민족대표자대회를 모스크바로 장소 변경" 10일간 열차에서 코민테른 원동부장 슈마스키의 지도하에 대회준비) – 모스크바(1922년 1월 7일 도착. 영하 30도 추위에도 수만환영인파[수많은 대표들, 노동자, 시민, 학생 모든 층의 민중들] 속에서 몽양은 영어로 감사 연설을 했다). (「나의 회상기」 『중앙』 1936년 3월~7월 연재).

1922년(37세) 1월 7일_몽양 일행, 모스크바 도착. 몽양, 1만 명이 모인 군중앞에서

포효하는 거인 트로츠키의 연설을 듣다: "정면의 1만 대중을 향하여 약 3시간이나 되는 웅변을 토하는 것이다. 그 너무도 열렬하고 고조된 어조로 보아 나는 처음에 그것이 역시 5분이나 10분의 촌철적 선동연설이리라고 생각하였던 것이 그대로 꼭같은 힘과 열과 고조된 흥분이 조금도 식어짐없이 30분 한 시간 두시간 계속되어가는 것을 눈앞에 보았을 때에 나는 마치 무슨 기적이나 보는 것 같았다. 러시아말을 모르는 나는 이야기의 내용은 하나도 모르면서도 그의 우렁찬 목소리 그 열렬한 성음의 억양 흥분된 쩨스춰가 자아내는 일종의 고조된 분위기속에 아지못하는 사이에 휩쓸려들어가 다른 대중들과 함께 열광을 나눌 수 있었다. 나는 그렇게 훌륭한 웅변을 처음 들었다. …"(「나의 회상기 – 모스크바 印象」『중앙』1936년 6월).

1922년(37세) 1월 21일_몽양 신한청년당 대표, 코민테른(국제공산당, 제3인터내셔널) 주최 제1회 극동極東피압박민족(원동민족대회 Far Eastern People's Congress) 대표자대회 참석(~2월 2일. 모스크바 크레믈린. **몽양, 김규식**[임시정부 대표]과 함께 6개국 16명 대회운영 의장단의 1인으로 선출. 조선대표로는 김규식·홍범도·박헌영·나용균·조동호·김단야[김주, 고려공산청년회 대표]·장덕진·정광호·김시현·한명세·김재봉·최고려·임원근[고려공산청년회대표]·김원경과 권애라[애국부인회 대표] 등 참석. 조선[30명]·러시아[2명]·중국[50명]·몽골[20명]·일본[15명]·인도[자바 1명] 6개국 대표 등 총 120여 명 참석. **명예회장단: 레닌·트로츠키·스탈린**). 몽양은 구추백瞿秋白(1927~8년 중국공산당총서기)·장국도張國燾(1921년 7월 중국공산당 창당 13명 중 1인)와 함께 **레닌·트로츠키·지노비예프** 등과 회견하여, "조선의 해방과 독립·손문의 중국혁명을 적극 원조해야 한다"는 것을 역설했다(소비에트 정부의 조선독립 승인과 지원을 얻어내다: "레닌으로부터 일본에 있어서도 무산계급운동은 의회운동을 목표로

"PRESIDIUM" OR EXECUTIVE COMMITTEE OF THE CONFERENCE OF TOILERS OF THE FAR EAST
Below the Oriental Banners Draped About the Chalky, Bewhiskered Bust of Karl Marx Sit the Officials of This Strange Conferenc Which Did Much to Interpret Soviet Ideals to Labor Leaders Throughout the Far East

하고, 중국에 있어서는 국민당과 손잡고 그 운동을 진행시키고, **조선에서는 임시정부를 지지 후원하는 것이 타당하다**는 지시를 받아 상하이로 돌아와서(1922년 4월 10일) 당대회의 결의를 실현하기 위해 노력했다."〈여운형사건 의견서〉 경기도경찰부, 1929년 7월 29일). **몽양, 레닌과 회견 후 소감**: "나는 모스크바에서 레닌을 만났다. 그를 만나기 전에는 러시아가 한국에 공산주의를 그대로 선전하려 하지 않을까 하고 걱정했다. 그러나 만나보니 나의 의구심은 사라졌다. 레닌은 현재의 한국을 농업국가로서 계급의식이 형성되어 있지 않기 때문에 우선 민족주의를 실천해야 한다고 말했다. 레닌의 이같은 주장은 내가 전부터 가지고 있던 정치이념과 완전히 일치했다."(경성지방법원 검사국, 〈여운형 조서〉, 1930년). **몽양, 대회 운영 의장 〈개회식〉 연설**: "조선은 주권이 인민에게 있는 민주공화제의 자주독립국가를 세우기 위해 싸우고 있습니다. 조선의 땅이 비록 일본의 지배를 받고 있으나 조선의 사람, 조선의 혼은 그렇지 않습니다. 조선의 양심과 정의는 이미 일본을 제압하고 있고 여러분과 함께 모든 제국주의 국가들을 제압할 것입니다." / ***모스크바 회의**(원동피압박민족대표자 회의)는 자본주의 전승국가의 회합인 **워싱턴 회의**를 "흡혈귀 동맹"으로 낙인찍고(1921년 11월 12일~1922년 2월 6일. 제1차세계대전을 통하여 전승국들이 강탈한 전리품 분배과정에서 발생한 알력과 모순을 조정하기 위한 회합. 상해 대한민국임시정부, 이승만─서재필─정한경 대표단 파견. 전권을 부여받은 이승만만 국내외로 부각시키는 계기 마련), 이에 대항한 피압박국가의 국제회의이다 / 1922년 4월 ─ 몽양일행, 상해도착.

1922년 5월_**몽양, 상해 국민대표회의 소집 준비작업 진행**(분열하는 임시정부통합 노력).

1922년 9월 25일_상해임시정부수립의 산파 **예관 신규식**, "정부! 정부!"라는 마지막 말을 남기고 **순국**. 자책하듯 독백(유언): "나는 아무 죄도 없고, 나는 아무죄도 없오. 그럼 잘들 있으시오! 우리 친구들이요. 나는 가겠오. 여러분들 임시정부를 잘 간직하고 삼천만 동포를 위하여 힘쓰시오. 나는 가겠오. 나는 아무 죄 없오." 즐풍목우櫛風沐雨한 일생을 나라와 민족을 위해 바친 예관 신규식 선생을 애도하기 위해 몽양을 비롯한 한국과 중국의 오랜 동지, 그를 흠모하던 애국청년 등 천여 명이 장례식에 참석했다.

1922년 10월_**몽양 여운형**, 『동아일보』 상해주재 촉탁 통신원으로 활동(~1923년 5월).

1922년(대한민국 4년) 10월 28일_**몽양, 김구와 함께 상해에서 한국노병회韓國勞兵會**

조직(초대 회장: 김구, 서무부장: 이유필, 교육부장: 여운형, 이사: 이병필·윤기섭·조상섭·조동호·최석순·오영선·채군선·나창헌. 1923년 4월 창립대회). 목적: **"한국독립을 위해 향후 10년간 전비戰費 100만원을 모금하고 노병勞兵 1만 명을 양성하여 독립전쟁을 일으킨다."**(1932년 10월 28일 자진 해산).

1922년 12월 30일＿소비에트사회주의공화국연맹(소련蘇聯) 출범(~1991년 12월 26일 소련해체). 레닌의 지론: "사회주의의 이익은 여러나라와 민족의 노동자들 사이에 가장 완전한 신뢰와 동맹을 필요로 한다. 자본은 국제적인 힘이다. 이것을 타파하는 데에는 노동자의 국제적 동맹과 우의가 필요하다. 우리는 민족적 적의敵意·불화不和·단절斷絕을 반대한다. 우리는 국제주의자이며 모든 민족의 노동자·농민의 확고한 결합을 목표로 한다." 레닌은 노동해방과 민족해방의 이념을 결부시켜 최종적으로 인류해방을 지향했다.

1923년 1월 3일＿**상해 대한민국임시정부 국민대표대회 개최**(~6월 6일. 프랑스조계 민국로 미국인 침례교회. "어떻게 조선을 독립시킬 것인가?" 임시정부 조직갱신 문제 협의). 국내외 각지에서 대표 120여 명 참석(의장: 일송 김동삼, 부의장: 도산 안창호·윤해. 상해대표: 안창호·여운형·남형우·김철·박건병, 만주대표: 김의대·이진산·김동삼·김응섭·이청천, 하와이 대표: 이강, 미국대표: 송병조). 임시정부 개조파의 입장에서 섰던 **여운형, 국내외 독립운동세력을 통합한 일대 독립당 조직 제안**(안창호 지지). 상해중심으로 편성된 임시정부를 완전 해체하고 새롭게 재구성하자는 윤해 부의장 등 창조파그룹은 블라디보스톡으로 철수했다.

1923년 7월(중순)＿**몽양·안창호, 한국독립시사촉진회 조직**(이유필·조상우[조상섭]·송병조·이강·윤기섭·조완구·조덕진[조덕률]·김명준·이규홍·윤자영·현정건·김철 등이 참여. 독립촉진회는 안창호 집[불란서 조계 포석로 14호]에서 [임시정부 측] 국무총리 노백린·이동녕 총장·이시영·김구 등과 [반 정부 측] 박건병, 장건상, 원세훈 등이 1주일간 숙의하며 분요 조정을 시도했지만 임시정부 측이 반정부 측에 대해 절대복종을 주장하여 결국 무산).

1923년 9월 1일(오전 11시 58분, 진도8.3도)＿일본 동경 관동대지진(사망·행방불명자 40만여 명). 일본정부, 계엄령 공포. "사회주의자와 조선인이 우물에 독을 풀었다"라는 조선인폭동설을 조작해서 일본관민이 조선인 6,433명을 살육했다.

1923년 12월(중순)＿유정 조동호·정태희鄭泰熙(1898~1952), 상해에서 귀국하자마자 종로경찰서 고등계로 구인. 극심한 고문을 받고 10일 후 방면(1922년 12월 22일) / 1924년 1월 ─ 조동호, 동아일보사에 입사.

1924년 1월 20일_중국국민당 제1차 전국대표대회(~30일, 광동성 광주. 제1차 국공합작). 198명 대표 참석(주석: 손문. 24명의 중앙위원 중에는 이대조李大釗·임백거林伯渠·팽배澎湃 등 3명의 중국공산당 고위급과 16명의 중앙후보위원 중에는 모택동 등 7명이 포함되었다. *손문의 3대 정책 공포: ① 소련과 연합한다聯俄. ② 공산당을 용인한다容共. ③ 농민과 노동자를 위한 정책을 편다工農扶助) / 손문의 권고대로 중국국민당에 가입한 몽양은, "중국혁명(중국대륙에서 이권 쟁탈하는 일본을 포함한 서양 제국주의와 지방할거주의자 군벌 타도)의 승리가 바로 조선혁명의 승리다." 구추백(1927~8년 중국공산당총서기)의 추천으로 특별히 중국공산당 대우도 받다.

1924년(초)_몽양, 안창호와 함께 〈대동통일 취지서〉 발표: "모 단체와 모 당파를 가릴 것 없이 중의衆議에 부합하여… 국가와 민족의 철저한 독립사업과 사회실력을 반석과 같이 도성圖成해야 한다."

1924년 3월 25일_각파유지연맹各派有志聯盟 설립(일진회를 이은 원조 뉴라이트그룹에 해당됨). 선언: "惟컨대 日韓合倂은 時代의 要求로… 然而我朝鮮인은 年來로 架空的獨立運動으로 歲多의 生命과 財産을 犧牲에 共할 뿐이오. …"참가단체(11개, 조선총독부 후원단체): 유민회維民會, 소작인상조회小作人相助會, 국민협회國民協會, 동광회同光會, 교풍회敎風會, 청림교靑林敎, 대정친목회大正親睦會, 조선경제회朝鮮經濟會, 노동상애회勞動相愛會, 유도진흥회儒道振興會, 동민회同民會 / 3월 30일 ─『동아일보』〈所謂各派有志聯盟에 對하야〉: "… 日鮮融化를 表明하고 宣傳할터이니 報酬를 좀 주시오. …" 각파유지연맹은 우리민중의 독립운동을 폄훼하고, 조선총독부의 선전기관으로 자처한다고 『동아일보』는 사설을 통해 호되게 비판했다 / 4월 2일 ─『동아일보』의 사장 송진우·김성수(주필), 박춘금朴春琴(1891~1973. 정치깡패. 조선인 최초로 일본제국의회 중의원 당선[1932·40·42년]. 국방헌금 3만원 기부. 노동상애회)·이희간李喜侃(동광회)·김명준金明濬(국민협회) 등에 의해 폭행공갈에 권총으로 협박까지 받았다: "우리의 사업을 방해하는 놈은 죽인다." 고하 송진우·인촌 김성수 퇴사(4월 25일). 인촌 김성수, 사장으로 복귀(10월 21일. 이 시기 조동호는 기자 겸 논설위원으로 위당 정인보와 함께 필봉을 날렸다).

1924년 6월 16일_광동호법정부(손문정부) 산하 황포군관학교(중국국민당육군군관학교) 개교(총리: 손문, 소련정치고문: 보로딘Mikhail Borodin, 소련군사고문: 갈렌Galens, 교장: 장개석蔣介石, 정치부 부주임: 주은래周恩來, 교수부 부주임: 엽검영葉劍英). 교육목적: "손문의 혁명종지革命宗旨(삼민주의: 민족의 독립, 민권의 신장, 민생의 안정)를 관철하고 군사와 정치 인재를 양성하여 황포학생으로서 혁명군의 골간으로 삼아 제국주의(영국·일본·독일 등 중국을 반식민지화로 만든 외세)와 봉건군벌(중화민국 북경정부를 위시한 도처의 군벌들)을 타도함으로써 국민혁명의 목적을 완수한다." / **1926년 1월─**"강도일본을 쫓아내기위해 자신부터 무장하기 위해" 약산 김원봉 등 한국독립군 청년 24명(의열단원)이 황포군관 4기생으로 대거 입학(**몽양 여운형의 주선**).

1924년(39세)_몽양, 상해사립 동방대학 영문과 교수로 취직(주당 8시간 교수, 월급 100원).

1924년 12월_우리나라 최초의 비행사 안창남安昌男(1901~1930. 휘문고·오쿠리 비행학교 졸업), 상해로 망명. 한국독립군 비행사 양성 구상(**몽양, 안창남을 염석산閻錫山 산서성 군벌에게 직접 소개. 1925년 9월**) / **1922년 12월 5일─**안창남은 5만여 명의 인파가 지켜보는 가운데 여의도 백사장에 착륙: "떴다 보아라 안창남 비행기 내려다 보아라 엄복동 자전거" / **1923년 1월─**안창남, 『개벽』「공중에서 본 경성」기고문: "경성의 한울! 경성의 한울! 내가 어떠케 몹시 그리워 햇는지 모르는 경성의 한울! 이 한울에 내 몸을 날리울 때 내 몸은 그저 심한 감격에 떨릴 뿐이엇습니다."

1925년(40세) 1월(초)_손문의 정치고문 중 한명인 몽양 여운형, 손문의 상해공관(불란서 조계 막애리로莫愛利路)에서 손문과 **"한참동안" 담화:** (몽양이 손문의 백발이 성성星星한 것을 보고) **"선생의 머리는 벌써 백발이 되엇스나 선생의 혁명은 붉어젓소이다 그려!"** 한즉 그는 침착한 어조로 **"인간의 머리털은 늙어지면 희여지고 혁명은 늙어지면 붉어지는 것이다."**(「손중산 선생의 10주기를 당當하야─인상 깊흔 추억의 일절」, 1935년 3월 12일).

1925년 3월 12일_중산中山 손문孫文(1866년생) 서세. **몽양, 손문 추도식 참석**("나는 손문이 살아있을 동안 그는 수년간의 친구였다. 1925년 봄 국민정부 고문인 러시아인 보로딘 부인이 상해에 와서 손문 부인[송경령宋慶齡, 1893~1981]과 회견하며 중국혁명에 대해 의견을 교환한 적이 있는데, 당시 상해에서는 손문선생의 추도식이 있었다. 나도 거기에 참석하여 손문부인으로부터 보로딘 부인을 소개받았는데, 보로딘 부인은 중국혁명은 점차 발전할 것이므로 거기에 전력을 기울여야 할 것이라고 했다. 또한 북경에서 카라한과 회견하라고 소개장을 써주었다."〈치안유지법위반혐의자 여운형 피의자신문조서[3회]〉, 1929년 7월 20일).

1925년 3월 23일_주문主文. "임시대통령 이승만을 면직시킴." 제10회 대한민국임시의정원(의장: 최창식)의 탄핵의결로 이승만은 대통령직에서 면직됨(정부유지 방침을 요구했으나 듣지않고, 미주美洲에서의 성금도 독점함) / 2017년 3월 10일－헌법재판소: **"주문, 피청구인 대통령 박근혜를 파면한다."** / 2025년 4월 4일(오전 11시)－**"재판관 전원의 일치된 의견으로 주문을 선고합니다. 주문, 피청구인 대통령 윤석열을 파면한다."**(오전 11시 22분). 용산 대통령실 봉황기 내리다. 전직 대통령 윤석열. 자연인 신분(윤석열 대통령의 나날 1060일. 2022년 5월 10일~2025년 4월 4일).

1925년 4월 17일_조선공산당 창당. 비밀리에 조선공산당 제1차 대표대회 개최(서울 황금정 1번지[을지로 1가] 아서원雅敍園 2층). 박헌영·조봉암·조동호·김단야·주세죽·윤덕병 등 20여 명 참석. 중앙집행위원회 선출(7명): 김재봉(책임비서)·조동호·김찬·김약수·정운해·주종건·유진희. 〈조선공산당 창당 선언문〉: "세계 프롤레타리아 국가건설을 위해서는 자본주의자들인 일본의 제국주의를 타파하고 식민지 조선의 독립을 도모하지 않으면 아니된다."(*조동호 조선공산당 중앙집행위원이 기초한 조선공산당의 당면한 현안문제: ① 일본제국주의 통치의 완전한 타도, 조선의 완전한 독립 ② 8시간 노동제[광산 6시간 노동제], 노임증가 및 최저임금제 제정, 실업자 구제, 사회보험제 실시 ③ 부녀의 정치적, 경제적, 사회적 일체의 권리의 평등, 노동부녀의 산전 산후의 휴식과 임금지불 ④ 국가경비에 의한 의무교육 및 직업교육의 실시 ⑤ 일체의 잡세 폐지, 단일누진소득세의 설정 ⑥ 언론, 집회, 결사의 자유, 식민지적 노예교육 박멸 ⑦ 민족개량주의자와 사회투기주의자의 기만을 폭로하자 ⑧ 제국주의의 약탈전쟁을 반제국주의의 혁명전쟁으로 하자 ⑨ 중국노농혁명의 지지, 소비에트연방을 옹호하자 ⑩ 타도 일본제국주의, 타도 일체 봉건세력, 조선민족해방 만세, 국제공산당 만세 ⑪ 조선은 조선인의 조선이다 ⑫ 횡포한 총독부통치의 굴레에서 벗어나자 ⑬ 보통교육을 의무교육으로 하고, 보통학교 용어를 조선어로, 보통학교장을 조선인으로, 중학 이상의 학생집회를 자유로, 대학은 조선인을 중심으로 ⑭ 동양척식회사를 철폐하라. 일본이민제를 철폐하라. 군농회를 철폐하라) / 1925년 4월－조선공산당 결성 직후, 조봉암曺奉岩(1898~1959)을 모스크바

몽양연표 | 249

에 파견(5월 초순, 상해에 온 조봉암을 몽양이 베르테 부영사에게 소개. 러시아 여권 교부 도와주고, 블라디보스토크까지 무임승선 주선). 코민테른, 조선공산당 승인(9월).

1925년(40세) 4월_몽양, 북경에서 소련정부의 카라한 북경대사와 회견(쏀 군벌 3인과 국민정부당국에 대한 소견에 대한 몽양의 답변): **"장작림張作霖**은 동삼성에서 강고한 근거를 가지고, 또한 일본과 밀접한 관계가 있다. **오패부吳佩孚**는 완고하게 공산주의를 절대로 반대하는 것 등에 의해 그들과의 악수는 가능성이 없고, 오직 **풍옥상馮玉祥**만 그 가능성이 충분하며 또한 국민정부는 중국공산당의 세력이 미약한 금일 그들을 철저히 후원하여 무기탄약을 공급할 필요가 있다." **몽양의 중국혁명의 방향성에 대한 건의:** "공산당은 국민정부와 악수하고 러시아는 그들에게 무기탄약을 공급하여 그 목적을 달성하는 것이 최선의 대책이다." 카라한 대사는 몽양에게 당부: "당신의 방향성에 적극 동의한다. 당신은 중국혁명에 노력해달라." "1925년부터 1928년 6월까지는 중국 국민혁명에 전력을 기울였다."(몽양의 신문조서, 1929년 7월).

1925년 5월_**몽양, 상해 러시아 타스통신사**(소련정부의 선전기관)**의 촉탁 기자로 취직.** 중국 각 신문에 실린 전쟁, 정치, 공산운동, 노동청년, 농민, 여성의 각 운동에 대한 기사를 영어로 번역해서 평론까지 첨가해서 소련 상해부영사 베르테에게 전달하는 책무(월급여 200원, 활동비 100원. "카라한 소련 북경대사의 소개로 소련의 감독 아래에 있던 타스통신사에서 3년 반 동안 사무를 보며 중국거주 러시아인, 중국국민당 좌파, 중국공산당간의 연락을 취급했다."[〈여운형 피의자 신문조서〉, 경성지방법원 검사국, 1929년 7월 18일]). 이때 베르테 상해부영사가 중국공산당 간부 구추백瞿秋白을 소개했고, 구추백은 몽양을 중국공산당의 "특별당원"으로 우대해주었다 / **5월 30일__상해5·30 참안慘案**(5·30운동. 현장을 취재한 타스통신 기자 몽양 여운형은 중국의 학생운동의 활기는 5·4운동이었고, 확충되는 계기로서 5·30운동에 방점을 찍었다). 일본인이 경영하는 공장에서 중국인 한 명이 일본인에 의해 타살된 것이 원인이 되어, 2천여 명의 군중이 모인 시국강연회 개최. "타도제국주의" 구호를 외치며 상해 남경로 평화항의행진하는 군중들에게 영국 경찰이 발포. 사상자 20여 명 발생 → 광주省와 홍콩港의 노동자 20만여 명이 각계각층의 지지를 받으며 장기간 대규모 파업에 돌입省港大罷工(~1926년 10월 10일. 승리 기념장도 발행) / "1924년 봄 중국국민당과 중국공산당이 합당했고 그때부터 각 당원들과 왕래해왔지만 실제로 관계했던 적은 없었는데, 1925년 5월 30일 상해 남경로에서 영국경찰관이 중국학생 20여 명을 살해한 일로 영국배척[몽양, 노선제시: 일본·영국 동시배척은 불리, 당분간 배영背英운동에 전력하자. 중국공산당 대표 구추백瞿白과 국민당 대표 소력자邵力子 동의]과 함께 혁명운동은 고창되고 한편으로 러시아는 중국혁명을 열심히 원조하여 특히 카라한이 나에게 혁명을 도와달라고 하면서 그해 6월부터 관계하게 되었다"(이만규, 『여운형투쟁사』).

1925년 5월 7일_**조선총독부, 치안유지법 제정.** 일본의 천황제를 보호하고 조선의 독립운동을 탄압하기 위해 제정(국체변혁과 사유재산을 부인하는 아나키스트·공산당 조직이 주 타겟이다. 그들이 주로 한국독립운동가들이다). 치안유지법 범법 검거 선풍으로 공산주의 지도자들 대거 구속: 1만 7000여 명(1925~1938년) / 4월 22일 ─일본 국내, 치안유지법 공포.

1925년 6월 6일_일왕칙령(제218호), 조선사편수회朝鮮史編修會 설립. 1단계: 일본·조선·만주일대의 대대적인 사료수집사업(고문서류 61,469매 / 고기록류 3,576책 / 고지도 34매 / 고서화 18권 53매). 2단계: 편수실무. **조선사 편찬**(제1~6편). **편찬부 편수관 촉탁: 이마니시 류우今西龍, 수사관修史官: 두계斗溪 이병도李丙燾**(1896년생) / 1938년 ─『조선사』(37책) 편찬 간행 → 한국사왜곡, 민족정신 말살, 식민통치 원활 → 식민사관의 뿌리.

1925년 6월_중화민국 봉천성과 일본제국 조선총독부, 비밀리 삼시협정三矢協定 체결(실제 협약체결자: 조선총독부 경무국장 미쓰야 미야마쓰三矢宮松와 봉천성 경무처장 우진于珍. **봉천성 관할 만주지역의 한국독립운동가를 체포해 신병을 일본에 넘긴다는 비밀약정.** 실질적으로 만주를 기반으로 한 한국독립투쟁이 크게 위축되기 시작했다).

1925년 7월 1일_중화민국 광동성 광주국민정부 성립(주석: 왕정위汪精衛[광동호법정부 손문의 후계자]). 중국국민당 군대를 국민혁명군으로 개편(총사령관: 장개석).

1925년 7월_**몽양, 상해에서 조선·중국·인도·안남 등 네 민족의 〈피압박민족연합회〉를 조직하려다가 무산됨**(목적: 인도·안남·조선의 독립과 중국의 혁명에 관해 상호원조. 조선 대표: 여운형, 박은식, 조동호, 김규면, 김명준, 윤자영, 김상덕, 조덕률, 이범홍 등. 김상덕金尚德은 1919년 동경 2·8독립선언 대표, 1942년 대한민국 임시정부 국무위원 겸 문화부장, 1949년 반민특위 위원장으로 활동, 1950년 납북).

1925년 7월 11일_을축년乙丑年 대홍수(~9월 초 4차례에 걸친 집중 폭우. 황해도 이남지역. 사망자−647명, 가옥붕괴−17,000여 호, 가옥침수−46,000여 호, 논·밭 10만 단보 유실). 누적 강수량 650mm. 폭우가 쏟아진 중부지역은 한강제방이 무너져 서울 전역이 물바다가 되었다. 이때 암사동 선사유적지가 발견되기도 했다. 봉은사 청호스님은 절의 재산을 처리해서 배를 구입해 고립된 이재민들 700여 명을 구했다 / 1926년 ￢송파이재민, 을축대홍수기념비를 세우다(송파근린공원입구에 현존): "乙丑 七月十八日 大洪水紀念" / 2025년 7월 ￢을사년 乙巳年 역대급 집중폭우, 역대급 폭염.

1925년 8월 _ 카프(KAPF: Korea Artista Proleta Federacio 에스페란토어. 조선프롤레타리아 예술가동맹) 결성. 김기진·이상화·박영희·조명희·이기영·심훈 등 참여 / 1926년 12월 24일 ￢조선프로예맹 임시총회 개최. 강령발표: "우리는 단결로서 여명기에 있는 무산계급문화의 수립을 기함" / 1935년 5월 20일 ￢총독부의 압박으로 자체 해산.

1925년 10월 _ **몽양, 제1회 모스크바공산대학 입학생 모스크바행 주선.** 박헌영의 편지를 지참한 권오직權五稷·김조이金祚伊(1904년생)·김희원金喜元·김명자金明子 등 16명을 베르테 부영사에게 소개시켜서 블라디보스톡행의 러시아 기선에 승선시켰다(무료승선).

1926년 1월 6일 _ 조선총독부, 광화문 새 청사로 이전 → 미군정청 청사(1945년 9월 9일~1948년 8월 15일) → 대한민국 정부청사(중앙청. 1948년 8월 15일~1982년. 1968년 광화문 복원) → 국립중앙박물관(1986년~1995년) / 1995년 8월 15일 ￢김영삼정부, 조선총독부 청사 철거.

1926년(41세) 1월 14일 _ **몽양, 중국국민당 제2차 전국대표대회에 초대받다**(광주 광동성 의회예당 개최: 1월 4일~1월 19일). 몽양은 **대표자대회에서 1시간 동안 영어연설**(통역: 범홍할范鴻劼. 중국공산당의 아버지 이대조의 최측근)로 2,000여 명(200여 명?) 청중(중국각처의 중국국민당·중국공산당 대표, 군정요원, 러시아, 베트남, 필리핀인, 인도인 등 주요인사 포함)을 매료시켰다(『광주민국일보』 1월 18일 기사화). 연제演題: 〈**중국국민혁명의 전세계적 사명**〉: "중국은 혁명해야 한다. 그것은 단순히 중국을 위해서만의 사명이 아니고 전세계에 파급되는 커다란 문제이기 때문에 중국의 국민은 무엇보다도 제일 먼저 그 사명을 깨달아야 한다. 다시 말하면 중국의 혁명의 완성은 세계의 완성을 의미한다."(베트남의 국부 호찌민胡志明[1890~1969]

도 몽양 앞서서 불어로 연설[통역: 이부춘李富春 근공검학勤工儉學 불란서 유학생]. 왕정위의 정치고문인 **보로딘**의 집에서 회합: **왕정위** 광주 국민정부주석 · **몽양 여운형**) *이 당시 몽양 은 손문의 국공합작 취지(聯俄聯共政策)에 적극 동조하여 이미 손문의 권유에 국민당 가입, 동시에 **중국공산당 특별당원 신분이었다**(제1차 국공합작시기, 비밀결사 공청사CY사).

1926년 4~5월(경)_국제공산당, 상해에 극동사무국Far Eastern Bureau 설치. 보이 친스키가 극동위원에 임명. 조선에선 조봉암이 파견근무 / 1927년 7월⌐장개 석, 보이친스키 등 국제공산당 위원들 추방명령으로 사무국 폐지(제1차 국공 합작 결렬).

1926년 4월 28일(오후 1시 10분)_서울 만리동 인쇄공 송학선宋學善(1897년생), 창덕 궁 금호문金虎門 앞에서 사이토 마코토齋藤實 조선총독을 향해 혈혈단신으 로 비수를 날리다(금호문전사건金虎門前事件). 불행하게도 사이토 총독을 닮은 사토오佐藤虎次郎 일본인민회 이사 중상, 타카야마高山孝行 국수회 부회장 사망. 추격전 중 오환필 · 후지와라 순사 중상 / 1926년 5월 2일⌐『동아일보』: "◇金虎門前事件昨日午後一時解禁◇ 短刀携帶하고 自動車襲擊 二名을 狙 擊, 巡査와 擊劍(자동차우에뛰여올라두명을찌르고경계망중에서수십군경과격검까지) 放銃拔劍後艱辛히逮捕" / 1926년 7월⌐법정진술: "나는 주의자도 사상가도 아니다. 다만, 우리나라를 강탈하고 우리민족을 압박하는 놈들은 백번 죽어 도 마땅하다는 것만을 잘 알고 있다. 그러나 총독을 못 죽인 것이 저승에 가 서도 한이 되겠다." / 1927년 5월 19일⌐서대문형무소에서 사형집행 / 1995년⌐ 송학선의사의거터 표석 설립: "1926년 4월 28일 순종의 승하에 울분한 송학 선의사가 금호문 앞에서 조선총독을 살해하려던 자리"(종로구 와룡동 4-1 번지).

1926년_야구광 여운형, 상해야구팀 선수들과 야구경기 후 단체사진촬영. 이즈음 상해에서 몽양을 만난 송철宋哲(1896~1986)은 그의 회고록에서, "청년과 민족 을 자기 생명처럼 사랑하는 독립운동의 애국자"라고 몽양을 기술했다.

1926년 4월_몽양 여운형, 광주 황포군관학교 방문. 장개석 교장 접견. 조선인청년 의 군관학교 입학 증원 요청.

1926년 5월_여운형 · 안공근 · 조상섭 · 최창식 · 이유필 · 오영선 등이 상해에서 〈독립운동촉진회〉 결성(목적: 조선독립운동과 파열되는 각 단체 통일. 회장: 안공근 安恭根[1889년생], 안중근의 동생).

1926년 7월 1일_광주국민정부(왕정위정부), 국민혁명군 북벌北伐 선언: "군벌 타도 · 제국주의 타도"(북벌대상: 오패부[호남 · 호북 일대의 10여 만 군대] · 손전방孫傳芳[강소 · 안휘 · 절강 · 복건 · 강서 일대의 10여 만 군대] · 장작림[동북3성과 북경 · 천진 일대의 30여 만 동북군]) / 7월 9일˥국민혁명군 북벌 출정(총사령관: 장개석).

1926년 10월 1일_영화 〈아리랑〉 개봉(제작사: 조선시네마 프로덕션, 개봉관: 단성사). 춘사春史 나운규羅雲奎(1901~1937)가 각본 · 감독 · 주연한 흑백 39mm 무성 영화. 회령에서 청진 구간에 철도를 부설하는 노동자들이 부른 〈아리랑〉에서 모티프를 삼아 민족의 수난과 희망을 녹여낸 영화. 〈아리랑〉은 전국 방방곡곡에 상영되었다. 여주인공 신일선申一仙(1912~1990)은 하루아침에 "조선의 애인"이 되었다. 감독 나운규의 변: "이 영화 한 편에는 자랑할 만한 우리의 조선 정서情緖를 가득 담아 놓는 동시에 '동무들아, 결코 실망失望하지 말자'하는 것을 암시暗示로라도 표현하려 애썼고, 또 한 가지는 '우리의 고유한 기상은 남성적이었다,' 민족성이라 할까 할 그 집단의 정신은 의협義俠하였고 용맹勇猛하였던 것이니 나는 그 패기覇氣를 영화 위에 살리려 하였던 것이외다. '아리랑 고개' 그것은 우리의 희망의 고개라, 넘자, 넘자, 그 고개 어서 넘자 하는 일관一貫한 정신을 담자한 것이나, 얼마나 표현되었는지, 저는 부끄러울 뿐이외다." / 1929년˥민요 〈아리랑〉, 금지곡 / 1991년 4월˥제41회 세계탁구선수권대회 (일본 치바)에서 코리아 남북단일팀이 우승하여 〈아리랑〉이 전세계방방곡곡에 울려 퍼졌다 / 2018년 8월˥제18회 아시안게임에서(자카르타－팔렘방) 여자 카누 용선 남북단일팀 우승, 남북선수들 함께 〈아리랑〉을 목놓아 불렀다.

1926년 12월 12일_몽양 여운형, 무창武昌 승첩경축대회에서 환영축사. 국민혁명군이 호북성 무한武漢을 해방시켰을 때, 몽양 여운형은 무창武昌의 20만 군중이 운집한 승전대회에서 내빈으로서 사자후를 토했다: "이제 중국혁명은 양자강을 건너 도도히 북상중이다. 머지않아 장래에 중국은 통일될 것이다. 중국이 통일되는 때에는 조선의 해방도 곧 실현될 줄 안다."(*일찌기 북벌이 완성되면 국민당이 조선의 독립을 지원해주겠던 중화민국 광동호법정부의 손문의 공언이 있었다. 그리하여 조선독립군은 국민정부가 추진하는 북벌전쟁 승리가 곧 조선의 독립으로 연결될 것이라고 생각하고, 국민정부와 국민혁명군에 소속하여 중국의 국민혁명을 적극 도왔다).

1927년 2월_대한민국임시정부 약헌約憲 개정 / 8월￣국무위원 수석 겸 법무장: 이동녕, 내무장: 김구, 외무장: 오영선, 재무장: 김갑, 군무장: 김철(자금빈곤으로 사실상 아무 활동도 없는 상황. 수개월간 집세 체납상태).

1927년 4월 12일_**장개석, 4·12상해백색테러 자행**(전세계 노동자단결을 촉구하는 공산당을 막연하게 두려워하다가 5·30성항노동자대파업을 겪은 대지주·대자산계급·제국주의 관료들은 공포에 떨고 있다가 야망에 불타는 장개석 국민혁명군 총사령관을 상해에서 포섭·결탁. 장개석은 북벌도중 국민당의 "연아용공聯俄容共정책"에 반기를 들고 돌연 공산당원[노동자·농민·지식인·학생·군인]을 색출·학살했다淸共) / "1927년 4월 12일에 장개석은 반혁명 청당淸黨운동을 개시하였다. 나는 그때 김약산과 함께 광주에서 국민당 반동파의 군대가 공산당원과 노동자들을 학살하는 것을 직접 내 눈으로 보았다. 한국인도 다수 희생되었다."(유자명, 『나의 회억回憶』) / **몽양의 4·12쿠데타 경험**: "국민군의 상해 점령 후 동년 4월 장개석은 노동군의 무장해제, 공산당원의 학살 등을 하고 극단적인 반동정책을 실행하는 데 이르렀다. 장제스의 병력 2천 명이 노동자의 무장을 해제하고, 학살했기 때문에 나는 장제스의 욕을 했던바, 헌병대장인 양호楊虎가 나를 체포하려고 했다. 나는 1개월간 프랑스조계에 숨어 지내는 형편이 되었다."(장개석의 4·12쿠데타로 발생한 국공분열은 몽양의 독립운동 진영의 연합전선구축 노력이 하루아침에 물거품화되었다.) / "그러나 선생이 서거한지 불과 10년에 중산류中山流의 혁명은 말살되어 편영片影조차 업시되엇스니 그는 제국주의와 싸워가면서 혁명토대를 사수하얏든 것이나 그의 사후에는 중산류의 혁명분자는 분열되어 자본주의 내지 제국주의와 합류되고 말엇스니 만일 손중산 선생의 영靈이 잇다고 가정한다면 그는 얼마나 한심해 할 것이며 현하現下 상태에 얼마나 분격憤激해야 할 것인가?"(몽양, 「손중산 선생의 10주기를 당當하야-인상 깁흔 추억의 일절」, 1935년 3월 12일).

1927년 7월 15일_왕정위국민정부, 장개석의 압력에 굴복하여 공산당을 배제하고 의회소집(分共議會. 보로딘·카라한 등 소련고문들을 좇아냄. 소련으로 귀환) → **제1차 국공합작 결렬** → 중국의 국민혁명 실패 → **몽양의 조선독립 구상 난맥**(중국에서 최초의 좌우합작 결렬로 애통한 경험).

1927년 8월 1일_국민혁명군내의 공산당수뇌부(주은래·주덕·진의·임표·엽검영·팽배·하룡·유백승·섭영진 등), 장개석 친위세력의 공산당원 색출·처형에

몽양연표 | 255

대항하여 강서성 남창에서 도시봉기 지휘. 중국공산당 최초 승전(남창기의南昌起義 → 8월 1일, 중국인민해방군의 건군절로 기념).

1927년(42세) 11월_몽양, 타스통신사 사업 승계(~1928년 6월). 소련 상해부영사 베르테는 본국으로 귀환 당했다(국공합작 결렬로 인한 조치).

1928년 2월_유정 조동호, 상해 일본 영사관 경찰에 의해 항일공산주의자로 지목되어 피체. 부산을 거쳐 종로경찰서로 압송(경성지법검사국에서 예심도 받지 않고 2월 21일 직접 기소. 6월 18일 치안유지법 위반죄로 4년 징역형 언도. 1932년 만기 출소) / *일제자료(1919년)에서 조선총독부 정무총감의 "수령首領" 지목하에 일본 외무차관에게 체포토록 특별히 조회照會한 인물은 **신규식**(47세), **김규식**(38세), **신석우**(27세), **여운형**(35세), **서병호**(35세), **선우혁**(37세), **조소앙**(34세), **조동호**(29세)였다 / *조동호는 10대에 서울에서 몽양을 만나 평생지기로 삶의 궤적을 함께 하며 조국의 독립투쟁과 조국건설에 헌신했다(금릉대학 유학－신한청년당－대한민국임시정부[독립신문 창간, 기자]－중국언론활동[중화신보 기자]－조선중앙일보 편집고문·논설위원－건국동맹－건국준비위원회－조선인민공화국－민주주의민족전선－근로인민당. 몽양사후 옥천군 청산면으로 낙향).

1928년(43세) 봄_몽양, 상해 복단대학復旦大學 명예체육교수로 취직(축구감독 겸임. 월급여 50원).

1929년(44세) 3월_몽양, 축구남양원정경기단 인솔(중국혁명도 지리멸렬해짐에 따라 새롭게 남양방면에 진출할 계획을 갖고 사전답사도 병행). 상해 복단대학축구단을 인솔하고(21명) 싱가폴·말라카·스람반·카로린·이호·필리핀의 마닐라(5월 3일 필리핀 도착) 등 각처(남양南洋)로 원정경기. 마닐라에서 아시아 약소민족을 학대하는 미국의 식민정책을 성토하는 연설을 했다("조선은 사천년의 역사를 지니고 동방문화에 공헌한 바가 지대한데 불행히도 20여년 전 일본에게 병합되어 스스로 발전의 기회를 잃어 18년 전부터 독립운동을 계속하고 있고, 많은 희생자를 내었으나 소기의 목적을 달성하지 못하고 있는 지금 여전히 그것을 지속하여 일본 관헌의 압박에 대항하고 있는 상황이다. 필리핀에서 미국의 정책을 보면, 표면적으로 자못 관대한 것 같지만 이면은 일본이 조선을 압박하는 것보다도 일층 심한 것으로 생각된다. 당 지방에 와서 남양제도가 세계의 낙원지인 것을 알게 되었다. 이 낙원지가 소수 백인종의 수중에 장악되어 있는 것이 실로 유감스럽게도 참을 수 없다. 우리들 아시아인의 지배하에 두지 않으면 안된다. … **아시아 피압박민족의 해방을 위해 아시아 모든 민족이 단결해 공동투쟁해야 한다. 구미제국주의를 아시아 전역에서 구축**해야 하며 먼저 필리핀이 독립해야 한다." 레보아 콩그레스노동총회 주최[5월 25일]. 각독립국대표, 신문기자 30여 명의 열렬한 호응). 정치연설이 말썽이 되어 여권몰수·억류·출국금지 당함. 필리핀 관헌의 조처에 대한 맹렬한 필봉을 날린 각국 신문들 덕에 여권을 되찾은 몽양은 필리핀에서 출국했다("마닐라 경찰은 일본의 요구에 의해 억류했다"며 양해를 구하고 손해배상까지 함. 몽양은 [센세이숀]을 일으켜 국제적인 인물로 급부상. 6월 16일 상해 귀환) / 1929년(가을) ̄남양南洋에서 〈아세아약소민족대회〉 개최 구상(장개석의 공동개최 제의를 받고 구체적으로 착수하려는 시기에 불란서조계 밖에서 야구관람중 경찰에게 체포당함) / 1938년 2월 28일 ̄『조광』에서 마련한 〈방랑가放浪家의 이동 좌담회〉. 기자: "**방랑생활 중 가장 자미滋味있든 이야기를 하여주십시오.**" 여운형: "내가 복단대학의 선생으로 있을 때에 지나支那 학생단學生團의 축구팀을 다리고 필리핀比律賓과 말레이반도馬來半島를 순회하며 축구시합도 하고 연설도 하고 구경도 하였는데 아마 내 반생중에 제일 자미滋味있든 때였습니다. 간 곳마다 환영도 굉장하였지만은 남국의 진기한 꽃들을 보고 이상한 과실들을 먹으면서 유유悠悠히 지내든 때가 매우 기뻐습니다."

1929년 7월 8일_몽양, 상해 공동조계구역에서 야구 관람중 영국·일본경찰에 체포. **일본경찰서로 이첩.** 구미제국주의를 성토한 여운형의 신분을 확인한 영국경찰서는 일본경찰에 넘기지 않겠다는 약속과는 달리 일본총영사관 경찰서로 이첩했다. "맨처음 상해서 잽힐 적에 운동장에서 경관과 격투하다가 귀를 몹시 어더마잣는데 그때 고막이 상상傷하야 한 편便 귀는 아주 병신病身되고 말엇다. 그 다음에는 옥獄에서 주는 조밥을 먹다가 돌을 깨물어서 이 한 개가 고만 부스러지고 말엇다. 그리고 웬일인지 잇몸 전체가 상하고 염쫑을 일으키어 퍽 괴로웠다. 출옥出獄한 후에 첫날 한 이십분을 계속하야 말을 햇더니 턱이 앞아서 혼이 낫다."(「몽양의 옥중기」 『신동아』 1932년 9월).

1929년 7월 15일_몽양, 상해를 떠나 나가사키·부산을 거쳐 17일 경성으로 압송. 경기도경찰부에 구금. 10일간 6회 신문(7월 18일~27일. 담당경찰: 경기도경찰부 사법경찰관 도경부 타나베 다카시田邊孝) / 7월 29일 ̄〈대정8년 제령 제7호 위반 및 치안유지법 위반〉 죄명으로 경성지방법원에 피의사건 송치送致. 서대문형무소에 갇힘(7월 29일 오후 3시). 9개월간 서대문형무소에 구류된 상태에서 경성지방법원 검사국 7회에 걸친 〈피의자신문조서〉(담당검사: 조선총독부 검사 나카노 슌스케中野俊助. 7월 29일~8월 8일)가 진행되었다. 허헌許憲 · 이인李仁 변호사가 선임되었고, 구류갱신이 거듭됨에 따라 서대문형무소에서 구속되어 있는 상태에서 경성지방법원에서 7회(담당판사: 예심괘 조선총독부 판사 고이세츠조五井節藏. 1930년 2월 20일~3월 6일)에 걸쳐 예심취조가 진행되었다. 공산주의 가담만은 그 혐의가 충분치 못하다 하여 〈치안유지법 위반〉은 면소免訴되고 〈제령制令 7호〉 위반으로 공판에 회부되었다.

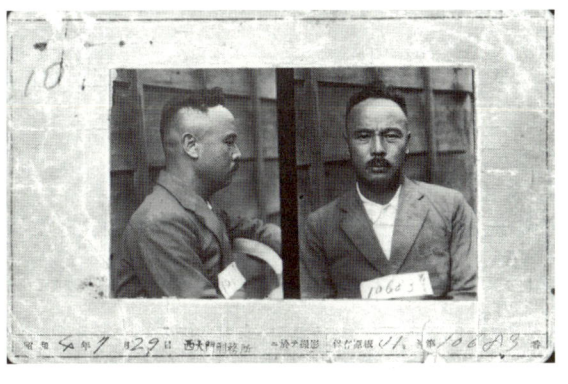

【문】 "너의 주의는 무엇인가?"

【답】 "조선에는 여운형주의로써 하는 것이
조선해방의 첩경이라고 생각한다."

1929년 7월 29일
서대문형무소 수형기록표 사진
(서대문형무소 도착즉시 촬영)

1930년(45세) 4월 9일(오전 9시)_경성지방법원 제4호 형사법정에서 여운형 공판 개정公判開廷(초두에 공개로 진행하다가, 법정에서 치안이 위태롭다는 염려하에 공판 비공개로 전환). 몽양의 법정진술: "나의 조선독립운동은 조선,일본, 중국, 러시아 4국을 위해, 즉 동양의 평화를 위해서이다." 이토오 노리로오伊藤憲郎 조선총독부 검사, "본건은 범죄의 증거가 충분하므로 1919년(대정8년) 제령 제7호 제2조 제1항 및 치안유지법 제1조를 적용, 피고인을 징역 5년에 처할 것을 구형한다." / 4월 10일 『조선일보』: "방청권을 엇고자 전야前夜부터 노숙露宿—수백명 청인이 몰려와서 법원문전에 인파혼란人波混亂, **지척천리咫尺千里에 함루목례含淚目禮—간수의 호위로 들어온 려운형, 법정내에 일막인정극—幕人情劇**"("… 피골이 상접하야 다못 수척하얏다. 용수벗고 수갑 벗기자 방청석에 안즌 그의 부인 진씨陳氏와 사랑하는 아들 봉구鳳九[16세] 홍구鴻九[13세]를 비롯하야 그 계씨 려운홍呂運弘 숙부 여승현呂升

鉉[69세] 고모 여숙현呂淑鉉[59세] 제씨 등 가족을 부자유한 법정에서 무심히 멈추지 안는 고개를 돌려바라며 지척천리가튼 법단안에서 서로 마조치는 눈동자로 목례를 교환하며 고개를 끗덕거리며 인사를 교환하엿다.").

1930년 4월 26일_몽양 여운형, 경성지방법원에서 1심재판. 〈대정8년1919년 제령제칠호 제1조 大正八年制令七號 第一條〉 위반죄(치안유지법 위반에 대해서는 공소기각)로 징역3년형(주문: "피고를 징역3년에 처한다. 미결구류일수未決拘留日數 중 150일을 위 본형에 산입算入한다." 집필의 권리가 거부되어 붓과 종이가 차입되지 않는 독방생활 1095일간. "독방獨房! 그것이야말로 옥옥獄속읫 옥옥獄이다. … 옥살이 3년에 나는 병病쟁이가 되어버린 셈이다."(『옥중기』).

1930년 4월 28일_여운홍, 형무소 철창에 갇힌 가형家兄 여운형 면회. "나는 이미 처형處刑을 각오한 바임으로 오늘이라도 하루속히 공소권公訴權을 포기하고 복역할터이니 집안사람들은 어린아희들과 가티 안심하야주기를 바라며… 나는 형을 복역하게 되면 공장에 들어가 평일에 배우지 못한 새로운 로동기술을 좀 배워 장래 나의 새로운 계책을 엇고저 한다."(『조선일보』 1930년 4월 29일).

1930년 6월 2일(오전 8시)_몽양, 불복한 검사의 항소로 경성복심법원 법정에 서다: 〈공판조서 1회〉(변호인: 양윤식, 김병로, 김용무, 권승렬 출두). 여운형에 대한 1919년(대정8년) 제령 제 7호 및 치안유지법 위반 피고사건에 대해서 조선총독부 재판장 1인 포함 4인의 판사가 공판을 열었다. 검사, 징역 5년 구형.

1930년 6월 9일(오전 8시)_몽양, 경성복심법원 법정에 서다: 〈공판조서 2회〉. 재판장 스에히로 세이키치末廣淸吉, 〈대정8년[1919] 제령 제칠호 위반죄 및 치안유지법 위반 징역3년형(주문: "피고를 징역3년에 처한다. 미결구류일수未決拘留日數 중 150일을 위 본형에 산입算入한다.") / 6월 12일 ─ 여운형, 상소권 포기 신청 / 6월 13일 ─ 서대문형무소 수형기록표 작성. 경성지방법원에서 징역 3년을 언도했고, 죄명은 치안유지법위반으로 기록되어 있다(3년형에 불복한 야나기하라 시게루柳原茂 검사의 항소[控訴申立]로 6월 9일 경성복심법원에서, 기각된 치안유지법 위반은 다시 죄명으로 부활되었지만 형량은 변동이 없었다. 그러나 결과적으로 몽양의 형량은 야나기하라 검사의 농간인지 미결구류일수 150일이 아니고 41일만 산입되어, 3년+109일형이 되었다.) / 7월 23일 ─ 경성복심법원 검사국, 공소완결 / **1931년** 9월 ─ 대전형무소로 이감(~1932년 7월 26일).

1930년 6월 13일 서대문형무소 수형기록표 사진(3년형이 확정되고 체발剃髮 직후 촬영)

(심문) "조선 독립의 날에는 의회주의를 실행할 생각인가?"

(몽양의 답) "그렇다. 조선인 전체의 의사에 맡길 것이다."

1930년_ 신용욱慎鏞項(1901~1961, 전북 고창갑부), 조선비행학교 설립(교장 취임. 1922년 일본 오쿠리비행학교 졸업, 미국 실라헬리콥터학교 조종과 졸업).

1931년 9월 18일_일본제국주의, 만주침략. 위만주국 건국. 일본, 국제연맹 탈퇴 (일본은 영국·미국과 외교 균열).

1932년(47세) 7월 26일_몽양, 대전형무소에서 출옥(형기완료일: 1932년 12월 3일. 실지로 3년을 초과). 경성역으로 마중나온 지인들앞에서 〈출옥 감상〉: "감옥에서는 그물뜨기와 조히긔구(대나무 조리기구) 만드는 것을 해서 아조 익숙하게 잘합니다. 건강은 얼마전 빈혈증으로 말미암아 졸도한 일이 잇섯스나 지금은 소화도 잘 되고 해서 관계치 안슴니다. 감상이란 것은 아무것도 업고 다만 아프로 무엇을 해야할지가 근심됩니다. 처음 조선으로 올 때에는 잡혀오는 몸으로 징역할 생각을 하야 아무러한 근심도 업더니 지금와서는 퍽으나 압일이 근심됩니다. 조선에는 19년 동안이나 잇지 안해 모든 것이 서투릅니다. 지금 가족들도 모다 조선에 와 잇스니까 다시 해외로 나갈 것 갓지는 안슴니다."(『동아일보』1932년 7월 28일) / *출소 후, 이케다池田清 조선총독부 경무국장, "충청도에 있는 4백석 국유지와 백석 개간지를 주겠다"고 하자 "나는 배일자排日者다. 받으면 매수된 놈"이라며 몽양은 단호히 거절했다.

1932년 10월_몽양, 조선땅에서 활동할 것을 확고히 함. 어학이 창달하고 국제지식과 외국사정에 정통하니 해외로 나가 재활동을 하면서 해외동포의 기금을 받아 국내 교육사업을 위해 송금해주는 역할을 해줄 것을 공적으로 종용하는 파인巴人 김동환(「呂運亨에게, 해외가서 재활동하시요」『삼천리』 1932년 9월)에게 공적인 답신: "요컨대 나는 해외로 갈 생각은 아직은 업스며 나간대도 다른 일은 몰라도 외지동포로부터 돈을 거두어드려 보내기는 어려운 일인 줄로 암니다."(「呂運亨 答」『삼천리』 1932년 10월).

1932년_몽양, 봉안이상촌에서 은거하며 "봉안청년회"를 조직. 봉안청년회에서 야학을 개설하여 농업·민족정신·생활개선·교양교육을 펼쳤다. 양평 광동학교 졸업생 김용기·여운혁은 봉안청년회를 발전시켜 봉안이상촌 운동을 전개한다(~1945년. 양주군 초부면 봉안리. 현 조안면 능내리). **몽양은 간간이 봉안에 내려와서 청년들과 팔씨름을 하거나 택견을 가르쳐 주고, 팔당역까지 달리기를 했다 /** 1955년 "민족 구원의 대도를 걸으라"는 스승 몽양의 가르침을 받든 일가一家 김용기金容基(1909~1988. 1966년 막사이사이상 수상), 가나안 농장 건설(하남시 풍산동). 가나안 농군학교 설립(1962년. "한 손에는 성경을, 한 손에는 호미를").

1933년(48세) 1월 2일_몽양, 『동아일보』(1면) 연두年頭에 조선청년에 부탁하는 글 〈분투奮鬪와 노력努力〉 기고("의사표현에 부자유한 自己이매"): "동포들이여! 갱생更生의 정신을 고취하여 신흥新興의 원기元氣를 진작하여 마음과 힘을 합하여 활로活路에 공진共進하라. 우리 민족과 사회의 생명인 청년들이여! 여러분은 열성과 담용膽勇의 소유자다. 모든 사업의 성공은 오직 여러분을 기다려 출현하려 한다. 퇴굴退屈, 안일安逸, 타락墮落 등은 여러분의 생을 태워 버리는 연료요, 고난苦難, 압박壓迫, 기한飢寒은 청년들의 힘을 일으키는 운동구이다. 청년의 전도前途는 다난다취多難多趣하고 사명은 차중자귀且重且貴하다. 청년들! 비상非常한 시기는 비상한 인물을 만들고 비상한 인물은 비상한 사업을 이룩하니 이 비상한 시기에 직면한 여러분은 새로운 정신을 발휘하여 신로新路에 건보健步하라."

1933년 1월_몽양, 『신동아』(제3권 1호)에 〈중국은 어데로 가나?〉 기고: 장개석의 독재정책은 중국정세에 맞지않아 몽상으로 결국 실패할 것으로 예견한 반면,

261

중국 공산당이 전중국에 무공불입상태無孔不入狀態로 민심을 얻어 장개석의 공산군 토벌은 오히려 공산당 발원發遠의 기회와 자료를 공급하는 것으로 보았다(중국공산당의 결정적인 홍기를 불러온 모택동의 12,500km 대장정: 1934년 10월 10일~1935년 10월 19일. **장개석 총통, 대만 타이뻬이로 퇴각[1949년 12월 10일]**).

1933년 2월 16일_**몽양,『조선중앙일보』 사장으로 취임**(주필: 이관구李寬求, 편집국장: 김동성金東成, 기자: 홍기문, 이태준, 염상섭, 노천명, 김남천, 윤석중, 박팔양 등 신문사 편집국은 우국지사들의 집결지). 〈취임사〉(17일 실림): "언론기관이란 언제나 대중의 감시 아래 있는 것이니 대중의 요구를 표준삼아 거기에 충실하게 하지 않고는 도저히 존재를 허하지 않는다. … 오늘날 중대한 시국에 처하여 우리의 언론기관의 협력은 물론 나아가 대중의 모든 역량도 집중함으로부터 스스로 앞날의 희망을 달성할 것을 믿는다." 3년 넘도록 감옥생활을 마친 몽양은 조동호의 주선으로 윤희중尹希重(조동호의 사촌동생 조동순趙東淳의 매제. 논산 갑부)·최선익崔善益이 출자하고 인수한『중앙일보』의 사장으로 취임했다. 제호를『조선중앙일보』로 바꾸고(1933년 3월 7일) 신진 문예인 발굴·각종 스포츠 지원·대대적인 역사탐방으로 조국의 문화강국·독립이라는 큰 그림을 제시하며 활달하게 동분서주한다(월간지『중앙』·『소년중앙少年中央』 창간. 『조선중앙일보』의 편집국·인쇄소와 각 지방의 지사는 독립운동의 근거지가 되었다) / 1933년~1947년 ￢『조선중앙일보』사 사택 기거(종로구 계동桂洞 140-8).

1933년 4월(초)_**조선중앙일보사 주최, 해외선수초청 권투경기 개최.** 몽양 조선중앙일보사 사장, 〈개회사〉: *"권투정신, 피흘리면서도 싸우고 다운되어도 다시 일어나 싸우는 권투정신은 우리 청년들이 의당 본받아야 할 훌륭한 정신입니다. 나는, 청년은 누구를 가리지 않고 좋아합니다. 무릇 청년은 진리와 정의를 위해서 목숨도 아끼지 않는 불가슴을 안고 있기 때문입니다."* / 1935년 4월 ￢**몽양, 동양권투회 이사 취임.**

1933년 5월_**몽양, 조선체육회 이사로 추대됨** / 9월 ￢조선농구협회 회장으로 취임.

1933년 6월 18일_"대중大衆의 사자使者로 자임自任하고 역행정진力行精進"하는 『조선중앙일보』사, 종로구 견지동 110번지로 이전(현, 농협은행 종로금융센타).

1933년 9월 20일_**몽양, 제3회 경성평양 대항축구전 개회식 참석**(주최: 조선체육회, 후원: 조선중앙일보사. 장소: 배재고보 운동장).

1933년 11월_월간지 『중앙中央』 창간(~1936년 5월). 몽양의 〈창간사〉: "잡지는 어떠한 사상事象을 종합비판함에 비교적 여유가 있을 뿐 아니라 체계정연한 1권의 성편成篇은 구체적 지식을 파악하게 합니다. … 격변해가는 세계정세며 발전해마지 않는 과학과 기술은 물론 기타 우리의 관심을 요구하는 제반 사물에 대하여 극히 통속적으로 평이하게 소개하기에 우리는 일단의 노력을 더하랴 합니다."

1933년 12월_몽양, 『중앙』〈송년사〉: "지나간 1933년은 실로 세계사의 발전방향을 획연劃然하게 결정하고 말았다. 국제자본주의의 시금석인 세계경제회의는 무참하게도 실패하야 고립적 국가주의경제로 박차를 더하게 하고 제국주의국가들의 수호신같이 받들든 **국제연맹도 일본·독일 양국의 탈퇴로써 후광을 잃어 도리어 제국주의국가간의 본질적 모순을 폭로시키고 말았다**."(『중앙』 1권 12호).

1934년(49세) 1월 18일_『현대철봉운동법』 출간(서상천·이규현 공저. 한성도서주식회사 발행). 스포츠맨 몽양 여운형(48세)의 근육질 상반신 근영近影 소개(11쪽): "선생이 철봉운동으로부터 얼마나 큰 효과를 얻으시었나 선생의 서문을 읽어보라."

1934년 4월_몽양, 3곳 체육협회에 회장이 됨: 조선축구협회(4월)·조선농구협회(1933년 4월)·서울육상경기연맹 회장(1934년 4월) / 1936년 1월 ㅡ고려탁구연맹 회장 / 1945년 ㅡ초대 조선체육회장 / 1947년 6월 20일 ㅡ여운형, 조선올림픽위원회 초대위원장에 취임.

1934년 4월 22일_몽양, 제2회 조선 풀ㅡ마라톤대회 위원장으로 취임(~1936년).

1934년 5월_〈신문사장의 하루 新聞社長의 하로〉(중앙일보사장 여운형씨呂運亨氏, 동아일보사장 송진우씨宋鎭禹氏, 조선일보사장 방응모씨方應謨氏) 『삼천리』(6권5호): "조선일보 광산왕은 자가용 타고 납시고, 동아일보 송진우는 인력거로 꺼덕꺼덕, 조선중앙일보 여운형은 걸어서 뚜벅뚜벅."

1934년 5월 15일_이태준李泰俊(1904~월북), 『조선중앙일보』에 〈불멸의 함성〉 장편소설 연재(~1935년 3월 30일). 『조선중앙일보』의 학예부장이기도 한 이태준은 이상과 박태원의 시와 소설 연재를 주도했다.

1934년 7월 24일_이상李箱(1910년 9월 23일~1937년 4월 17일), 『조선중앙일보』에 〈오감도烏瞰圖〉 연재(~8월 8일. 총 30편 게재 예정이었으나 독자들의 빗발치는 항의로 몽양의 극구 만류에도 불구하고 15편으로 연재중단) / 1937년 6월 ㅡ박태원, 『조

몽양연표 | 263

광』에 〈오감도〉 연재중단에 대한 이상의 〈이상오감도李箱烏瞰圖 절필지사絶筆之事〉
(유고遺稿) 게재: "왜 미쳤다고들 그러는지 대체 우리는 남보다 수십년씩 떨어
져도 마음놓고 지낼 작정이냐. 모르는 것은 내 재주도 모자랐겠지만 게을러빠
지게 놀고만 지내면 일도 좀 뉘우쳐보아야 아니 하느냐. 여남은 개쯤 써보고서
시 만들 줄 안다고 잔뜩 믿고 굴러다니는 패들과는 물건이 다르다. 2천 점에서
30점을 고르는데 땀을 흘렸다. 31년 32년 일(이봉창-윤봉길-백정기-이회영 의거)
에서 용대가리를 떡 꺼내어놓고 하도들 야단에 배암 꼬랑지커녕 쥐꼬랑지도
못 달고 그만두니 서운하다. 깜빡 신문이라는 답답한 조건을 잊어버린 것도
실수지만 이태준, 박태원 두 형이 끔찍이도 편을 들어준 데는 절한다. 절絶-
이것은 내 새 길의 암시요 앞으로 제 아무에게도 굴하지 않겠지만 호령하여도
에코가 없는 무인지경은 딱하다. 다시는 무슨 다른 방도가 있을 것이고 우선
그만둔다. 한동안 조용하게 공부나 하고 딴은 정신병이나 고치겠다."(연재 중
단 직후, 이상이 소회를 기록했던 〈입장문〉을 이상이 세상을 뜬 직후, 박태원이 이상의
글을 발표함으로 추모의 념을 표했다).

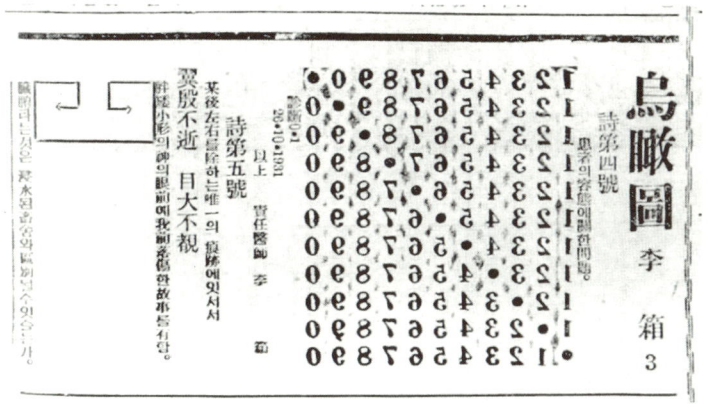

1934년 8월 1일_구보仇甫 박태원朴泰遠(1909~1986). 『조선중앙일보』에 〈소설가小說家
　　　 구보씨仇甫氏의 일일一日〉 연재(~9월 19일. 삽화: 하융河戎. 『뉴욕타임스』가 21세
　　　 기 최고의 영화로 선정한 〈기생충〉을 빚어낸 봉준호 영화감독이 박태원 작가의 외손자).
1934년 8월 15일_『조선중앙일보』의 지면을 조간·석간 4면씩 8면으로 증면.
1934년 10월 28일_몽양, 원파圓坡 김기중金祺中 동상 제막식 참석(김기중[1859~1933]

은 동복군수 역임·전남 부안 영신학교 설립. 인촌 김성수의 양부이자 백부. 인촌이 중앙
학교 인수할 때 전재산 희사). 〈몽양의 기념사: 인류는 왔다 갑니다. 그러나 위업은 영원〉:
"원파선생의 사업은 그의 영사令嗣 김성수 군이 더욱더 발전시킬 것을 축복하
는 의미로 이 기념동상을 세우는 동시에 이 집에서 배우는 무리들과 사회도
민중도 돌아볼 줄 모르는 수전노들의 눈앞에 나타나는 이 동상의 얼굴은 얼마나
엄숙하고 느낌을 크게 줄 것입니까."

1935년 1월_조선중앙일보사, 월간 『소년중앙少年中央』 창간.

1935년(50세) 2월_몽양, 『소년중앙』에 스물을 못넘기고 죽은 장남 봉구 회고: 〈내
대신 싸운 봉구鳳九〉(1931년 만보산사건 직후 울분을 참지 못하고 상해로 갔다가 사
망한 봉구의 7살 때 회상: 롤러 스케-트장에서 불란서, 영국, 미국의 그 중 한 아이가
"너는 촤이니스라"고 놀리며 업슨녁엿습니다. 그때 그는 분함을 참지 못하야 "무엇이
야? 나더러 촤이니스라고? 나는 코리안이다. 여태 코리안을 몰라? 코리안은 이 세상에
서 제일 간다"고 뎀벼들어 서로 어우러져서 싸우는 것을 보앗습니다. 나는 그가 나한테
역성을 들어 달라는 눈치를 보임으로 나무뒤에 숨어 잇섯습니다. 13명 가운데 조선인이
라고는 봉구 하나! 그는 끝까지 용감하게 싸와 마침내는 그들을 물리치고야 말앗습니다.
"싸워라! 네힘껏 싸워라! 그리고 네가 너를 애낄 줄을 알아라!" 나는 육백만 어린 동무들
앞에서 이러케 외치고 싶습니다.)

1935년 2월 10일_몽양, 안창호 출소하는 날 대전형무소 문앞까지 가서 영접. 도산
島山 안창호安昌浩(1878~1938), 대전형무소에서 가출옥(1932년 4월 29일 윤봉길
의사의 상해 홍구공원 의거날, 체포당함. 6월 7일 인천으로 호송. 경기도경찰부에서 40
여일 간 심문을 받고, 〈치안유지법 위반〉으로 경성지방법원 검사국에 송치. 기소되어 예
심에 회부. 예심에서 공판으로 회부된
때가 1932년 12월 29일. 경성지방법
원에서 징역 4년 실형 언도. 대전형
무소로 이감되어 종이를 꼬아 그릇을
엮어 옷칠하는 일 종사). **몽양, 도산
안창호 출옥 직후 고당古堂 조만식曺
晩植(1883~1950)과 함께 회합**(1908년
2월 서울에서 도산 안창호의 시국 강연을 처음들은
몽양은, "나라를 위해 죽어야 하겠다"고 결심).

여운형   안창호   조만식

1935년 3월_몽양, 『소년중앙』에 〈봄이 왔다〉 기고: (눈덩이를 들고보니 눈밑에서 새파란 풀이 솟아 나온 것을 보고) "눈속에서 풀이 나왔다" "봄이 오니까 겨울이 도망을 하얏단다." "봄이 그럼 기운이 세게?" "아암. 봄이 오면 언제든지 겨울은 쫓겨 간단다." "그럼 봄이 오니까 이 풀이 낫나?"(2월 23일 초봄에 장충단 부근에서 아버지 몽양을 "만만한 동무"로 아는 자녀들과 즐겁게 뛰노는 이야기).

1935년 3월 2일_김유정金裕貞(1908~1937), 『조선중앙일보』에 〈노다지〉 연재 시작.

1935년(봄)_몽양, 충남 아산의 충무공 이순신 묘소에 〈송덕비〉 건립(글씨: 이각경李표卿[이만규의 딸, 몽양의 오촌조카 여경구의 부인]). 이순신 장군을 가장 존경한 몽양은 1934년 11월 아산 충무공 묘소를 찾았다. 황폐화된 묘소를 발견하고 현직 신문사 사장의 방패막이로 묘소단장사업 구상·실행 / 김구의 모친 곽낙원郭樂園(1859~1939) 여사와 두 아들 김인金寅·김신金信 형제의 상해탈출을 돕다.

1935년 4월_몽양, 동양권투회 이사 취임. 전 조선 축구선수권 대회 회장 취임(5월 14일). 스포츠여성구락부 고문 취임(11월). 고려탁구연맹 회장 취임(1936년 1월).

1935년 5월_본사사장 여운형, 『중앙』(3권 5호)에 〈체육조선體育朝鮮의 건설建設〉 기고: "인류의 생명은 힘이다. 대지를 빚어는 〈광光〉도, 만물을 태우는 〈열熱〉도 힘이다. 그럼으로 인류사회도 힘에 뭉친 것이니 그 사회를 강하게 하는 것은 그 〈멤-버〉인 인류의 힘을 강하게 함에서이다. 인류의 힘을 강하게 하는 방법은 여러 가지 교육이요 여러 가지 교육의 기초는 오직 〈체육〉이다."

1935년 7월 6일_제2회 노동老童육상경기대회 개최(청장년이 함께 참여하는 경기. 용산철도운동장). 여운형은 (40대 이상) 투포환에서 1등을, 동생 여운홍은 (40대 이상) 100m 결승에서 우승을 했다.

1935년 8월 25일_『조선중앙일보』 기사: "조선신문계의 일대 쾌사快事로 본사 항공사업 개시를 알리는 '쌀므송식비행기'를 비치하고 비행사 김동업씨가 활약했다." / 김동업金東業(1902년생)은 일본군 조종사로 임관되는 것을 거부하여, 조선비행학교를 중퇴하고 조선중앙일보사 항공부 소속으로 입사.

1935년 9월 26일_몽양, 『조선중앙일보』 특별기획 〈백두산·관모련봉 탐험비행〉 답사팀과 여의도 공항에서 기념촬영(9월 16일~9월 30일. 본사 비행기 기종: 쌀므송 Salmson 2A2호 정찰기, 비행사 김동업, 사진기자 홍병옥洪秉玉). 조선중앙일보는 3차에 걸쳐 보름간 백두산과 관모련봉을 탐험·항공촬영했다. 백두산·관모련봉관모련봉峰 전경을 비행화보飛行畵報로 담은 〈백두산탐험비행기〉를 절찬리에 연재하고(특파원: 이관구) 기록영화로도 제작, 전국에 순회상영하여(1935년 11월 28일~1936년 5월) 전국민을 단군의 자손으로 재인식시키며 민족정기를 고취시켜 격동케 했다.

1935년 10월 3일_이탈리아 무솔리니 정권, 에티오피아 2차 침공(~1937년 2월) / **1936년 9월 22일** ─『조선중앙일보』〈사설〉: "영국英·이탈리아伊는 개전開戰할 것인가?" → 이탈리아 무솔리니 정권을 비판한 사설이 총독부 검열에 걸려 통째로 삭제 당함.

1935년 11월 30일_몽양, 최송설당 동상제막식에 송진우와 함께 참석(영친왕의 보모. 전재산을 육영사업에 투자하라는 **만해 한용운**의 뜻을 받들어 재단법인 송설학원 설립 [1931년]. 김천고등보통학교 개교. **건학이념: 永爲私學, 涵養民族精神**).

1935년_몽양, 동경·대판 방문. 조선중앙일보 사장 여운형, 일본 광고주廣告主 초대연招待宴을 통한 상업적 사무를 위해 동경·대판大阪 등지 방문(3주간 체류하면서 노동자대중·유학생·청년학구자·지식여성 등 재일 조선민중의 삶도 깊게 고찰.『중앙』제4권 2호, 1936년 2월).

1935년_조선유도연맹과 유단자회(1932년 결성) 주최, 〈제1회 무도강연회〉 개최. **유단자회 고문 몽양 여운형 강연: 〈내가 본 조선체육계朝鮮體育界〉** / **1947년 8월 3일** ─서울운동장에서 거행된 몽양 여운형 선생의 인민장(최초의 국민장). 운구담당: 이제황李濟晃(1910~1981), 대한유도학교(현 용인대학교) 설립자·손기정·김성집·석진경·김유창·정상윤·이성구·이순재.

1936년(51세) 1월_몽양, 병자년 새해를 맞이하여 신년휘호를 쓰다: "정관매진正觀邁進"(시국을 올바르게 보고 힘써 나가자). 몽양은 전국방방곡곡을 누비며 청년들에게 각성을 촉구하는 연설을 활발히 행했다: "배움에 힘써라, 배움을 위해서는 정관正觀과 직각直覺이 필요하다." 이 시기의 몽양의 애국적 울림에 감동한 전국의 청년들이 향후 건국동맹과 건국준비위원회의 구성원이 된다.

1936년 1월 1일_『조선중앙일보』사설, 〈억센 조선朝鮮을 세우자!!〉: "우리스포츠계의 금자탑, 빙상·축구·농구·권투·보성전문학교 럭비부 등이 일대비약되었고, 올해 제11회 베를린 올림픽을 직면하여 희망의 새해를 억센 조선의 건설촉진에 총집력總集力할 것으로 믿는다."

1936년 1월_몽양, 〈청년에게 보내는 말〉 기고: "장래의 세계는 청년의 세계이다.

장래의 조선은 청년의 조선이다. 그러므로 나는 언제나 청년 문제에 크게 관심을 가지며 또 청년과 함께 하려한다. 농촌청년은 퇴폐적 축음기 노래와 예술적 일문가치—文價值가 없는 흥행극 같은 유혹에 침식되지 말고, 일할 때 힘써 일하고 틈이 있는 때는 지식의 향상과 공동생활을 훈련해야 억센 기운에 광명한 지식을 얻고 용기를 가지고 우리 장래에 주인공이 되기를 자기하고 힘쓰기 바란다. 도시의 노력청년은 타락된 룸펜이 되지말고 노력여가勞力餘暇에 지식을 얻고 같이 노력하는 친구들과의 그 공동이익을 위하는데 힘있게 하기를 바란다. 학원청년은 방황하지 말고 부형이나 선배를 닮지말고 독자적으로 갈 길을 스스로 택하라. 진리를 탐구하는데 용기를 가지고 그 파악한 바에 충실할 것이다. 동시에 그대들보다 불운한 처지에 있는 농촌청년과 노력청년에 대한 지적 공급에 대한 책임을 망각해서는 안된다. 종교청년에게 전하고 싶은 말이 있다. 현대의 종교란 것은 세상과 간음한 종교다. 오늘의 예수교는 골고다의 희생의 예수는 잊어버리고 성교聖敎를 강도의 소굴로 만든 매매의 예수교인들이 가득 차 있다. 이러한 현상은 직업적 예수교인 목사와 일반 교역자들에게 더 그러하다. 하루바삐 이 현상을 파괴하고 참그리스도 골고다의 희생의 예수 그의 정신을 다시 부흥시키지 아니하면 현상의 조선 기독교의 존재는 그 종교 자체의 존재가 불능할 뿐아니라 존재하면 존재할수록 사회에 해독만 줄 것이다. 불교는 석가의 진종眞宗을 다 잃고 석존대승의 진리를 찾아볼 곳이 없을 뿐 아니라 그 타락된 현상은 예수교의 그것보다도 몇배 더 심하다. 최근 도시, 근교사찰은 청정해야 할 것이 유흥장으로 변하여 각 본산 주지와 지도계급에 있는 이들의 대다수는 그 사생활의 추태는 말할 것도 없고 공공생활의 밥싸움은 예수교의 그것과 조금도 다름이 없다. 그안에 있는 청년들은 이것을 답습해서 더욱 타락의 길을 밟는다면 불교 개체의 운명은 조종弔鐘을 난타亂打할 뿐이다. … 억센 사회를 건설하는데 억센 재목이 되길 바란다."(『중앙』제4권 1호).

1936년 1월_"결혼주례 50쌍을 한 여운형씨"『삼천리』(8권1호): "웨딩 마—치" 〈결혼행진곡〉이 풍금소리 들리는 곳에 여운형씨의 시언한 얼골이 보이지안는 때가 업다하리만치 씨는 결혼식주례를 만히 하기로 유명한데 … (작년昨年[1935년]에 53쌍, 금년수年[1936년] 57쌍, 명년明年[1937년]은 100쌍 넘을 듯) 1939년 10월─〈나의 결혼주례기〉: "5년동안 결혼주례를 한 것이 어언 300여 쌍이나 됩니다. … 고천문을 외이고 기도를 하고 폐백을 받고 엇쩌고 합니다. 이러한 결혼에는 단연斷然히 주례를 안합니다. 식장은 없어도 좋습니다. 예복도 없어 좋습니다. 그 결혼 상대자가 그저 장엄한 맹서만을 하였으면 그들의 결혼은 완전히 되는 것입니다. … 내가 지금까지 하여온 300여 쌍의 부부가 한아도 파탄破綻이 없이 원만圓滿한 가정들을 이루고 있습니다."(『조광』 5권 10호).

1936년 1월 30일(밤)_**몽양 여운형, 회기리回基里 교당**(안식일교) **의용청년선교회 주최로 〈지도자가 할 일〉 주제강연:** "나는 성질이 별別해서 남이 무서워하는 것은 무서워하지 않고 남이 무서워하지 않는 것을 무서워 합니다. 흔히 권세를 무서워하지만 권세를 가지고 정당히 쓰지 않고 남용濫用하는 것은 어듸까지던지 대항하고 싶단 말이지요. 돈! 돈을 가지고 잘 쓰면 좋으나 못된 데 쓰거나 잔뜩 움켜만 쥐고잇는 수전노守錢奴! 즉 돈 직히는 좀놈에게 머리를 숙일 게 무에냐 말이지요. 나는 다만 靑年들이나 이 앞에 안진 少年들 갓흔 사람을 보면 그만 겁이나 엇절 줄 모르겟습데다. 그들을 맞나면 엇쩐지 두려운 생각이 나서 내몸을 두루두루 살피는구려. 양복이나 똑바루 입지 안엇나 넥타이나 바루 매지 안엇나 그들이 나의 잘못을 본받지나 안을가 해서 두려워 못견듸겟단 말이오. … 여긔 안즌 청년들 그대들이 잘하면 조선사회는 빛나고 그대들이 잘못하면 조선사회는 어두운줄 모르느냐. 나는 그대들만 나무래고 싶지 안어. 여긔 나이먹은 이들도 많이 게시지만 청년들을 지도하려면 선진자先進者들부터 잘해야 되겟습니다. 자기들이 잘못하면서 아모리 청년들에게 말노만 잘하라고 해보시우, 그들이 잘 듯는가. 羊의 가죽을 입고 이리의 행동을 하는 僞善者들. …"(『삼천리』 72호, 1936년 4월호).

1936년 2월_**몽양 여운형, 〈조선농촌문제의 특질〉 논지발표:** "조선의 농업인구가 전 인구의 80퍼센트 이상인 조선사회의 특수한 역사적 발전은 구래의 농업에 있어서의 봉건적 징수관계를 청산함이 없이 토지소유의 근대적 자본가적 형태를 확립시킴에 의하야 이 땅의 농민에게 불행과 비참의 곤액困厄을 과한 것이다."(『중앙』 제4권 2호, 1936년 2월).

1936년 2월 26일_동경 청년장교들의 쿠데타 / 1936년 3월 2일―『조선중앙일보』에서 일본 청년장교들의 2·26쿠데타를 다룬 기사를 1면 전체에 다뤘다가 압수당했다.

1936년 3월_**여행 매니아 몽양의 고백:** "여행은 나의 가장 사랑하는 취미이며 오락

269

이다. 세상에서는 스포-쓰를 나의 가장 좋아하는 취미로 생각하는 모양이나 나는 스포-쓰 보담도 훨씬 더 여행을 사랑한다."(「나의 회상기回想記」『중앙』1936년 3월).

1936년 4월 1일_『조선중앙일보』 사설, 〈사세확충 사세에 제하야 증면을 위시 5대 계획〉: ① 조·석간 12면 발행. 종전의 값으로 제공. 독자들의 격려와 권고에 보답차원. ② 사옥증축·공장확장, 기타 설비의 일신. ③ 출판부 사업확충, 월간물 발행. ④ 학술중심 정기간행물『중앙학단』발행. ⑤ 항공사업 확충 / *1936년대 3대 신문 구독자(경무국 도서과 자료의거):『조선일보』(60,000부),『조선중앙일보』(32,782부),『동아일보』(31,666부).

1936년 4월 20일_몽양, 노총각 조동호 혼인식 주관(신부는 대동청년단·의열단원 출신의 독립운동가 박광朴洸[1882~1970. 만해의 고제高弟로서 만해 장례다비식·『한용운전집』 발간 주도. 1990년 건국훈장 애족장 추서]의 차녀 박소동득朴小東得[1919~1999]. 조선의 청년들을 중국으로 보내 독립운동에 참여시키려는 계획이 탄로나서 신의주형무소에서 2년 5개월 동안 복역직후에 행하여진 혼인식). 27세 연상의 신랑 유정 조동호(1892~1954)는 몽양과 1910년 조국의 광복을 평생사업으로 맹약한 이후 두 사람은 가까운 친구이면서도 서로 "선생"이라고 부르며 항상 그림자 같이 따라 다니며 생사를 함께했다.

1936년 4월 22일_『조선중앙일보』주최, 제4회 풀·마라손大會 개최(대회위원장: 몽양 여운형). 일착一着: 손기정孫基禎(양정養正, 2시간24분28초). 이착二着: 김성학金聖鶴(대창大昌, 2시간43분18초). 삼착三着: 정수길鄭壽吉(경성京城, 2시간51분9초). 몽양은 1933년『조선중앙일보』사장이 되면서 체육부를 신설하여 매년 42.195km 풀 마라톤 대회를 개최했고, 이 대회에서 우승한 손기정 선수가 1936년 베를린올림픽 마라톤대회에서 몽양의 "억센 체육조선의 건설"을 세계만방에 현실화시켰다.

1936년 4월 25일_몽양, 제1회 전 조선 도시대항 축구전 회장에 취임.

1936년 5월_김성집(휘문고보 5학년, 미들급)·김용성(라이트급), 제1회 전일본역도 대회 겸 베를린올림픽 파견선발대회에서 우승(동경). 김성집 역도우승자, 귀국즉시 몽양선생님께 인사: "여선생이 그렇게 좋아하실 수 없었어요. 만면에 웃음을 띠시고 어쩔 줄을 몰라해요. 그 좋아하시던 모습을 잊을 수가 없습니다."(이기형,『몽양 여운형』).

1936년 6월 11일_몽양 여운형 전 간도 학생축구대회 회장, 제1회 전 간도축구대회 참석(~12일. 주최:『조선중앙일보』용정지국) 참석(기념사진: 全間島第一回蹴球大

會中學團優勝記念·朝鮮中央日報社龍井支局主催 一九三六. 六. 十二. 동흥東興중학교 우승) / 6월 13일 ─ 은진중학교(간도 용정에 설립된 기독교계 사립) 방문. 당시 은진중학생 강원룡姜元龍(1917~2006)의 몽양에 대한 첫인상: "세상에 저렇게 웅변을 잘 하시는 분이 있나. … 생김 생김이 참 위대한 분. … 한눈에 숭모심을 갖게 했고 너무 매혹되었다."(강원룡 크리스찬아카데미 이사장, 〈내가 본 여운형의 삶〉).

1936년 6월 24일_만해 한용운, 여운형『조선중앙일보』사장의 요청으로 장편소설 『후회後悔』연재 시작. 손기정 선수의 "일장기 말소" 사건으로 신문휴간·폐간에 이르러 만해의 소설연재도 끝났다(1936년 9월 4일자로 만해의 소설도 55회로 연재 중단).

1936년 7월_몽양, 베를린 올림픽 출전선수들 환송회 개최(육상: 손기정·남승룡, 축구: 김용식, 농구: 이성구·염은현·장리진, 권투: 이규환): *"제군들은 비록 가슴에는 일장기를 달고 가지만, 등에는 한반도를 짊어지고 간다는 것을 잊어서는 안된다."* *올림픽 출전선수들의 14일 걸린 베를린 여정: 서울─부산─하얼빈(시베리아 횡단열차)─바르샤바─베를린.

1936년 8월 9일_출전선수 번호 382번 손기정孫基禎, 제11회 베를린올림픽 마라톤 우승(올림픽 신기록: 2시간 29분 19.2초, 3등[380번] 남승룡南昇龍[2시간 31분 42초]). "슬프다"로 우승을 표현한 손기정은 시상식에서 고개를 푹 숙이고 묘목으로 가슴의 일장기를 가렸다(묘목으로 일장기를 가릴 수 있는 손기정이 부러웠던 남승룡은 바지춤을 힘껏 끌어 올렸다. 그 묘목[대왕참나무]은 양정고등학교 교정에 심었고, 서울시기념물 5호 손기정월계관기념수로 지정되었다).

1936년 8월 10일(새벽)_마라톤에 우승한 손기정, 남승용 선수에 감격한 심훈沈熏(1901~1936년 9월), 〈오오, 조선朝鮮의 남아男兒여!〉 시를 써서『조선중앙일보』에 기고(10일 호외): (마라손에 優勝한 孫·南兩君에게) 그대들의 첩보捷報를 전傳하는 호외號外뒷장에 붓을 달리는 이 손은 형용形容못할 감격感激에 떨린다! 이역異域의 하늘아래서, 그대들의 심장心臟속에 용소슴 치던 피가 이천삼백만의 한 사람인 내 혈관속을 달리기 때문이다. 00 '이겼다'는 소리를 들어보지 못한 우리의 고막鼓膜은 깊은밤 우승의 방울소리에 터질듯 찢어질듯. 침울沈鬱한 어둠속에 짓눌렸던 고토故土의 하늘도 올림픽의 거화炬火를 켜든것처럼 화닥닥 밝으려 하는구나! 00 오늘밤 그대들은 꿈속에서 조국의 전승戰勝을 전하고저

마라손 험險한 길을 달리다가 절명絶命한 아테네의 병사兵士를 만나보리라. 그
보다도 더 용감勇敢하였던 선조先祖들의 정령精靈이 가호加護하였음에 두용사
勇士 서로껴안고 느껴느껴 울었으리라. ○○ 오오, 나는 외치고 싶다! 마이크를
쥐어잡고 전세계全世界의 인류人類를 향向해서 외치고 싶다! "인제도 인제도
너희들은, 우리를 약弱한 족속族屬이라고 부를터이냐??"(1936년 8월 10일새벽) /

11일 ─『조선중앙일보』, **"마라톤의 제패制霸, 손·남(孫南) 양군兩君의 위공偉功"**
이라는 사설로 한껏 민족정신 고양(체육의 사회적 의미를 강조하는 스포츠 철학자
몽양의 영향을 받은 일제 강점기의 운동선수들은 자신의 역할을 운동선수인 동시에 민
족운동가로서 설정하고 스포츠에서의 기록만이 아니라 조국과 민족에게 희망을 주기 위
해 노력했던 것이다. 김광식, 〈여운형의 독립운동과 체육문화운동〉『몽양여운형전집 3』).

1936년 8월 13일 _『조선중앙일보』, 손기정·남승용 마
라톤 우승선수의 일장기말소 사진 기재: **"머리에 빛
나는 월계관月桂冠, 손에 굳게 잡힌 견묘목樫苗木. 올림픽 최고
영예最古榮譽의 표창表彰받은 우리 손선수孫選手"**

1936년 8월 25일 _『동아일보』(사장: 송진우, 부사장: 장덕
수, 주필: 김준연, 사회부장: 현진건, 체육부 기자: 이길
용)도 일장기 말소해서 사진 게재(8월 13일자 동아일
보의 지방판에『조선중앙일보』에 실렸던 동일한 사진 실림. 오사카 아사히 신문의 지역
판인 서북판에 실린 사진 원본에서 일장기를 지워서 실었다). 송진우 사장·김준연
주필·설의식 편집국장 사임. 무기정간조치 당함(1936년 8월 29일~1937년 6월
1일. 동북항일연군 제1로군 제2군 제6사 사장師長 김일성 유격대 200여 명의 "혜산진
보천보普天堡 주재소 습격사건"을 호외로 발행하여 복간되자마자 [1937년 6월 5일] 전국
을 강타한 특종으로 동아일보는 기사회생).

1936년 9월 4일 _『조선중앙일보』 자진 휴간. 조선총독부의 견딜 수 없는 압력(여운형
사장의 퇴진이 속간의 필수조건)으로 휴간결정(4일 석간 제3035호). 대주주간 알목상
태와 재정재기불능상태로 신문발행허가 효력상실로 자진폐간(1937년 11월 5일).

1937년 7월 7일 _노구교盧溝橋 사변 발발. 중일전쟁의 서막(~1945년 8월).

1937년 8월 21일 _중국 남경국민정부(국민당 총사령 장개석)·소련(스탈린 서기장) 불
가침조약 체결.

1937년 8월 21일_소련공산당 중앙위원회의 1급비밀 명령문서(No. 1428-326cc): 〈극동 국경지역에서의 한인이주〉(일본간첩 침투를 저지하기 위해 한인을 중앙아시아로 1938년 1월 1일까지 강제이주시킴[총 171,781명. 포석抱石 조명희趙明熙_1894년생 등 영명한 한인지도자급 인사들 수천 명을 강제이주 전 일본 스파이로 몰아 체포·총살]).

1938년(53세) 5월_몽양의 생활 고백: "요새 나의 생활은 우울일자憂鬱一字로 끝막을 수 있습니다. 늘 우울하게 지내니까 신경통까지 납다. … 그런데 잠만은 언제나 열한시에 잡니다("**열한시 친구**": 지인들이 몽양에게 붙인 별명). 이것은 나의 습관도 습관이지만은 첫째는 나의 건강비결입니다."(『조광』 4권 5호).

1938년 7월 4일_조선총독부, 조선체육회 강제 해체. 몽양, 조선체육회 이사 사직.

1938년 8월 11일_일본 게이오慶應대학과 경성京城선발군 축구경기(2대2 비김). 몽양의 축구관전평이 『동아일보』에 실렸다(8월 12일): "전반에 경대慶大가 보여준 예각적銳角的이고 능동적인 공격은 참으로 배울 만 했다. 전원이 항상 다음 순간을 생각하야 움지기며 찬스를 보면 맹호猛虎같이 내달린다. 수비에 잇어서 진전津田의 과감, 정확함은 일즉 조선에서 못보든 놀라운 존재이다. 경성京城의 숫은 거이다 진전을 유명케하는 好○이엇다. 조선축구도 과학적으로 나가야 한다."

1938년 9월_몽양, 〈현대청년론〉 강연: "미래는 청년의 것인 동시에 청년은 또한 곳 미래의 상징전진의 정신이라 할 수 있소 … 방황彷徨하고 탐구探究하고 「꼴Goal」도 정定해야 하고 「레일Rail」도 노아야 하고 추진推進의 힘도 되어야 합니다."(『사해공론』 10월호).

1939년(54세) 3월 11일_몽양, 동경에 유학하고 있는 아들 홍구에게 서신 보냄: "언제나 하는 말이지만 건강에 주의하고 친구들을 삼가거라. 적당히 공부하고 때로는 적당히 쉬는 것이 필요하다. … 도회란 언제나 유혹물이 많으니라. 그러니 주의하여 네 양심의 거울에 일점의 흐림도 없는 굳은 신념을 가지고 생활의 순수성을 지키기 바란다. 그리고 여가가 있으면 학과 외에 과외독서도 많이 하는 것이 좋다. … 네 나이 벌써 약관을 넘게 되고 내년이면 졸업이니 좀더 높은 이상과 위대한 기백을 가지고 앞날을 예비하기 바란다. 이만 총총. 1939년 3월 11일 父 書"(차남 홍구는 손기정과 양정고보 동기동창으로 일본 법정대학에 진학했다. 1939년 여름방학 때 집에 와서 가족사진을 찍었다[큰딸 난구는 배화고녀 3년, 차녀 연구는 배화고녀 1년, 셋째딸 원구는 재동보통소학교 6학년. 『나의 아버지 여운형』을 집필한 여연구

몽양연표 | 273

는 북한 최고인민회의 부의장 역임]. 아들 홍구는 1939년 겨울 동경에서 "아케마담走馬痰"에 걸려 급히 귀국하여 경성대 부속병원에서 아버지 몽양과 친구들의 수혈을 수십 차례 받으며 수술도 여러 차례 받았지만 패혈증敗血症으로 결국 사망했다[담당의사: 백인제白麟濟]).

【1939년 여름에 촬영한 가족사진】

아들이 넷, 딸이 셋으로 7남매인데, 그 중 장남 봉구가 10대 청년기에 상해에서 생을 마감했다.

1939년 7월_몽양, 최고로 필요한 교육은 〈자연교육〉이라고 설파: "자연속에는 모든 진리가 풍부히 감추어 있고, 자연에서 배울 것이 무진장無盡藏이다. 과학이니 학문이니도 생각하면 결국 자연 속의 진리에서 나온 일부분에 지나지 않고, 곧 자연은 지식의 원천이다. 그리고 자연을 사랑하고 친할 줄 알면, 거기서 훌륭한 지식을 얻을 뿐아니라, 고결한 인격이 함양되고, 고상高尙한 사상을 가지게 되며, 대자연을 자주 접촉하면 진세塵世에 때묻은 가슴이 정화淨化되고, 이욕利慾에 좁아진 마음이 넓어지는 것이다."(『학우구락부』 1939년 7월호).

1939년 9월 1일_나치 독일, 폴란드 침공. 제2차 세계대전 발발(~1945년 9월 2일).

1939년_몽양, 동경체류. 국제정세 분석하며 유학생을 규합.

1940년(55세) 1월_열정을 쏟았던 조선중앙일보 사장시절이 사무치게 그리워하는 몽양은 새로운 다짐을 발하는 〈나의 전진목표-비약飛躍 전야前夜의 침묵沈默〉의 글 기고: "조선중앙일보사를 나온 이래 나는 하는 일 없이 그날그날을 덧없이 보내고 있다. … 자기 심신을 건전하고 상쾌하게 만들어주는 직업성의 열정적 행복감을, 아침 저녁으로 절실히 느낀다. … 사람에게 있어서 가장 기쁘고 행복한 때는 일하는 순간이요, 가장 슬프고 괴로운 때는 할 일 없어 노는 때일 것이다. 아직도 청년에 지지 않을만한 정열情熱과 의욕意慾을 가지고 있다고 자부自負하는 나. 얻음이 많고, 느낌이 많은 이 땅에서, 나는 내 힘이 다할 때까지 장차 나에게 과제課題될 바 무슨 일에던지 힘밎는 데까지 애써보려고 한다."(『신세기』).

1940년 2월 11일_조선총독부 창씨개명創氏改名 실시(~8월 10일. 일본식 성명 강요). **몽양, 창씨개명 반대.** "왜놈에게 나라를 빼앗긴 것만도 원통한데 선조대대로 받아내려오는 성을 갈다니 어불성설도 유만부동이지!!!"(몽양의 딸 여연구의 회상) / 2월 20일⎯이광수李光洙, 창씨개명정책을 적극 지지하는 〈창씨創氏와 나〉를 『매일신보』에 기고: "내가 향산香山 이라고 씨氏를 창설創設 하고 광랑光郎 이라고 일본적日本的인 명명名 으로 개改 한 동기動機 는 황송惶悚한 말씀이나 천황어명天皇御名과 독법讀法을 갓치하는 씨명氏名을 가지자는 것이다. … 나는 천황天皇의 신민臣民이다. 내 자손子孫도 천황天皇의 신민臣民으로 살것이다." / 8월 27일⎯『매일신보』의 창씨개명 캠페인, 〈창씨명가정화創氏名家庭化 의 피로담披露談 ― 새 씨명을 이러케 常用해 갑시다〉. 創氏改名은 우리집이 첫재, 가정에선솔선하야국어사용. 香山光郎氏夫人 香山英子(이광수의 부인 허영자의 기고문): "우리들은 자손을 위하는 것인즉 절대로 조선말노 이름을 쓰지못하도록 할것이며 꼭 창씨개명한대로 불느도록 하여야 할 것입니다. 그리고 이제부터 우리들은 국어(일본어)를 상용하도록 노력하지아느면 안될것입니다. 그럼에는 생활방침을 개선할 필요가 잇고 우선 내지인가정을 본바더야할 것입니다. 우리집창씨개명은 이러케하얏슴니다." 심우장을 찾은 춘원에 대한 만해의 호통: "네 이놈, 보기싫다. 다시는 내 눈앞에 나타나지 말아라." / 9월 20일⎯창씨개명 계출자届出者, 전 한인들의 79.3%. "성을 갈 놈"이라는 가장 치욕스러운 상황임에도 불구하고 들들볶여서 80% 가까운 인구가 자기 손으로 "성을 갈아" 관청에 접수했다. **창씨개명을 거부하면 식량배급도 없고, 아이는 학교에 입학이 안되고, 징용목록의 상단에 기재된다.** / 만해의 지인의 격분: "이런 변이 있소!

최린(崔麟: 佳山麟)·윤치호(尹致昊: 尹東致昊)·이광수(李光洙: 香山光郎)·주요한(朱耀翰: 松村紘一) 등이 창씨개명을 했습니다. 이 개자식들 때문에 민족에 악영향이 클 것이니 청년들을 어떻게 지도한단 말이요!" 이에, **만해의 응수:** "개들은 주인을 알고 충성하는데, 개보다 못한 자식을 개자식이라 하면 도리어 개를 모욕하는 것이 되오."

1940년 3월 18일_ 일본동경구락부에서 전 수상 코노에近衛(1891~1945)와 몽양, 대중국정책에 대해 토론. (친일로 갈아타서 중국인민들이 한간漢奸으로 여기는) 왕정위汪精衛 남경정부와 협조종용(일·중 화평공작)에 대해, 여운형은 "왕정위는 개인적으로는 좋은 인물이다. 그러나 지금 중국민중과는 멀리 떨어진 사람이 되었다. 중국의 곤란을 타개하고 수습할 힘은 전혀 없다"며 직접 장개석 총통과 만나보는 것이 좋겠다고 의견을 피력하면서 몽양은 거절했다(몽양은 일본말을 이해못하는 것은 아니었으나 서투르다는 핑계로 꼭 통역을 시켰고 칠정七情 분위기도 함께 전달시켰다) / 3월 10일경 ㅡ 동경에 도착한 몽양은 타나카 류우키치田中隆吉 제1군 참모장(소장)과 회담: "(몽양선생이) 중경에 가서 장개석을 설득하고 남경에 가서 왕정위를 달래어 일본의 진위를 이해시켜 달라."(여운형의 중국관련 이력을 보고받은 타나카는 여운형이 손문孫文의 정치고문이고, 중국혁명의 동지이며, 중국요인 중에 많은 친구를[오패부吳佩孚, 염석산閻錫山 등] 두고 있다는 것, 귀국후에도 변화하는 중국정세에 깊은 통찰력을 가지고 자신이 경영하던 신문에 〈장개석론〉이나 〈왕정위론〉을 게재한 것을 알고 있었다. 강덕상, 〈대중국화평공작·'아시아연맹'구상과 여운형 ─ 오카와, 다나카, 고노에와의 교류를 둘러싸고〉『몽양여운형전집 3』). 타나카의 오카와에게 보낸 소개장("조선인은 대개 저항할 줄 모르고 위력도 없는데 여운형만은 조선인답지 않은 조선인이다.")을 통해 몽양은 "일본의 시대의 총아"로 불리는 오카와 슈메이大川周明(1886~1957)와 만날 수 있었고, 오카와 교수를 통해 코노에 전 수상과 연쇄적으로 회담하게 된 것이다(1940년 7월 코노에는 재차 수상으로 지명되어 중일전쟁 혼미의 여파 속에서, 일본─독일─이탈리아 3국동맹 체결하고 남방을 포함하는 대동아공영권의 건설에 박차를 가한다).

1940년 8월 10일_ 미나미 지로오南次郎(1874~1955) 조선총독, 『동아일보』·『조선일보』 폐간명령. 만해의 『삼국지』 번역이 『조선일보』 연재 중 중단. 만해, 세태를 한시로 표현. 〈신문폐간新聞廢刊〉: "붓은 꺾이고 먹은 날리어 백주대낮에도 할

일 없어 筆絶墨飛白日休, 사람들 재갈 물고 흩어진 망국의 도성엔 가을이구나衡枚人散古城秋. 한강물 또한 울음 삼켜 흐느끼는데漢江之水亦鳴咽, 벼루에는 한 방울 들지 않고 바다로만 향해가네不入硯池向海流."

1940년 10월_여행 애호가 몽양, 〈조선의 강 조선의 산〉 기고: "여행을 즐겨하는 나는 유랑의 행정行程을 늘 동경한다. 이유없이 여행하고 싶은 마음. 그것도 동반없이 단 혼자 산으로 들로 강변으로 헤매이면, 비록 그것이 당일 돌아오는 길이라 해도 무한한 기쁨을 느낀다."(『신세기新世紀』 10월호).

1941년 2월 12일_조선총독부, 〈조선사상범 예방구금령〉 공포・시행 / 3월 31일_조선어학습 폐지.

1941년(56세) 6월 22일_체육애호인 몽양 여운형, 메이지明治대학과 릿쿄立教대학의 조선유학생 친목 농구대회 참석(기념사진: 1941. 6. 22. 明・立朝鮮籠球選手親睦記念) / 6월 26일_몽양, 동경 고려신사高麗神社 방문. 방명록에 기록: "血濃於水 呂運亨"(피는 물보다 진하다. 여운형).

1941년(가을)_몽양, 동경 동아회東亞會 고문에 취임(인도철학을 전공한 오카와 슈메이 교수가 주재하는 동아시아 문제 연구단체. 경성보호관찰소의 요시찰인 제1호[특요갑]인 몽양은 대중화평공작의 진언자와 동아회 고문자격으로 서울의 감시자들을 피해 동경과 서울을 오가며 세계정세를 읽으며 조선독립방략을 세웠다[일본제국주의를 선전하는 시국 강연회와 좌담회가 1937년 9월부터 1940년 1월까지 30만회 이상 개최. 그 횟수는 더욱 늘어만 가는 상황에서 몽양은 동아회 고문으로 바쁘다는 핑계로 한번도 참석안함]).

1941년 12월 8일_일본, 미국 하와이 진주만 공격. 태평양전쟁 발발.

1942년 3월 23일_타카키 마사오高木正雄(박정희, 1917~1979), 위만주국 신경新京 만주군관학교(2기) 수석졸업. 일본육사(57기, 3등 졸업)를 거쳐 일본관동군・만주군으로 임관하면서 오카모토 미노루岡本實로 개명.

1942년 4월 18일_몽양, 미국전투기의 동경공습을 실제로 목도("미국기의 성능은 일본기에 비해 우수하여 일본기가 미국기를 따라잡지 못한다. 도쿄에서 미국방송을 들으니, 미국도 전쟁준비에 광분하여 최후의 승리는 미국과 영국에 있다고 한다."[〈여운형의 조선독립운동 사건〉, 경성지방법원 판결문 1943년 7월 2일]).

1942년(57세) 12월 21일_몽양, 일본에서 귀국 도중 시모노세키에서 조선독립운동 교사죄로 체포(조언비어造言飛語 유포죄: "태평양전쟁에서 일본의 승리는 곤란하다

하고, 일본이 패전할 경우에는 전쟁종료 후 평화회의에서 조선독립 문제가 다루어져 그 것이 실현될 가능성이 있다고 하는 등, 여러 명의 친구[오건영吳健泳 목사, 이재형李載馨] 에게 불온不穩한 언동을 하였음.") / 1943년 7월 2일_몽양, 경성지방법원에서 유죄 확정(치안유지법 위반, 육해군형법 위반, 조선임시보안령 위반): 징역 1년·집행유예 3년을 언도 받고, 7개월만에 출옥(오카와 교수는 문하생 카노오狩野敏를 1943년 3월에 서울로 보내서 여운형의 구명에 전력을 다했다) / *재차 유언비어 유포혐의로 2차 서대문형무소에 수감된 이 시기에 해외까지 연계된 거국적인 비밀결사 조선건국동 맹 결성 구상. 국내(몽양)·중경(백범)·연안(무정)등을 연계한 국내진공작전 계획을 구상한다 (1936년 12월부터 시행된 〈사상범 보호관찰령〉으로 인한 엄중감시·잦은 소환심문· 엄격한 여행제한·특별고등경찰의 일상생활 간섭 등으로 옥죄이는 〈은둔생활의 우울〉 [1938년 5월]에서 벗어나 "원대한 이상을 가지고 대담하고 용감하게 실현해나가는 '진 실로 약동하는 힘'으로서의" 〈현대청년론〉[1938년 10월]을 역설했으며 〈나의 전진목표〉 [1940년 1월]를 다시 세우고 말馬 등에 채찍질하듯 마음에도 채찍질을 하면서 침묵이 창 조하는 잉태로서 하나의 정직한 비약, 즉 "건국동맹"을 조직하여 일본의 패망을 예견하 고, 해외독립운동세력과 연계를 도모하여 조국의 독립을 준비할 것을 맹서한다).

1943년(58세) 8월_몽양·조동호·이임수·이상백(시인 이상화의 형)·최홍국·구소현·전 사옥 등이 2차 수감생활로 극도로 쇠약해진 몽양이 입원하고 있던 경성요양원에서, 조선민 족해방연맹 결성(건국동맹 예비조직 구상).

1944년 1월(원단元旦)_몽양, 설날 아침에 건국동맹 동지 김문갑金文甲(1904~1969) 군에게 휘 호를 써서 주다: "分則倒合必立"(분열하면 꺼꾸러 자빠지고, 뭉쳐서 합하면 똑바로 설 수 있다).

1944년 6월 29일_만해 한용운, 심우장에서 입적. 몽양 여운형, 성북동 심우장 조문.

1944년(59세) 8월 10일_몽양, 조선건국동맹 전국적으로 조직(서울 종로구 경운동 건국 빌딩 삼광한의원[현우현의 집]에서 비밀결사[不文·不言·不名]. 위원장으로 추대된 몽양: "우리는 이미 늙었으니 명예나 지위나 잊어버리고 다만, 거름이 됩시다. 그리하여 모든 책임과 영예를 청년들에게 전하는 것이 우리의 임무일 것입니다."). 조동호, 현우현, 김진우, 황운, 이석구 참석. 건국동맹 정책 세목: ① 자주정권의 수립 ② 인민대표회의의 급속 결성 ③ 만 20세 이상 남녀의 선거권 급 피선 거권 확립 ④ 언론, 출판, 결사, 거주, 신앙의 유자유 ⑤ (내용없음) ⑥ 자본가 부호가 소지한 국 가 소요 물건의 은닉 급(及) 탈세행위에 대한 엄벌 ⑦ 식민지문화정책의 잔재에 대한 소탕과 자주 적 문화의 건설 ⑧ 최저임금제의 확립 ⑨ 8시간 노동제의 확립 ⑩ 부인 급 소년노동자의 야간 작업, 갱내작업, 위험작업의 금지 ⑪ 고도의 누진소득세의 부과와 노동자를 위한 제 세제의 개혁

⑫ 신관리통화제 확립과 신속적 시행 ⑬ 국군편성의 신속화 ⑭ 원칙적으로 토지는 농민에게로 ⑮ 중요 생산 교통 통신기관은 국유로 ⑯ 중요기업 상업기관은 국영으로 ⑰ 근로자로 중심한 기업관리의 실시 ⑱ 농촌협동조합의 촉진과 농업생산부문에 과학기술의 적극적 도입 ⑲ 공업 광업의 계획적 확충과 기술자의 계획적 동원, 신기술자의 대량양성 ⑳ 부인해방과 남녀평등권의 확립 ㉑ 봉건적 인습의 타파 ㉒ 실습 양로 질폐疾廢보험 등 각종 사회보험 실시 ㉓ 공영세탁소 유치원 양로원 임산부보양소의 설립 확충 ㉔ 교육기관의 대확장, 근로자교육 실시와 그 교육비의 국가보조 또는 부담 ㉕ 진료기관의 공유화와 사회 위생시설의 확충 ㉖ 공영주택 공영식당의 증설 ㉗ 건실한 대중 오락기관의 보급 → **신간회 이래 전국적 최대 규모의 민족통일전선 조직.**

1944년 10월 8일_**몽양, 농민중심의 〈조선농민동맹〉 결성**(김용기 · 권중훈 · 문의룡 · 박성복 · 신재익 · 신홍진 · 이장호 · 주한점 · 최용근 · 최용순 등 13명의 청년들이 양평 용문산에서 건국동맹 산하의 조선농민 비밀결사 결성. 농민동맹회 회의는 1943년 7월에 출옥한 이래 몽양의 운둔처였던 남양주 봉안마을의 봉안교회에서 열렸다).

1945년 8월 4일_건국동맹의 조동호 · 이걸소 · 황운 · 이석구 등 검거(8월 16일 경기도 경찰부에서 석방). 이만규 · 최근우 · 김세용 · 이여성 · 이상백 · 김인용 등을 중앙간부로 선출.

1945년(60세) 8월 11일_**몽양, 이만규에게 향후 연합군과 교섭할 첫 번째 조건 구상 제시:** "조선해방은 연합군의 선전 결과라고 보아 감사하다. 그런데 조선민족 자체도 합병 전후로부터 금일까지 맹렬히 싸워온 것을 해내 · 해외의 혁명운동 예를 들어 말하고, 조선인 자체의 피흘린 공이 큰 것을 저들에게 인식시켜 우리의 권리를 주장하겠다."(서중석, 〈남북에서 존경받는 포용과 신념의 지도자〉 『몽양여운형전집3』) / *"나 개인으로서의 주의는 마르크스주의자이다. 또한 조선독립운동에 대해서는 민족주의적 행동을 한 것이다. 러시아에 레닌주의가 있듯이, 중국에는 삼민주의(손문주의)가 있고, 조선에는 여운형주의로써 하는 것이 조선해방의 첩경이라고 생각한다."(〈여운형 피의자 신문조서 제5회〉 1929년 7월 24일 경기도경찰부).

1945년 8월 15일(오전 8시)_**엔도오 류우사쿠遠藤柳作**(1886년생) **조선총독부 정무총감, 몽양을 초청해서 간곡히 행정권을 이양하면서 치안부탁**(실제로 일제는 몽양에게 항복): "서로 헤어지는 오늘에 있어서 좋게 헤어지는 것이 좋겠다. 오해로 서로가 피를 흘리고, 불상사를 일으키지 않도록 민중을 잘 지도해 주기 바란다."(회담 내용을 16일 휘문중학교 운동장연설에서 공개). 몽양, 한국인 자신이 주체가 되어 스스로 국가건설을 해나가고, 그 일환으로 스스로 치안을 담당할 것을 선언하며 5가지 사항 요구: ① 전 조선의 정치범·경제범 즉시 석방. ② 서울 시민을 위한 3개월치 식량확보. ③ 치안유지와 건설사업에 아무런 구속과 간섭하지 말 것. ④ 학생훈련·청년조직에 간섭하지 말 것. ⑤ 농민·노동자들의 건국사업협력을 방해하지 말 것 / (12시 정오) ┬ 히로히토裕仁 (1901년생) 일왕 무조건 항복 선언 / (밤) ┬ 조선건국준비위원회(건준) 결성(위원장: 여운형, 부위원장: 안재홍·장덕수). 이만규, 이여성, 이상백, 정백, 최근우 등 참석. 건준사무실: 풍문여자중학교). 8월말까지 전국에 145개 이상의 건준지부와 치안대(석방된 독립투사들이 귀향하면서 건준지부와 치안대 결성. 치안유지를 해방된 나라에서 주체적으로 행함)가 결성됨으로써 미국이 주장한 "한국인의 자치력 결여"와 달리 한국인의 자치능력을 유감없이 과시했다.

1945년 8월 16일_조선건국준비위원회, 〈조선동포朝鮮同胞여!〉 전단지를 전국에 뿌린다: "重大한 現段階에 잇서 絶對의 自重과 安靜을 要請한다. 우리들의 將來에 光明이 잇스니 輕擧妄動은 絶代의 禁物이다. 諸位의 一言一動이 民族의 體戚에 至大한 影響잇는 것을 猛省하라! 絶對의 自重으로 指導層의 佈告에 따르기를 留意하라. 八月十六日 朝鮮建國準備委員會"

1945년 8월 16일(오전 11시)_서대문 형무소 수감자(치안유지법 위반자인 독립운동가) 석방. 수십만 서울시민들과 함께 종로행진.

1945년 8월 16일(오후 1시)_민중들의 손에 이끌린 몽양, 수천여 명이 운집한 휘문중학교(원서동) 운동장 단상에서 사자후獅子吼: "조선민족은 해방되었다. … 이제 우리 민족은 새 역사의 제1보를 내딛게 되었다. 우리가 지난날의 아프고 쓰라린 것들은 이 자리에서 다 잊어버리고 이 땅에다 합리적이고 이상적인 낙원을 건설하여야 한다. 이때는 개인의 영웅주의는 단연 없애버리고 끝까지 집단적으로 일사불란의 단결로 나아가자. 멀지않아 연합군 군대가 입성할 터인즉 그때 우리 민족의 실정을 보여주더라도 조금도 부끄러움이 없게 하자. 세계 각국은 우리들을 주목하고 있다. 우리들은 백기를 든 일본인의 심경을 잘 이해하자. 물론 우리는 통쾌한 마음을 금할 수가 없다. 그러나 그들에 대하여 우리들의 아량을 보이자. 백두산 밑에서 자라난 우리 민족의 힘을 세계 신문화 건설에 바치자. 이미 대학, 전문, 중학생의 경비 대원은 배치되었다. 이제 곧 여러 곳으로부터 훌륭한 지도자들이 들어오게 될 터이니 그들이 올 때까지 우리들의 힘은 적으나마 서로 협력하지 않으면 안될 것입니다."

1945년 8월 17일_건준의 지휘하에 건국동맹·건국청년치안대·식량대책위원회 활동. 전국 28개 형무소에 수감된 2만여 명의 정치사상범 석방.

1945년 8월 18일(오전 1시경)_몽양, 계동 자택 앞에서 괴한들에 의해 곤봉으로 두부를 타격당함(중상. 25일까지 집중치료 받느라 절체절명한 시국에 관여못함).

1945년 8월 28일_조선건국준비위원회, 〈선언宣言과 강령綱領〉발표: "인류는 평화를 갈망하고 역사는 발전을 지향한다. 인류사상의 공전적 참사인 제2차 세계대전의 종결과 함께 우리 조선에도 해방의 날이 왔다. …"〈강령〉一. 우리는 완전한 독립국가獨立國家의 건설을 기期함. 一. 우리는 전민족의 정치적·경제적·사회적 기본요구를 실현할 수 있는 민주주의정권民主主義政權의 수립을 기함. 一. 우리는 일시적 과도기에 있어서 국내 질서國內秩序를 자주적自主的으로 유지維持하며 대중생활의 확보를 기함.

1945년 8월 28일_장개석蔣介石(1887년생)과 모택동毛澤東(1893년생) 중경회담(~10월 10일. 쌍십회담雙十會談). 모택동, 장개석을 최고통치자로 하는 통일국가 건설에 합의 / **1946**년 6월 26일¯장개석 국민혁명군, 중국공산당의 중원근거지 대규모 공격 → 국공내전 → 모택동 승리(1949년 10월 1일).

1945년 9월 2일(오전 9시 15분)_시게미쯔 마모루重光葵 일본외상, 동경만에 입항한 미국 전함 미주리호 선상에서 연합국군(맥아더 연합국군 최고사령관) 앞에서 항복문서 조인(8월 21일 하얼삔에서 소련에게 항복) / (오후)¯서울상공에 미 연합군 총사령부의 〈일반명령 제1호〉전단 살포: ① 미군이 가까운 시일내에 조선에 상륙한다. ② 조선의 38도선 이북은 소련이, 그 이남은 미군이 분할점령한다. → 미-소연합국, 한국의 국내외 독립전쟁 불인정 → 샌프란시스코 강화조약에서 승전국 박탈·배제(한국독립전쟁의 좌절).

1945년 9월 6일_건국준비위원회, 조선인민공화국 정부 결성(전국의 건준지부는 지방인민위원회로 발전적으로 귀속). 몽양은 조선민주공화국 명칭을 선호했다. (몽양의 전생애를 관통하는 노선은 "민족의 독립과 통일노선"[5차례 방북을 통한 남북연합과 좌우합작운동]) / 북조선의 건준지부(인민위원회)는 소련군 점령하에 인민위원회로 순조롭게 통합된 반면, 남조선의 전국 건준지부(인민위원회)는, "여운형은 친일파이며, 건준은 공산주의자들"이라는 한민당의 흑색선전으로 세뇌된 미군정이 불승인하여 점차 불법단체로 낙인찍혀 탄압의 대상이 되었다(1946년 10월 대구항쟁, 1948년 제주4·3항쟁, 여순10·19항쟁 발발. 5~6만 민간인 희생) / *리차드 로빈슨(『주한미군사』 집필진)의 증언(2004년): "여운형이 공산주의자라는 생각은 틀린 생각이다. 그는 최대한 공산주의를 이용했을 뿐이다. 그는 민중정치기구 결성을 도왔지만 그는 결코 공산주의자가 아니라고 나는 확신한다. 그는 공산주의 이론을 신봉하지 않았고 소련편이 아니었다."

1945년 9월 7일_미국육군총사령부의 〈맥아더 포고령Proclamation 제1호: 조선인민에게 고함〉: "38도선 이남의 조선과 조선인민에 대하여 미군이 군정軍政을 펼 것이다."(제1호 1조) → **미 군정선포.** 〈포고령 제1호 2조〉: "정부, 공공단체 및 전 공공사업기관에 종사하는 직원과 고용인 등은 종래의 정상 기능과 업무를 수행한다." → **친일경찰·친일관료 또다시 득세.**

1945년 9월 7일(저녁)_**몽양**, 서울 원서동에서 계동으로 오다 6인조 괴한들에게 밧줄로 묶임. 행인이 극적으로 구제.

1945년 9월 8일_한국민주당(한민당) 창당 발기대회. 송진우·김성수·장덕수·김병로·이인·조병옥·김동원 등 참여. 〈한민당 발기인 대회 성명서〉: "총독부 정무총감으로부터 치안유지에 대한 협력의 의뢰를 받은 여운형은 4,5명으로서 건준위를 조직. 각처에서 폭행이 일어나고 무질서한 상태가 연속되었다. …" / **몽양의 방송연설(1945년): "만일 자기의 공만을 내세우고 자기의 주장만 고집하여 독선적 배타적으로 한다면 민족통일은 절대로 불가능하고 이 기회를 놓쳐 천추의 한을 우리나라 역사에 남기게 될 것이니 이 점을 절대로 삼가야 될 것이다."**

1945년 **9월 8일_**미 제24군단, 인천상륙 / 9월 9일┬존 하지John Reed Hodge 중장(1893년생, 미 제24군단장겸 주한미군 사령관), 점령군으로서 광화문 조선총독부에 입성 / (오후 4시30분)┬하지 중장(맥아더 총사령관 대리) – 아베 노부유키阿部信行(1875년생) 조선총독 항복 조인식(미-일 한국통치 이양식) / (오후 4시 30분)┬광화문 조선총독부 일장기 하강식. 광화문 미군정청 성조기 계양식(미군정 실시~1948년 8월 15일). 미군정청: 재조선미국육군사령부군정청United States Army Military Government in Korea, USAMGIK / 9월 12일┬미군정청, 제7사단장 아놀드Archibald V. Arnold 소장을 초대 군정장관에 임명(미군장교를 중앙과 지방정부 각 부서에 임명).

1945년 9월 11일_박헌영, 조선공산당 재건.

1945년 9월 16일_**한국민주당**(한민당) 창당. 한민당은 일제강점기에 친일을 통한 부의 획득으로 자산계급을 대표하는 정당으로 태어났다. 송진우·김성수·장덕수·김병로·조병옥·이인·서상일·이기붕 등이 참가했다. **한민당 창당구호: "중경임시정부지지, 조선인민공화국·건국준비위원회 타도"**(일제강점기시대 부귀를 누린 기득권층이라 민중으로부터 소외된 한민당은 국내에서 민중적 기반이 굳건한 몽양 여운형의 건국준비위원회를 견제하기 위하여 마음에도 없는 "중경임시정부추대운동"을 표방했다).

1945년 9월 19일_**김일성**金日成(1912년생) 등 소련군 **제88국제특별여단 133명**, 소련의 특별 배려로 소련군함 타고 **원산항 입항** / 10월 14일 ̄조선해방축하평양시민대회(소련군환영대회). 운집한 7만 평양시민들 앞에 고당 조만식과 김일성이 등단했다.

1945년 9월 20일_**미점령군 선언: "미군정은 남한에서 유일한 정부다."**(건준·조선인민공화국 불인정) / *미드E. C. Meade 전남 군정관: "미군정이 외관상 정치적 중립을 표방하면서도 우익의 승리를 보장할 수 있도록 노력한 점과 달리 인공을 탄압하고 소수집단과 제휴함으로서 미국인은 한국인을 슬프게 하고 적으로 돌렸다."(최상룡, 〈여운형의 사상과 행동─원칙과 타협의 지도자〉『몽양여운형전집 3』).

1945년 10월 5일_**군정장관 고문회의 의원에 위촉된 몽양, 하지 미군정 사령관 첫 만남**(친구 김용중에게 보낸 여운형의 유고영문편지에 기록[1947년 7월 18일]): "악수를 마친 후, 그가 던진 첫 질문은 '왜놈과 무슨 관련이 있지'였고, 내 대답은 '없소'였소. 그러자 그는 '왜놈으로부터 얼마나 돈을 받았지?'라고 묻더이다. 나는 그의 질문과 비우호적인 태도에 완전히 당황했소." (하지중장의 통역관이었던 하버드 유학생 **이묘묵**李卯默[1902~1957]은 하지중장에게 몽양에 대한 악의적 정보 주입) / 2025년 8월 25일(워싱턴 현지시간) ̄트럼프 미국대통령, 이재명 대통령과의 한·미정상회담을 2시간 반 앞두고: **"한국에서 무슨 일이 일어나고 있는 것인가? 숙청**Purge **또는 혁명**Revolution **같이 보인다. 우리는 그런 곳에서 사업을 할 수 없다."** 로라 루머Laura Elizabeth Loomer(1993년생), 고든 창Gordon Guthrie Chang III(1951년생) 등 트럼프 핵심 지지층인 MAGA와 복음주의자들이 이재명 대통령을 **공산주의자·반미주의자**로 지칭. '트럼프가 윤석열을 구할 것'이라고 믿는 한국 보수교회의 시대착오적 측면이 노출되었다.

1945년 10월 16일_**우남 이승만, 일본 맥아더사령부의 특별배려로 서울 도착.**

1945년 10월 20일_연합국 승전대회(연합국환영대회, 5만 군중이 운집한 광화문 광장. 중앙단상을 장식한 5개국 깃발: 미국 성조기·중국 청천백일기·태극기·소련 소비에트기·영국 잭슨기). 주한미군사령관 하지중장, 이승만을 **"민족의 위대한 지도**

자"로 소개(미군정의 노골적인 이승만지지 표명) / *몽양 여운형의 〈신조선 건설의 태도〉: "나는 연합군에 대한 우리의 태도를 처음부터 이렇게 생각하고 있다. 즉 만났으니 'How do you do?'라고 인사할 것이고, 둘째는 'Thank you!'라고 감사의 뜻을 표해야 할 것이고, 셋째로는 'Goodbye~'가 있을 뿐이다."

1945년_10월 10일~11월 9일까지 선구회에서 여론조사(『선구先驅』12월호에 발표): 〈가장 역량이 뛰어나고 양심적인 지도자는 누구?〉(복수추천) ① 몽양 여운형 **(33%)** ② 이승만(21%) ③ 김구(18%) ④ 박헌영(16%) ⑤ 이관술(12%) ⑥ 김일성(9%) ⑦ 최현배(7%) ⑧ 김규식(6%) ⑨ 서재필(5%) ⑩ 홍남표(5%). 〈**최고의 혁명가는 누구?**〉 ① 몽양 여운형(19.9%) ② 이승만(18%) ③ 박헌영(17%) ④ 김구(16%) ⑤ 김일성(7%) ⑥ 김규식(6%). 〈내각이 조직될 경우 적당한 인물은?〉(각 부문 1위) 대통령: 이승만, 내무부장: 김구, 외무부장: 여운형, 재무부장: 조만식, 군무부장: 김일성, 사법부장: 허헌, 문교부장: 안재홍, 경제부장: 백남운, 교통부장: 최용달, 노동부장: 박헌영 / 2025년 8월 25일 ─ 워싱턴 한미정상회담. 트럼프Donald John Trump(1946년생) 미국대통령, "스마트"한 이재명 한국대통령에게 메시지 전달: "당신은 위대한 사람이고 위대한 지도자이다. You are a great man and leader. 더 높은 곳에서 놀라운 미래를 갖게 될 것이다. 난 언제나 당신과 함께 있다."

1945년 11월 12일_조선인민당 결성대회(천도교 대례당). 당위원장 개회사: "우리의 큰 길은 민주주의겠고 우리의 최고 이념은 우리 민족의 완전 해방에 있다." 근로대중을 중심으로 전민족의 해방을 실현할 것을 표방하여 인민당의 결성을 선포한 바로 이 시점에서 가장 시급한 것은 군정과의 협력으로 보고, 앞으로 건설할 조선사회에서 반드시 필요한 항목을 제시했다(① 국민개로國民皆勞. ② 국민개병國民皆兵. ③ 상호신양相互信讓. ④ 공동협력共同協力. ⑤ 일치단결一致團結). 건국동맹을 발전적으로 해체하고 정당으로 재출발하여(박헌영 라인 배제) 중도적인 입장에서 좌우를 수렴하여 정국의 안정과 통일을 실현하려는 노력의 일환으로 양 진영의 극단론을 피하고 중도적인 입장에서 민족의 이익을 최대한 실현하려고 매진했다(7만여 명으로 출발한 당원수는 1946년 5월에는 30만 명에 이르렀고[『중앙신문』, 1946. 5. 13], 김원봉 · 김성숙 · 장건상 · 성주식 등도 임정을 탈퇴하고 인민당에 합류. *인민당원 입당이 불가한 자들 규정[악질적인 친일행동한 자들]: 일제에 정치적으로 협력하여 근로대중의 부富와 노력을 착취하여 바친 자, 침략전쟁을 여러 가지로 방조하여 청년의 생명과 민족의 재화를 전쟁에 희생시킨 전범자 등) / 〈몽양의 조선인민당 창당 연설〉: "독립을 완성하려면 땅의 남북과 사상의 좌우를 가릴 필요가 어디 있는가! 과거 지하운동시대 어두컴컴한 감방을 걷다 만나 껴안고 감격하던 혁명투사 간에 민족주의자도 공산주의자도 없었던 것 아닌가!" → **몽양, 정당간의 좌우합작 모색**(이승만·김구와의 합작 구상) / 1945년 12월~1947년 6월 몽양, 북한의 김일성·김두봉과 11차례 서신왕래 *(정부간의 남북연합 모색)*.

1945년 11월 23일_김구·김규식·이시영·장준하 등 대한민국임시정부 요인 15명, 개인자격으로 입국 / 12월 1일 김원봉·조소앙·김성숙·김상덕 등 임정요인 2진 남조선 귀국 / 12월 19일 대한민국임시정부 개선 전국대회 개최(서울운동장, 15만명 운집).

1945년 11월 26일_조선체육회 부활(제11대 회장: 몽양 여운형, 부회장: 유억겸, 고문: 김규식·오세창·조만식·김성수·원한경·안재홍·홍명희·이극로·신국권) / 1938년 7월 4일 각종 체육대회가 조선민족불굴의 투혼을 불사르는 체력의 장으로 파악한 조선총독부는 조선체육회를 강제 해산했다.

1945년 12월 1일_김두봉·최창익·김무정·박효삼 등, 개인자격으로 북조선 입국 / 12월 13일 화북 조선독립동맹 간부들과 조선의용대 1,500명, 소련군에 의해 무장해제 당한 채 북조선 귀국.

1945년 12월_몽양을 죽이기 위해 괴한이 황해도 배천온천 여관을 습격함. 피습당하기 이전에 여관을 옮겨 무사 / *중경임시정부 청사 대문 앞 벽보: "여운형이는 사형을 시킨다"*

1945년 12월 12일_하지 미군정청 사령관, 조선인민공화국을 불법단체로 규정 → 남조선 각지의 건준(인민위원회) 탄압 본격화.

1945년 12월 16일_모스크바 미·영·소 3국 외무부장관 회담(~26일, 3상三相회의. 제임스 번즈·어니스트 베빈·뱌체스라프 몰로토프). 〈한국문제에 관한 4개항의 결의서〉 중 ③항이 오도된 "신탁통치안trusteeship"이다: **"임시조선민주정부와 여러 민주적인 조직체들의 참여 속에 미소공동위원회는 조선인민들의 정치적·경제적·사회적 진보를 이루고, 민주적인 자기 정부를 발전시키는 것과 조선의 자주독립을 이룩하는 것을 돕고, 지원(신탁통치)할 제반 방책들을 세워나가는 것을 그 임무로 할 것이다.** 조선의 임시정부의 견해를 수렴한 후에 공동위원회의 제안들은, 미국·소련·영국·중국 등 4개국 정부에 상정되어

5년간에 걸친 4대강국의 조선에 대한 신탁통치에 관한 합의를 받아낸다."

1945년 12월 27일_『**동아일보**』(한민당 기관지)의 **1면 대서특필된 악의적 오보**(왜곡보도): "**蘇聯**소련은 **信託統治**신탁통치 **主張**주장 蘇聯소련의 **口實**구실은 三八線38선 **分割占領**분할점령 米國미국은 **卽時獨立**즉시독립 **主張**주장"(출처: 워싱톤발 『합동至急報』 12월 25일. KPP[Korea Pacific Press]) → 무조건 반소·반탁운동으로 여론몰이. 『동아일보』·『조선일보』의 가짜뉴스 오보誤報(1945년 12월 27일) 이후 팩트규명을 도외시하고 최초로 임정이 중심이 된 우익계열이 광적인 신탁통치 반대운동에 돌입했다. 좌익계열은 임시정부 건설원칙에 방점을 두어, 서로 분리장벽만 높아만 갔다. **친일파들은 반탁운동에 적극 동참하면서 하루 아침에 민족주의자로 변신 성공.**

1945년 12월 27일_**우사**尤史 **김규식**金奎植(1881년생), **신탁통치전문 입수 통독 후**(프린스턴 대학 영문학 석사) **신탁통치의 불가피성 인정**(잠정적 후견통치). 임시정부수립이 최우선의 과제로 인식.

1945년 12월 28일_**백범**白凡 **김구**金九(1876년. 황해도 해주) **등 임정계열, 대규모 반탁투쟁 돌입**(신탁통치반대국민총동원위원회 조직). 반탁투쟁을 벌이면서 중경임정추대운동과 반소반공운동 병행 → 신탁통치를 선호하는 미군정과 갈등, 좌우익 대립 격화.

1945년 12월 30일(새벽 06시 15분)_**신탁통치로 선회하려던 고하**古下 **송진우**宋鎭禹(1890년생, 한민당 수석총무 겸 동아일보 사장) **피살**. 범인 한현우韓賢宇(1918~2004. 와세다 대학 졸업. 사형언도 후 감형. 6·25 직후 출소. 일본망명)의 변: "송진우는 미국의 후견을 지지했다."

1945년 12월 31일_**신탁통치반대국민총동원위원회,〈결의문〉채택:** "대한민국임시정부를 우리의 정부로서 세계에 선포하는 동시에 세계 각국은 우리 정부를 정식으로 승인해야 한다." 임정(신익희 내무부장),〈국자國字 1호〉발표(임정의 주권행사): "미군정청의 한인직원은 임정지휘하에 예속하라." → 미군정, 임정의 정권인수운동을 쿠데타로 간주.

1946년**(61세) 1월 2일_조선인민공화국, 모스크바3상회의 "총체적"으로 지지**(찬탁) **표명. 몽양 여운형, 백범 김구 임정측에〈권고문〉보냄:** "해방도 타력에서 결정되고 정부도 타방에서 수립된다면 우리는 무슨 자격으로 탁치(신탁통치)를 반대할 수 있겠습니까. 임정은 인공과 각당각파를 합쳐서 어서 건국회의를 열고 여기서 참된 임시정부를 수립하도록 권고하는 바입니다. 이것은 절대로 미·소회의가 열리기 전에 완수되어야 할 것입니다. 이것이 우리의 자력으로 안된다면 결국은 민족적 자살이라고 할 수밖에 없을 것입니다."(서중석, 〈남북에서 존경받는 포용과 신념의 지도자〉『몽양여운형전집』3).

1946년 1월_창신동 몽양의 친구 집을 괴한 5명이 습격. 몽양, 출타중 위기 모면.

1946년 1월 16일_**미·소 공동위원회 예비회담 개최**(덕수궁 석조전. 미국대표: 존 하지 중장. 소련대표: 스티코프 중장. 스티코프는 실질적인 북한주둔 소련총독) / 2월 6일 ̄미·소 공동위원회 설치.

1946년 1월 17일_**〈4당 공동성명communique코뮤니케〉 채택**: ① 〈모스크바3상회의〉의 결정이 조선의 자주독립을 보장하는 데 대하여 전적으로 지지한다. ② 신탁(문제)은 장래 수립될 우리 정부로 하여금 해결하게 한다. 한민당(김병로·원세훈), 조선인민당(이여성·김세용·김오성), 조선공산당(박헌영·이주하·홍남표), 국민당(안재홍·백홍균·이승복). 옵저버: 인공(이강국), 임정(김원봉·장건상·김성숙) / 1월 18일 ̄한민당(신임 수석총무: 김성수), 돌연 4당 합의안 철회. 몽양, 4당 코뮤니케 무산 뒤 기자회견: "*참담한 심정이다. 나를 비롯해 지도층을 자칭하는 이들이 총퇴각을 할 때라 생각한다. 우리같은 지도층이 없었던들 통일은 벌써 성공하였을 것이다. 조선 지도자들은 제1차 시험에서 전부 낙제다.*"

1946년 1월 27일_**스티코프**Shtikov **중장, 〈타스TASS 통신〉에 모스크바3상회의 전문 공개**: "신탁통치 제안자는 미국이다. 신탁통치를 처음부터 제안했고 그것도 10년 동안 지속되어야 한다고 제안했던 측은 바로 미국이었으며 소련은 처음부터 조선의 즉각적인 독립을 찬성했었다. 그리고 타협에 의해서 신탁통치의 기간을 줄여서 5년간으로 낙찰을 보기위해 노력한 것은 소련이었다."

1946년 2월 8일_**대한독립촉성국민회 발족**(독촉국민회는 임정의 반탁총동원위원회와 이승만 중심의 독촉중협의 지방지부가 합친 대중조직. 총재: 이승만, 부총재: 김구·김규식). → 반탁 대중 집회 주도 → 이승만, 점차 김구의 임정세력을 누르고 정국주도권을 획득해나간다(국내 조선공산당의 근간인 박헌영을 따돌린 김일성이 북한지역에서 세력을 구축한 것과 같은 상황이다).

1946년 2월 8일_**북조선임시인민위원회 결성**(위원장: 김일성, 부위원장: 김두봉, 서기장: 강양욱). 북조선임시인민위원회, 행정10국 인선(보안국장: 최용건, 산업국장: 이문환, 교통국장: 한희진, 농림국장: 이순근, 상업국장: 한동찬, 체신국장: 조영렬, 재정국장:

이봉수, 교육국장: 장종식, 보건국장: 윤기영, 사법국장: 최용달) 3부 인선(기획부장: 정진태, 선전부장: 오기섭, 총무부장: 이주연). 소비에트 민정청은 행정권을 북조선임시인민위원회에 일임하고, 북조선 최고행정주권기관으로 인정했다 / 1947년 2월 17일 ― 북조선임시인민위원회에서 "임시"를 떼어냈다.

1946년 2월 9일_남북연합을 염두에 둔 몽양, 해주·평양 방문. 평양방문시 연금되어 있던 조만식曺晩植(1882년생)의 석방을 첫 번째로 요청했다. 김일성金日成(1912~1994)을 만나 미소공위대처문제 등을 논의(1차 방북).

1946년 2월 12일_몽양, 군펠로우로부터 "미군정 자문위원" 참석 요청받다. 이승만·김구·황진남黃鎭南과 모임을 갖고 신탁문제와 자문위원 역할 토론. 몽양을 비롯한 김창숙·함태영·정인보·조소앙은 미군정 자문위원회를 단지 북조선임시인민위원회를 의식해서 **"남조선대한국민대표민주의원"**(2월 14일 발족. 의장: 이승만, 부의장: 김구·김규식)으로 전환하자 즉각 탈퇴(남조선대한국민대표민주의원이라는 거창한 정부명칭과는 달리 미군정 자문위원회에 불과했다).

1946년 2월 15일_몽양, 민주주의민족전선 5인 의장단의 1인으로 선출됨(의장단: 여운형, 박헌영, 허헌, 백남운, 김원봉. 과도적 임시정부 역할 자임). **몽양, 조선의 민주독립을 위하여 미소양군 즉시철수와 모스크바3상회의·미소공동위원회 결정 지지표명:** *"우리가 통일국가를 수립하기 위해서는 미국도 소련도 방해를 하지 않는 경우에만 가능한 것이고, 그러기 위해서는 친소반미도 친미반소도 해서는 안된다. 이념은 자주통일이 되고 난 뒤에 그때 가서 인민에게 물어서 택하면 된다."*

1946년 3월 20일_제1차 미소 공동위원회 개막(~5월 7일. 덕수궁 석조전. 미국 수석위원: A.V. 아놀드 소장, 소련 수석위원: T.F. 스티코프 중장). 김규식과 함께 참석한 여운형은 좌우합작과 남북연합을 통해 통일임시정부를 수립하고, 이 통일임시정부가 미소영중 4개국의 지원과 협력하에 완전한 자주독립국가를 건설하려 했다. **몽양의 미소공위에 대한 입장:** *"지정학상으로도 남방세력이자 해안세력인 자본주의 맹주인 미국, 북방세력이자 대륙세력인 사회주의의 사령탑 소련이 접합하고 있다. 때문에 자주국가건설과 유지발전은 조선의 역사가 증명하는 바와 같이 좌우협력에서만 가능하다."* / 3월 ― 소련 정보보고서: "통일임시정부 수상후보는 여운형이다." / 1961년 ― **윌리엄 랭던**(주한미군 총영사, 하지 중장의 정치고문, 미·소공동위원회 미국대표 역임): **"呂선생이 개인적으로**

또 정신적으로 소련보다는 미국과 더 가까왔지마는 정치적으로는 이들 양국에 대하여 절대적 중립이었으며 그가 갖고 있던 유일의 목적은 미소양국으로 하여금 가급적 빨리 한국으로부터 물러가게 하는 일이었다."(여운홍, 『몽양 여운형』의 서문).

1946년 3월 25일_조선축구협회 주최, 경京(서울)−평주(평양) 축구전 개최(~27일 서울운동장).

1946년 4월 12일_몽양, 좌파세력이 주최하는 〈루즈벨트 미국대통령 1주기 추모식〉 개최(좌우합작을 위한 몽양의 노력의 일환으로 박헌영 조선공산당 당수도 설득해서 참석시켰다). 추모식 현장의 거대한 현수막: "루즈벨트氏는 偉大한 民主主義者"

1946년 4월 16일_이승만의 3남지방 유세(~6월). 이승만을 중심으로 한 친미친기독교반공우익결집과 지역단위 독촉국민회 결집(음지에서 전전하던 친일파들은 전국 강연장에서 이승만에게 눈도장찍기・악수 경쟁에 열을 올렸다). 친일파는 친미친기독교반공파로 대변신해서 이승만시대에 화려하게 부활했다.

1946년 4월 18일(오후 9시)_몽양, 서울 관수교에서 괴한들에게 포위당함. 행인이 구출 / *정동교회에서 행해진 재판(사형선고): "여운형이를 죽여라" / 2024년 1월 2일(오전 10시 26분경) ┬ 이재명李在明(1964년생) 더불어민주당 당대표 피습(백색테러, 부산 대항전망대). 가덕도신공항 건설부지 시찰 후 기자들과 질의응답 중 살해의 도를 품은 김진성(1957년생)이 예리하게 갈린 양날형 검으로 이재명의 목을 찔렀다(목 부위 길이 1.4cm, 깊이 2cm 자상. 손목정맥 앞부분 65% 손상, 9mm 봉합수술 / 2024년 12월 3일 (밤 10시23~28분) ┬ 윤석열 대통령, 비상계엄 선포: "우리 국민의 자유와 행복을 약탈하고 있는 파렴치한 종북 반국가세력들을 일거에 척결하고 자유헌정 질서를 지키기 위해 비상계엄을 선포합니다."(밤 10시 30분~40분) 김용현 국방부장관, 여인형 방첩사령관에게 체포대상자 14명 불러줌(이재명, 우원식, 한동훈, 조해주, 조국, 양경수, 양정철, 이학영, 김민석, 김민웅, 김명수, 김어준, 박찬대, 권순일) / 2025년 1월 15일(오전 10시33분) ┬ 공조본, 윤석열 대통령 체포. 경호처 직원들이 충견 김성훈 경호처 차장의 방탄에 동조하지 않았다. *김건희의 총기 언급. 윤대통령 체포를 막지 못한 것에 대한 질책성 발언(경호처 직원, 이 말을 듣고 상부에 보고. 〈김성훈 경호처장 체포영장 경찰조서〉): "총갖고 다니면 뭐하나. 그런 거 막으라고 가지고 다니는 건데.""내마음 같아서는 지금 이재명 대표 쏘고 나도 죽고 싶다." / 2025년 4월 6일 ┬ 손현보孫賢寶(1962년생) 세계로

몽양연표 | **289**

교회 목사, 주일예배 설교: "이재명이 대통령이 되면 이 나라는 전체주의 국가가 될 거다. 이재명이 대통령 (되는 걸) 막기 위해서 저는 제 개인적으로 내 삶을 다 바쳐서 최선을 다 할 거예요. 이재명이 죽어야, 이재명의 그런 탐욕과 적개심과 이기심이 죽어야만이 대한민국이 산다고 외쳤고 변함이 없습니다. 호남유권자 여러분에게 저는 외칠 겁니다. 이재명을 대통령으로 만들어서는 절대로 안 됩니다." / 2025년 6월 4일(오전 11시) ━ 제21대 대한민국 대통령 취임선서(국회): "나는 헌법을 준수하고 국가를 보위하며 조국의 평화적 통일과 국민의 자유와 복리의 증진 및 민족문화의 창달에 노력하여 대통령으로서의 직책을 성실히 수행할 것을 국민 앞에 엄숙히 선서합니다. 2025년 6월 4일 대통령 이재명."

1946년 _ 테러 위협을 수차례 받는 와중에 가족들에게 몽양이 한 말: *"혁명가는 침상에서 죽는 법이 없다. 나도 서울 한복판에서 죽을 것이다. 아버지가 길바닥에서 쓰러질지라도 너희들은 울지마라. 울지말고 일어나서 싸워야 한다."* ("자식들의 공부를 봐주는 자상한 아버지의 모습"『삼천리』〈신문사장의 하루 - 여운형, 송진우, 방응모〉, 1934년 5월).

1946년 4월 19일 _ 몽양, "조선제 정부" 수립문제를 논의하기 위해 평양 방문(~25일. 북조선임시인민위원회 김일성위원장의 초청). 김두봉 · 김일성 등과 회담. 〈담화문〉 발표: *"우리의 자율 통일이 없는 곳에는 조선제made in Korea 정부도 없을 것임을 잊지 말자. 우리의 통일은 결코 늦지 않고 절망도 아니다. 오직 공동하여 비민주주의와 싸울 각오라면 곧 통일될 수 있다."*

1946년 5월 8일 _ 몽양, 서울운동장에서 수류탄테러 위협당함. 사전에 발각되어 무사함 / 5월 16일 ━ 『대동신문大東新聞』(1945년 11월 25일 이종형李鍾滎[해방후에도 학병권유한 사실을 자랑스럽게 기사화하는 극우파]이 창간한 극우지極右紙. 사장: 이선근李瑄根[1905~1983], 편집국장: 강영수)에서 〈여운형피습사건〉을 긍정적으로 보도. 대동신문은 『한국경제신문』으로 그 맥을 이어가고 있다.

1946년 5월 8일 _ 관동군 · 만주군 장교였던 박정희는 한국광복군(제3지대 제1대대 제2중대장)으로 신분세탁하여 미군수송기를 타고 부산항에 입국.

1946년 5월 16일(음 4월 16일) _ 몽양 환갑연. 김용기 · 여운혁 등 봉안이상촌 제자들, 몽양 몰래 환갑잔치 마련(夢陽先生還歷紀念. 양주 봉안 이상촌 마당에서 회갑연. 참석자: 아놀드 미군정 장관, 박헌영, 김원봉, 조동호, 허규, 허헌, 이걸소, 이만규, 이여성, 이호제, 김진우, 김용기 장로 등). 몽양의 성품을 "용덕봉상龍德鳳祥"으로 찬탄한 일주一洲 김진우金振宇(1882~1950, 대한민국 임시정부 의정원) 화백, 몽양의 환갑을 기념하여 대나무 10폭 병풍 〈몽양수연병풍夢陽壽宴屛風〉을 그리다: "석양 빛 만 번을 변할지라도 끝내 그 맑은 (대나무, 몽양의 절개) 푸르름 바꾸지 않으리라.斜陽雖萬變, 終不改淸陰."(10수. 창과 검을 닮은 굳건하고 힘찬 필선을 구사하는 김진우는 의암 유인석 의병장의 시동侍童으로 의병출신 창검파槍劍派 화가이다. 상해임시정부 의정원 · 건국동맹 · 건준 · 조선인민당 · 근로인민당에서 몽양과 평생 뜻을 함께 했다.) /
*김용기 장로의 환갑잔치 분위기 전달: "미군정에서도 아놀드 장군이 참석할 만큼 성의를 보였다. 그런데 그때 박헌영은 축사를 한다고 나와서는 그것을 빌미로 미국에 대한 공격을 마구 해대는 것이었다. 자연히 잔치분위기는 경색되지 않을 수 없었다."(강원룡, 〈내가 본 여운형의 삶〉).

1946년 5월 23일_미군정청, 38선을 허가없이 월경하는 것 금지.

1946년 5월 25일(몽양의 양력 생일)_이만규李萬珪, 환갑(還曆)을 맞이하는 여운형의 생애를 기록해서 단행본 『여운형투쟁사呂運亨鬪爭史』 출간(총문각叢文閣 발행).

1946년 5월(하순)_몽양, 서울 종로에서 괴한들에게 포위당함. 격투 끝에 행인이 구출.

1946년 6월 3일_이승만, 3남지방 유세중의 정읍발언 파문. 단독정부수립 제안: "휴회된 미 · 소공동위원회가 재개될 기색이 안보이니 통일정부수립은 여의치 않다. 남한만이라도 임시정부를 조직하자." → **최초 단독정부수립 주장** / 6월 11일 ─ 몽양, 결연히 반대하는 기자회견: *"결코 반대다. 그 결과는 민족분열로 오고 10년이 지나도 고칠 수 없는 분열의 원인이 된다. 현재 통일의 암癌은 신탁이 아니라 결국 각 진영의 이해관계다."*

1946년 6월_미군정, 이승만정읍발언에 당황 / 2004년 ─ 리차드 로빈슨의 증언: "미군정은 워싱턴 국무부로부터 지시를 받았다. 미군점령이 시작되고 9개월이 지난 후였다. 국무부는 이승만과 김구를 신뢰하지 않게 되었고 미군정에게 이들을 멀리할 것을 충고했다. 그 결과, 미군정은 여운형과 김규식 지지로 돌아서게 됐다." → **여운형 · 김규식 주도의 좌우합작운동이 전면에 부상.**

1946년 7월 14일_김구(한국독립당 당수), 제주도 제주북초등학교 운동장에서 시국강연회: "우리민족은 대동단결하여 통일조국을 건설하는데 매진합시다."

1946년 7월 17일_몽양, 괴청년들에게 서울 신당동 야산으로 납치 당함. 백지위임장을 디밀고 사인을 억지로 받은 뒤 살해하려고 했다. 벼랑으로 몸을 날려 천신만고 끝에 극적 탈출.

1946년 7월 25일_좌우합작위원회 출범(~1947년 10월 6일, 미군정 고문 버치 중위 주선. 6월 22일부터 논의. 좌우익대통합의 기틀을 마련하기 위해 미·소공위가 휴회한 직후 본격적으로 가동). 【좌측인사 5인대표】여운형·김원봉·허헌·정노식·이강국. 【우측인사 5인 대표】김규식·원세훈·김붕준·안재홍·최동오.

1946년 7월 31일_몽양, 연천 북조선공산당 사무실에서 김일성과 회담(3차 방북. 좌익 3당 합당문제, 좌우합작운동 문제 등).

1946년 8월 2일_미군정의 〈여운형에 대한 조사 제안 보고서〉: "… 일리있는 말이군, 나는 여운형의 약점을 잡고 싶다."(주한미군사령관 하지 중장 친필 메모).

1946년 8월 13일_『동아일보』, 미군정청 여론조사국 설문조사 발표(일반시민 8,453 명 대상). 〈문〉 귀하께서 찬성하는 일반적 정치형태는 어느 것입니까? 〈답〉 **대 중정치**(대의정치): 7,221명(85%). 〈문〉 귀하의 찬성하는 것은 어느 것입니까? 〈답〉 자본주의: 1,189명(14%). **사회주의: 6,037명(70%)**. 공산주의: 574명(7%). 모릅니다: 653명(8%).

1946년 8월 24일_미군정청, 남조선과도입법의원 창설 공포(여운형·김규식의 과도 입법기구수립 조건: ① 모든 정치범 석방 ② 경찰행정기구의 전면적 개혁 ③ 친일파 숙 청. 그러나 미군정청은 약속 위반. 이에 몽양은 크게 실망하여 참여하지 않고 정계은퇴).

1946년 8월 28일_북조선로동당(북로당. 북조선분국 조선공산당과 조선신민당 합당) 창 립대회(~31일, 평양. 위원장: 김두봉, 부위원장: 김일성·주영하).

1946년 9월 1일_천도교 청우당 건당 27주년 기념식(중앙대교당, 천여명 참석). 〈결의 문〉 채택: "민족통일을 방해하는 반역도배를 소탕하고 애국적 각층세력을 집중 조직하여 생활의 민주화, 사상의 민주화에 노력하고, 미소공동위원회의 재개를 촉진하자."

1946년 9월 23일_몽양 여운형, 평양 방문(4차 방북) / 9월 25일 **몽양, 김일성과 〈3당 합당에 관하여〉 대담**: "좌익의 합당을 원하는 김일성에게 여운형은 좌우합작 통일방안을 마련하는 것이 최우선임을 설득했다."〈소련 25군 정보 보고서〉 / 10월 몽양, 김규식·장건상 등 좌우익 인사들과 미군정의 수뇌부 하지· 브라운·버치 등과 만나 방북 성과와 좌우합작·입법기구 문제 논의.

1946년 10월 1일_대구10·1민중항쟁 발발. "쌀을 달라!" / 10월 2일 미군정청, 탱 크동원해서 시위대를 해산시키고 대구지역에 계엄령 선포 / 2020년 10월 1일

대구 〈10월항쟁 등 한국전쟁 전후 민간인 희생자 위령탑 – 희생자 728명 이름명기〉 제막식: "무덤도 없는 원혼이여! 천년을 두고 울어주리라. 조국의 산천도 고발하고, 푸른 별도 증언한다." / 2022년 10월 1일 – 대구 10월항쟁 제76주기 합동위령제 축문: "'배고파서 못살겠다' 외쳤다가 굴비처럼 묶여와 이 골짝에서 학살되니 핏물은 냇물되고 육신은 짐승 밥이 되었구나. 억울하고 절통하다."(생존·목격자 강호재 82세).

1946년 10월 7일_몽양 여운형·우사 김규식, 좌우합작 7원칙 발표: ① 3상회의 결정에 의하여 남북을 통한 좌우합작으로 민주주의 임시정부수립을 수립할 것. ② 미·소공동위원회 속개를 요청하는 공동성명을 발할 것. ③ 토지개혁실시, 중요산업 국유화, 사회노동법령 및 정치적 자유를 기본으로 지방자치제의 확립. ④ 친일파 민족반역자를 처리할 조례 추진. ⑤ 남북의 정치운동자 석방 및 남북좌우의 "테러"적 행동제지 노력. ⑥ 입법기구의 기능과 구성방법 운영 방안 모색. ⑦ 언론·집회·결사·출판·교통·투표 등 자유 절대 보장. → 백범 김구, 좌우합작지지 표명: "8·15 이후 최대의 수확."

1946년 10월 7일_몽양, 홍증식洪增植의 집을 방문하는 길에 청년들에게 납치당함. 좌우합작운동 포기·입법기구수립계획포기를 종용당함.

1946년 10월 9일_조선민족청년단(족청族青. 단장: 철기 이범석. 우익민족청년단체) 창설 (~1949년 1월 20일). 이승만의 자유당 창당의 근간.

1946년 10월 12일_미군정청, 〈남조선과도입법의원 설치안〉 공포.

1946년 10월 17일(저녁)_몽양, 계동 자택문전에서 납치. 나무에서 결박을 풀고 도피.

1946년 10월 18일_몽양, 〈건국과업建國課業에 대한 사견私見〉(상)을 『독립신보獨立新報』에 기고: "조선문제는 이미 전승민주연합국의 가장 중요한 관심사가 되어 있으며 전후 세계 재건에 있어서 연합국간 제관계의 '추이'는 그대로 우리나라 건국의 운명에 결정적인 환경을 미치게 되어있는 까닭이다. … 우리의 자주능동적인 노력이 금일의 국제관계를 규정하는 일개의 새로운 인자로서 전후 세계사의 발전 방향에 중요한 역할을 부하負荷할 수 있는 것을 간과해서는 안될 것이다." / 10월 20일 – 〈건국과업建國課業에 대한 사견私見〉(중): "우리민족의 역사와 전통과 생활의 특수성을 반영하면서도 인류의 연대적 정신과 세계사의 전체적 지향을 섭취하여 민족적이면서도 동시에 세계적인 신문화가 건설되어야 할 것이며 신화적인 독단주의와 배외적인 편애주의를 배격하여 과학과 자유평등과 우호의 정신을 기조로 한 고매청신高邁淸新한 우리 민족의 새 문화가 건설되어야 할 것이다."

1946년 10월 16일_몽양, 백남운·윤일 등 20여 명과 함께 **사회노동당**(사로당) **결성 발표**(인민당·신민당 좌파는 남로당으로, 인민당·신민당 우파는 사로당으로 각각 합류).

1946년 11월 14일_**천도교청우당, 미소공위속개위원회 발기**(공동회장: 여운형·김규식).

1946년 11월 23일_**남조선로동당**(남로당, Workers' Party of South Korea) **창립대회** (~24일. 위원장: 허헌, 부위원장: 박헌영. 북조선공산당과 조선신민당의 합당으로 북조선로동당의 창립에 고무된 남쪽에서도 조선공산당·조선신민당·조선인민당이 합당했다. 몽양이 제안한 사로당과 남로당의 무조건 합당제안서가 대회장 밖에서 거부됨. 몽양과 남로당은 전혀 연결구조가 없음).

1946년 11월 30일_**서북청년단**(서청西靑) **결성**(반공친미기독세력, 우익청년단체의 핵).

1946년 12월 12일_**남조선과도입법의원 개원**(~1948년 5월 30일. 의장: 김규식, 부의장: 최동오·윤기섭. **몽양은 정계은퇴 후 낙향**. 좌익인사는 의도적으로 배제되고 우익인사들 대거 포진). 통과시킨 주요 제정법령: 〈민족반역자·부일협력자·간상배奸商輩에 대한 특별법〉, 〈사찰령폐지에 관한 법령〉 / **1947**년 2월 5일━미군정청, **남조선과도정부 수립**(~1948년 8월 15일. 민정장관: 안재홍. 각 부처의 장과 도지사들을 모두 조선인으로 임명하고, 각 부서의 고문은 미국인 채용).

1946년 12월 28일_**몽양, 5차 방북**(~1947년 1월 8일). 좌우합작운동·미소공위 재개에 대해 논의. 정계복귀 결심.

1947년 1월 10일_**몽양, 목포에서 정계복귀 기자회견.** 백남운白南雲·이영李英·정백鄭栢 등을 만나 신당창당 협의.

1947년 3월 1일_**좌우익, 제28주년 3·1절 기념식 별도 진행.** 좌익, 〈3·1기념대회〉(남산에서 개최: "三相會議決定3상회의결정을 總體的으로총체적으로 支持지지한다"). 우익, 〈기미독립선언기념대회〉(서울운동장 개최: "信託統治決死反對신탁통치결사반대" "李博士絕對支持이박사절대지지"). 기념식을 마친 좌우익 충돌, 경찰발포로 38명 사상자 발생(남대문 충돌사건) / 노래 〈우리의 소원〉(안병원 작곡, 안석주 작사), 서울중앙방송국에서 전파타고 널리 퍼졌다.

1947년 3월 1일_**제주민전, 〈제28주년 3·1기념 제주도대회〉**(제주북국민학교, 3만여 명 운집). 안세훈 대회장의 기념사: "3·1혁명정신을 계승하여 외세를 몰리치고, 조국의 자주통일 민주국가를 세우자!" 표어: "모리배 소탕! 삼상회의 결정 즉시 실천! 친일파 민족반역자 친 파쇼분자 근멸! 조국의 신속한 통일독립의 성취!" 관덕정앞 육지에서 파견된 응원경찰의 발포로 6명 사망, 8명 부상 → **제주4·3민중항쟁의 도화선**(~1954년 9월 21일).

1947년 3월 7일_미군정 중위 레너드 버치의 인터뷰(로빈슨 기자): "여운형은 미군정의 조선공산당과의 단절을 요구하는 제안에는 거부하면서, '소련을 포함하여, 어떤 정당 혹은 강대국에 의한 조선의 지배를 인정할 수 없다.'고 말했다." 몽양이 조선공산당의 손을 놓는 순간 미군정과 조선공산당의 전면전 양상에 들어서고 좌우합작은 물건너가는 것을 의미한다.

1947년 3월 12일_미군정청 경무부 최경진崔慶進(총독부 경무국 사무관·일제경찰서장급 경시警視역임) **차장 발언: "원래 제주도는 주민의 90%가 좌익색채를 가지고 있다."**(『한성일보漢城日報』3월 13일).

1947년 3월 12일_미국, 〈**트루만 독트린**Truman Doctrine〉 선언: "미국의 목적은 한 사람이 독재정치를 하는 **공산제국주의**에 대항해 자유민주주의 제도와 영토보전을 위해 투쟁하는 세계의 모든 국민을 원조하는 것이다."(대소對蘇 봉쇄·적대정책) → 미국, "세계의 경찰" 역할 자임(냉전의 서막).

1947년 3월 17일(새벽 1시)_서울 계동(140-8) **몽양자택의 침실 폭파**(몽양침실 아궁이에 폭탄장치). 범아세아회의 참석(인도 뉴델리)을 단념하고 교외 지인집에서 머물고 있었기에 무사했다. 『중외신보中外新報』의 〈호외號外〉: "被害狀況은 悽慘 惡質테로의 蠢動 今曉 呂運亨氏宅에 爆彈 多幸 呂先生과家族은 無事" 지속적으로 테러에 시달리던 몽양은 가족들까지도 위험하다는 판단하에 딸들(여연구·여원구)의 신변보호를 위해 평양으로 보냄.

1947년 4월 19일_서윤복徐潤福(1923년생. 남승용의 제자), 제51회 보스톤 마라톤대회 우승 (2시간 25분 39초. 세계신기록. 남승용도 가슴에 태극기를 달고 12위. 2시간 40분 10초).

1947년 5월 12일(오후 7시)_몽양 여운형·비서 이제황(근로인민당 감찰위원겸 비서), **차로 이동 중 종로 혜화동 로터리 부근에서 괴한들의 총격을 받다.**

1947년 5월 21일_제2차 미·소 공동위원회 개막(~8월 12일, 덕수궁 석조전石造殿. 소련측 대표: 스티코프 중장, 미국측 대표: 브라운 소장. 조선임시정부를 구성하려는 노력의 일환) →

미・소공위의 개최는 단독정부를 주장하는 이승만의 절체절명의 위기.

1947년 5월 24일_몽양 여운형・운암 김성숙・백남운 등 근로인민당 창당(미・소공위 재개와 더불어 통일운동 재개). 여운형−김규식의 좌우합작운동을 적극 지지하는 김성숙의 입장: "친소−반미의 독립도 반대하고, 친미−반소의 독립도 반대한다." "나는 좌와 우를 다 반대한다. 우리는 미국과 소련에 대해 평등하게 대해야 한다." 적극적으로 대중정당으로의 역할을 펼치기 위해 막강했던 **인민당의 재건의지로 근로인민당**勤勞人民黨**을 창당. 몽양, 위원장으로 추대됨.** 미・소공위가 속개되기전에 좌우합작세력의 외연을 넓히기 위한 창당.

1947년 5월_여운형, 조선올림픽위원회 초대위원장 취임 / 6월 20일─국제올림픽위원회IOC 가입. 1948년 런던올림픽대회 참가 확정.

1947년 5월_미국 시사화보 잡지『라이프*LIFE*』5월호, 몽양의 사진을 싣고 인물설명(캡션): **"〈은도끼〉라고 불려지는 여운형이 빌딩앞에 앉아 있다. 그는 미・소군이 도착했을 때, 잘 조직된 정부를 가지고 있었다.** Described as the <silver axe>, Lyuh Woon Heung sitting in front of building, **had government well organized when others arrived.**"

1947년 6월 25일_몽양, 미소공위가 주최한 서울 합동회의 참석. 김규식・홍명희・김창숙 등과 통일적 임시정부수립을 위해 통일전선운동 전개의 당위성 논파.

1947년 6월 28일_하지 미군정청 사령관, 이승만에게 〈테러 및 암살계획에 대한 경고〉 사신을 보냄: "이박사, 당신의 비밀정치 조직에서 흘러나온 정보를 입수했소. 당신과 김구가 미소공동위원회 활동을 반대하기 위한 수단으로 테러활동을 계획중이라는 내용이오. 활동 계획 가운데는 정치요인 암살도 포함됐다지요. …"

1947년 7월 18일_몽양, 암살협박편지를 받다. 이 문제로 브라운A. E. Brown 소장(미소공위 미국측 수석대표)과 면담: "경찰은 나를 포함해 우익이 아닌 어떤 사람도 보호하려 하지 않는다." "미군이 이승만을 미국이나 그 밖의 장소로 추방해야 한다."

1947년 7월 18일(밤)_몽양, 친구 김용중에게 장문의 편지를 쓰다(여운형의 유고 영문편지 中): "북조선에서 소련이 극좌파분자만을 선호한다고 하면 여기 남조선에서 미국은 반대로 가려하고 있소. 극우파가 아닌 모든 사람들은 공산주의자로 낙인찍히고 그 활동을 방해받고 있소. 친애하는 김 선생, 나는 공포로부터의 자유가 없소. 나는 아직도 미군정하에서 국립경찰로 채용된 친일파의 손아귀에 고통받고 있소이다."

1947년 7월 19일(13시 15분경)_**몽양 여운형, 혜화동 로타리에서 흉탄에 절명**. 백의사 白衣社(핵심지위: 신익희, 총사령: **염동진**, 고문: 김두한金斗漢 / 1933년 12월, 중국중앙 육군군관학교[황포군관학교] 낙양분교 한인특별반 1기생 염동진은 신익희의 추천을 받아 입교했고 가르침을 받았다) 단원 한지근韓智根이 총을 쏘았다(당시 경무부장: 조병옥, 수도경찰청장: 장택상, 수도경찰청 수사과장: 노덕술. 〈장택상의 유고집〉에서 장택상의 고백: "나는 이승만을 거의 전적으로 추종했으며 그 외의 정치세력이 정권을 잡는 것을 막기 위하여 전심전력을 다했다.") / *"전쟁 후 군수공업을 통하여 폭리를 취한 독점자본은 전쟁을 원한다. 이는 악한 것(惡者)이 아니라 어리석은 것(愚者)이다. 평화가 수립되어 세계경제가 안정이 되면 후진국의 농공업이 발달됨에 따라 얻어지는 이익이 더 크기 때문이다."*(몽양 서거 당시 양복주머니에 지녔던 수첩 메모) / 1939년 7월 "나는 내 몸이 죽어 이 세상을 떠날 때 물론 자녀라든지, 친구라든지 이 세상 여러 가지를 하직하는 것이 섭섭한 배 아닌 것이 아니지마는, 그 중에 가장 서운한 것은 이 아름다운 자연을 떠나는 것이다."(몽양, 『학우구락부』) / 1974년 2월￣(공소시효公訴時效 지남) 김흥성·김영성·유용호·김훈·신동운, 여운형의 암살공범임을 자진 선언(『한국일보』): "백의사 집행부장인 김영철로부터 백의사 단장인 **염응택**(염동진)을 소개받고 그에게서 권총 두 자루를 얻었다. … 제1저격수 한지근, 제2저격수 겸 현장지휘 김훈, 도피 확인자 유용호·김영성 등."

1947년 8월 1일_서울신문사 시사잡지 『신천지新天地』(해방2주년 기념호), 〈여운형투쟁사〉(이만규 지음) 실림. 몽양의 사돈이자 친구 야자也自 이만규李萬珪(1888~1978)는 기미년 〈독립선언서〉를 배포하여 4개월간 옥고를 치르고 배화여자고등보통학교에서 학생들을 가르쳤다. 수양동우회 사건(1938년)·조선어학회 사건(1942년)으로 옥고를 치름. 건국동맹 - 건국준비위원회 - 근로인민당에서 몽양과 함께 자주적인 민족통일국가 형성을 위해 맹활약.

1947년 8월 3일_**몽양 여운형선생, 한국최초의 인민장人民葬(국민장) 거행.** 60여 만 명의 추모인파가 몰려듬(120여 명의 청년들이 걸머맨 몽양의 상여는 광화문사거리 → 종로 → 을지로 → 서울운동장 → 계동 → 우이동 장지로 이동). 여운형을 수장으로 해서 좌우합작위원회를 중심으로 합리적인 지도자들의 임시조선정부를 구성하려고 노력했던 미군정 레너드 버치 Leonard Bertsch(1910년생) 중위의 애달픈 <조사弔辭> : "돌아가신 위대한 선생님에 대하여 나는 조선말로 한마디 하겠습니다. 그는 영원히 침묵의 나라로 돌아갔습니다. 그러나 그의 친구와 나는 항상 선생으로부터 감화받은 교훈을 잊지 못하겠습니다. 자유와 평화를 원하는 조선사람들은 울고 있지만, 여운형 선생의 정신을 기억하겠습니다. 여운형 선생은 돌아가신 사람이 아닙니다. 영원히 죽지 않을 인물입니다. 우리 이제 남아있는 사람에게 큰 교훈을 준 사람입니다." / 몽양의 장례식 행렬을 따랐던 만장挽章 수백·수천개 : "**奉悼** 先生이 나신 묘꼴 先生이 자라신 묘꼴 잇지못할 묘꼴 언제 다시도라오시렴니까 永遠이 사러계실 先生의 精神을 뫼시고 우리는 길이 길이 싸우겟습니다 楊平郡 楊西面 묘꼴 洞民一同" "**봉도** 조선민족의 위한 대지도자 여선생 순의에 조선의 어머니 조선의 딸은 통곡한다 조선의딸" "**奉悼** 建國의 偉業에 永生하소서 가난과 迫害에 싸우시다 殉義하신 民族의 師友이시여! 서울市新聞配達人同盟" "**奉悼** 平和와 自由의 守護者 呂先生이시여! 우리는 期於코 平和와 自由의 나라 세우리다 勤民黨서울特別市中央區黨部" "**哭 夢陽先生** 槿邦運否夢陽去(나라의 운이 따로따로 갈리어 몽양선생이 서거하셨습니다) 漢水含悲似淚流(한강도 슬픔을 머금고 눈물을 흘리는 듯합니다) 四十年間鬪爭史(몽양선생의 40년 애국투쟁사가) 三千萬衆胸心頭(3천만 동포의 가슴속에 늘 남아있을 겁니다) 同志 申尙玩 哭輓"(신상완은 불교중앙학림 출신으로 만해의 제자이다. 1919년 11월 몽양의 당당한 동경제국호텔 일정에 동행한 독립투사).

1947년 11월 29일_장덕수·김성수·백남훈 등 한민당 수뇌부, 이승만지지 철회. 미군정은 장덕수의 한국민주당(한민당)이 정국주도하기를 바람. 한민당 수뇌부, 이승만에게 지지철회를 알렸고, 이승만은 불같이 화냈다(〈버치문서 박스 1〉).

1947년 12월 2일_설산雪山 장덕수張德秀, 제기동 자택에서 피격사망(1894년생, 신한청년당 창당멤버, 한민당 정치부장). 몽양과 뜻을 같이 하여 한민당의 미소공위 참석 주도 / 1922년 11월 11일(밤 11시) ¬『동아일보』 상해 통신원 몽양, 1차 세계대전 휴전 4주년 기념일에 전몰군인 추도회 소회를 설산 장덕수에게 보내는 서신양식으로 『동아일보』(11월 21일)에 기고 : "설산형雪山兄 오날은 십일월 십일일 이올시다. 사년전 오날 새벽에 시산혈해尸山血海를 일우든 세계대전쟁이 종국終局됨을 보報하든 각 예배당 종소리에 깨어

298 | 새 시대의 새 지도자 몽양 여운형

이러나 우리도 무엇을 하여 보자고 의론하든 일이 어제 가치 기억이 됩니다. … 잠은 아니오고 울도鬱陶한 형의 생각을 금할 수 업서. … 심중소회心中所懷를 말할 곳 업서 종일토록 본 바와 늣긴 것을 기록하야 형에게 보냄니다."

1947년 12월 6일_**좌우합작위원회 해체**(찬탁·반탁 극한대결 → 고하 송진우 암살 → 우남 이승만의 단독정부론 → 몽양 여운형 암살 → 설산 장덕수 암살 → 좌우합작 해체 → 단독선거·남북한정부 수립 → 백범 김구 암살 → 남북전쟁 → 남북분단시대 고착 → [2023년 12월 30일 노동당 전원회의] 북측, 적대적 두 국가 관계규정).

1991년~1997년_『몽양여운형전집』(총3권) 발간.

2005년 1월 7일_**KBS** 해방60주년 특집, 〈**발굴, 해방공간의 인물－좌우를 넘어 민족을 하나로. 1편 여운형**〉 방영. 리차드 로빈슨Richard Robinson 증언(미군정청 근무: 1945년 11월~1947년 9월 16일. 2004년 시애틀 거주): "우리가 이곳에 도착했을 때, 이 지도에서 보듯이 전국에서 인민위원회가 활동중이었고 수백개의 지부가 있었다. 일본인은 여운형에게 항복했다. 당시 다른 사람은 없었고, 그에게 권력을 넘겨주고자 했다. 그래서 인민위원회가 설립돼 전국에서 지방정부 역할을 했다. 우리가 도착했을 때 들은 얘기는 인민위원회는 공산주의 조직망이며 따라서 파괴해야 한다는 것이었다. 하지만 사실이 아님이 드러났다. 우리는 인민위원회를 제거했다. 그러나 그것은 큰 실수였다. … 이들은 보통의 평범한 사람들이었다."(리차드 로빈슨은 그의 저서, 『미국의 배반Betrayal of A Nation』을 몽양 여운형을 〈추모〉하며 헌정했다: "1947년 7월 19일 한국의 서울에서 암살된 **여운형의 영전에** 이 책을 바친다. 그는 미국의 분별없는 외교정책의 비극적인 희생자이다. 인민의 대의를 옹호하던 위대한 진보적 민주주의자인 그는 좌익과 우익의 전체주의와 기회주의에 대항하여 싸웠다. 그리고 바로 그 때문에 그는 죽게 된 것이다. …").

2005년 3월 1일_대한민국정부, 몽양 여운형·유정 조동호 선생에게 〈건국훈장 대통령장〉 추서. 사단법인 몽양여운형기념사업회 발족.

2008년 2월 21일_노무현 대통령, 몽양 여운형선생에게 〈건국훈장 대한민국장〉(최고 훈장) 추서.

2011년_경기도 양평군 양서면 신원리 묘꼴 생가에 몽양기념관 개관.

2025년 8월 15일_광복 **80주년 기념** 도올선생 특별강연, 〈**새 시대의 새 지도자 몽양 여운형**〉. 장소: 양평 몽양기념관 매진邁進홀(600여 명 운집).

연표: 통나무출판사 편집부

몽양연표 | 299

〈몽양 여운형 연표 참고문헌〉

함양 여씨 종친회 엮음. 『몽양여운형전집 1』. 서울: 도서출판 한울, 1991년.

함양 여씨 대종회 엮음. 『몽양여운형전집 2』. 서울: 도서출판 한울, 1993년.

몽양여운형선생전집발간위원회 엮음. 『몽양여운형전집 3』. 서울: 도서출판
　　　　한울, 1997년.

이만규 지음. 『여운형투쟁사』. 서울: 총문각, 1946년.

여운홍 지음. 『夢陽 呂運亨』. 서울: 청하각, 1967.

이현희 지음. 『조동호 항일투쟁사 - 급진적 항일투쟁가의 일생』. 서울: 청아
　　　　출판사, 1992년.

몽양기념관 펴냄. 『몽양의 길』. 경기도: 몽양기념관, 2022년.

몽양기념관 펴냄. 『몽양, 독립의 여정』. 경기도: 몽양기념관 기획전시실,
　　　　2023년.

몽양기념관 펴냄. 『봄이 왔다 - 몽양과 조선중앙일보』. 경기도: 몽양기념관
　　　　기획전시실, 2024년.

이기형 지음. 『여운형 평전』. 서울: 실천문학사, 2004년.

정병준 지음. 『몽양 여운형 평전』. 서울: 한울, 1995년.

강덕상 지음 · 김광열 옮김. 『여운형평전 1 - 중국 · 일본에서 펼친 독립운동』.
　　　　서울: 역사비평사, 2007년.

변은진 지음. 독립기념관 한국독립운동사연구소 기획. 『독립과 통일 의지로
　　　　일관한 신뢰의 지도자 여운형』. 서울: 역사공간, 2018년.

변은진 · 전병무 편역. 『여운형의 항일독립운동 재판기록』(몽양 여운형 자료총
　　　　서 II). 양평군: 몽양기념관, 2022년.

변은진·전병무 편역. 『여운형의 항일독립운동 재판기록』(몽양 여운형 자료 총서Ⅱ). 양평군: 몽양기념관, 2022년.

강영심 지음. 『신규식의 생애와 독립운동』. 목천: 독립기념관 한국독립운동 사연구소, 1992년.

이명화 지음. 『김규식의 생애와 민족운동』. 목천: 독립기념관 한국독립운동 사연구소, 1992년.

金允植 著. 『李光洙와 그의 時代』(1, 2, 3). 서울: 한길사, 1986년.

주요한 著. 『안도산전서安島山全書-傳記篇』上. 서울: ㈜범양사 출판부. 1990년.

이범석 지음. 『우둥불』. 서울: 사상사, 1971년.

리차드 로빈슨 지음·정미옥 옮김. 『미국의 배반-미군정과 남조선』. 서울: 과학과 사상, 1988년.

박태균 지음. 『버치문서와 해방정국-미군정 중위의 눈에 비친 1945~ 1948년의 한반도』. 서울: 역사비평사, 2021년

도올 김용옥 지음. 『동경대전』1, 2. 서울: 통나무출판사, 2023년.

도올 김용옥 지음. 『우린 너무 몰랐다』(증보개정판). 서울: 통나무출판사, 2023년.

도올 김용옥 지음. 『도올, 시진핑을 말한다』(증보신판). 서울: 통나무출판사, 2018년.

도올 김용옥 지음. 『만해 한용운, 도올이 부른다』1, 2. 서울: 통나무출판사, 2024년.

2005년 KBS 제작. 해방60주년 특집,〈발굴, 해방공간의 인물-좌우를 넘어 민족을 하나로. 1편 여운형〉. 1월 7일 방영.

2005년 EBS 제작. 해방60주년기념 다큐멘터리 10부작,〈도올이 본 한국 독립운동사〉. 8월 방영.

백두산 천지

새 시대의 새 지도자

몽양 여운형

2025년 8월 15일 초판 발행
2025년 10월 3일 1판 2쇄

지은이 · 도올 김용옥
펴낸이 · 남호섭
편집 _김인혜 · 임진권 · 신수기
제작 _오성룡
표지디자인 _박현택
인쇄판 출력 _토탈프로세스
라미네이팅 _금성L&S
인쇄 _봉덕인쇄
제책 _강원제책

펴낸곳 · 통나무

서울특별시 종로구 동숭동 199-27
전화: 02) 744-7992
출판등록 1989. 11. 3. 제1-970호

© Kim Young-Oak, 2025   값 18,000원
ISBN 978-89-8264-166-4   (03910)